Je prépare ma classe ...
de grande section

Métier
Enseignant

Je prépare ma classe...
de grande section

Sous la direction de **Marc Loison**, maître de conférences en histoire
et didactique de l'histoire à l'IUFM de l'Université d'Artois

Valérie Bouquillon, conseillère pédagogique
Marilyn Buisson, professeur des écoles, maître-formateur
Marie-Lise Daubelcour, conseillère pédagogique départementale en arts visuels
Brigitte Faure-Vialle, professeur agrégée de biologie en IUFM
Éric Greff, professeur de mathématiques en IUFM
Gaëtan Lorek, conseiller pédagogique départemental en éducation musicale
Jacqueline Lorek, conseillère pédagogique
Didier Malafosse, professeur agrégé de sciences physiques en IUFM
Yveline Minne, conseillère pédagogique
André Mul, professeur de mathématiques en IUFM
Christine Nowak-Andrzejak, conseillère pédagogique
Bernadette Sauvage, conseillère pédagogique départementale en arts visuels,
présidente du jury académique des épreuves d'arts visuels du CRPE
Claire Sellier, conseillère pédagogique, déléguée académique de l'AGEEM
Marie-Anne Viaud, professeur des écoles

Vuibert

Chez le même éditeur

COLLECTION CONCOURS
Admission en IUFM

- N° 1 • QCM d'admission en IUFM, Le manuel
- N° 20 • Annales et corrigés, session 2008

Concours externe de professeur des écoles
Les manuels

- N° 2 • Français
- N° 3 • Épreuve orale d'entretien (1re partie)
- N° 4 • Mathématiques
- N° 22 • Sciences expérimentales-technologie, Composante majeure
- N° 23 • Histoire-géographie, Composante majeure
- N° 28 • Littérature de jeunesse
- N° 30 • Sciences expérimentales-technologie, Composante mineure
- N° 31 • Histoire-géographie, Composante mineure
- N° 32 • Anglais
- N° 33 • Arts visuels
- N° 34 • Éducation physique et sportive
- N° 35 • Grammaire
- N° 38 • Tout le cours pour le CRPE, Épreuves d'admissibilité (à paraître)

Les annales

- N° 6 • Annales et corrigés
- N° 7 • 20 sujets de français
- N° 8 • 20 sujets de mathématiques
- N° 9 • 12 sujets de sciences expérimentales-technologie
- N° 10 • 12 sujets d'histoire-géographie
- N° 12 • 14 sujets corrigés de l'épreuve orale d'entretien (1re et 2de parties)

COLLECTION MÉTIER ENSEIGNANT

Je prépare ma classe de toute petite section et de petite section
Je prépare ma classe de moyenne section
Je prépare ma classe de CP (à paraître)
Je prépare ma classe de CE1 (à paraître)

Maquette de couverture : Linéale Production – Photographie : Devon Ingram
Maquette intérieure : Noir et Blanc
Illustrations : Julie Bourdais et Geneviève Loison
Photographies : droits réservés
ISBN : 978-2-7117-1884-9

Sommaire

Avant-**propos** 9

Pour vous **repérer dans cet ouvrage** 11

Programmation **des activités** 15

Emploi **du temps type** 16

Partie 1 **LANGAGE AU CŒUR DES APPRENTISSAGES** 17

Chapitre **1** **LANGAGE DE COMMUNICATION, D'ACTION ET D'ÉVOCATION** 19

Continuité des apprentissages en maternelle 20

Repères pratiques 21

Communiquer 23

:: **Séance n° 1** Des livres pour un projet 23

Agir et dire 25

:: **Séance n° 2** Écoute et fais ce que je dis 25

:: **Séance n° 3** Une saynète à jouer 27

Évoquer 29

:: **Séance n° 4** Le récit d'une visite 29

:: **Séance n° 5** Une affiche pour le marché de Noël 31

:: **Séance n° 6** Résumer une histoire 33

:: **Séance n° 7** Les facettes d'un personnage 35

:: **Séance n° 8** Les étapes d'un conte 37

Apprendre à utiliser le langage du récit pour inventer des histoires 39

:: **Séance n° 9** Des solutions pour résoudre un problème 39

:: **Séance n° 10** Créer des histoires 42

Dire et interpréter 44

:: **Séance n° 11** Une approche de la poésie 44

Chapitre **2** **LANGAGE ÉCRIT** 47

Continuité des apprentissages en maternelle 48

Repères pratiques 49

Connaître les fonctions de l'écrit 51

:: **Séance n° 1** Classer quatre types d'écrits 51

:: **Séance n° 2** Déterminer des critères de classement 53

Se familiariser avec la langue de l'écrit 55

:: **Séance n° 3** Reconnaître l'organisation d'un livre, d'une page 55

:: **Séance n° 4** Décoder un message 57

Se construire une première culture littéraire ... 59
:: **Séance n° 5** Mise en mémoire de textes littéraires ... 59
:: **Séance n° 6** Lecture en réseau : le gentil facteur ou lettres à des gens célèbres ... 61

Découvrir les réalités sonores de la langue ... 64
:: **Séance n° 7** Jeux de conscience phonologique : les syllabes ... 64
:: **Séance n° 8** Produire des rimes ... 66

Se livrer à des activités de graphisme et d'écriture ... 68
:: **Séance n° 9** Copier des mots en cursive : progression ... 68
:: **Séance n° 10** Classer les mots par graphie ... 70

Découvrir le principe alphabétique ... 72
:: **Séance n° 11** Savoir dire les mots successifs d'une phrase ... 72

Partie 2 DÉCOUVERTE DU MONDE ... 75

Chapitre 3 DÉCOUVERTE DES FORMES ET DES GRANDEURS ... 77
Continuité des apprentissages en maternelle ... 78
Repères pratiques ... 79

Manipuler, caractériser et reproduire des formes ... 81
:: **Séance n° 1** Le jeu du sac ... 81
:: **Séance n° 2** Définissons les formes ... 83
:: **Séances nos 3 et 4** Le jeu du tableau ... 85
:: **Séances nos 5, 6, 7 et 8** Le jeu du tableau (suite) ... 87
:: **Séances nos 9 et 10** Reproduire des configurations spatiales ... 89

Différencier, agencer et reproduire des formes et des constructions ... 91
:: **Séances nos 11, 12 et 13** Le jeu de Kim avec les formes ... 91
:: **Séances nos 14, 15, 16 et 17** Puzzles et tangrams ... 93
:: **Séances nos 18 et 19** Jeux de constructions ... 95

Comparer et mesurer des grandeurs ... 97
:: **Séances nos 20 et 21** Le gâteau au yaourt ... 97

Chapitre 4 APPROCHE DES QUANTITÉS ET DES NOMBRES ... 101
Continuité des apprentissages en maternelle ... 102
Repères pratiques ... 103

Dénombrer des quantités et leur associer une écriture chiffrée ... 105
:: **Séances nos 1, 2 et 3** Des boîtes et des jetons pour dénombrer ... 105
:: **Séance n° 4** Le jeu de la marchande ... 107
:: **Séances nos 5 et 6** Le jeu du sapin pour dénombrer ... 109
:: **Séances nos 7 et 8** Le jeu du sapin pour mémoriser ... 111

Décomposer, manipuler des nombres et résoudre des problèmes liés aux quantités ... 113
:: **Séances nos 9, 10, 11, 12 et 13** Le jeu de la valise pour décomposer ... 113
:: **Séances nos 14, 15, 16, 17 et 18** Le jeu des boîtes pour résoudre des problèmes ... 116
:: **Séance n° 19** Jeu de dés et de déplacements sur pistes ... 119

Chapitre 5 **EXPLORATION DU MONDE DE LA MATIÈRE ET DES OBJETS** ... 121
Continuité des apprentissages en maternelle ... 122
Repères pratiques ... 123

Découvrir la lumière et les ombres en se livrant à une exploration manipulatoire et sensorielle ... 125
:: **Séances n°s 1 et 2** Jouer avec les ombres en salle ... 125
:: **Séances n°s 3, 4 et 5** Construire des marionnettes de théâtre d'ombres ... 128
:: **Séances n°s 6, 7 et 8** Jouer avec les ombres au soleil ... 131

Manipuler et explorer le monde des objets ... 136
:: **Séances n°s 9, 10 et 11** Les aimants ... 136
:: **Séances n°s 12 et 13** Utiliser une lampe torche ... 139
:: **Séance n° 14** Fabriquer une voiture qui roule ... 141

Chapitre 6 **MONDE DU VIVANT, ENVIRONNEMENT, HYGIÈNE, SANTÉ ET SÉCURITÉ** ... 143
Continuité des apprentissages en maternelle ... 144
Repères pratiques ... 145

Observer les caractéristiques du vivant ... 149
:: **Séance n° 1** L'histoire du ver de farine ... 149
:: **Séance n° 2** Je fabrique un insecte ... 151
:: **Séance n° 3** Je fais du sport ... 153
:: **Séance n° 4** Je ne suis plus un bébé, je vais encore grandir ... 155

Découvrir différents milieux, se sensibiliser aux problèmes de l'environnement ... 157
:: **Séance n° 5** J'identifie le paysage avant et après le passage de l'homme ... 157

Découvrir son corps et se sensibiliser aux problèmes d'hygiène, de santé et de sécurité ... 159
:: **Séance n° 6** Je place les aliments dans les sept familles ... 159
:: **Séance n° 7** Je compare des menus équilibrés ... 161
:: **Séance n° 8** Je découvre un risque majeur : l'éboulement en montagne ... 163
:: **Séance n° 9** Je préviens un risque majeur : l'éboulement en montagne ... 165
:: **Séance n° 10** Je donne l'alerte ... 166

Chapitre 7 **REPÉRAGES DANS L'ESPACE** ... 169
Continuité des apprentissages en maternelle ... 170
Repères pratiques ... 171

Décrire des situations spatiales ... 173
:: **Séance n° 1** Lecture d'une œuvre picturale ... 173
:: **Séance n° 2** Le jeu du photographe ... 175

Suivre, décrire, représenter un parcours simple ... 177
:: **Séance n° 3** Représenter un parcours en miniature ... 177
:: **Séance n° 4** Inventer des parcours ... 179
:: **Séance n° 5** Dessiner des parcours ... 180

Décrire et représenter simplement l'environnement proche, son école ... 182
:: **Séance n° 6** Visitons notre école ... 182
:: **Séance n° 7** Jeu de piste dans l'école ... 184

:: Séance n° 8 Le plan de l'école 186

Décrire des paysages moins familiers, sa ville, son village 187

:: Séance n° 9 Découvrons notre environnement 187
:: Séance n° 10 Lisons des images de paysage 189

S'intéresser à des espaces inconnus 191

:: Séance n° 11 À la découverte de la Chine 191
:: Séance n° 12 Un autre mode de vie 193

Chapitre 8 STRUCTURATION DU TEMPS, DÉCOUVERTE D'OBJETS ET DE RÉALITÉS DU PASSÉ 195

Continuité des apprentissages en maternelle 196

Repères pratiques 197

Construire et savoir utiliser une frise hebdomadaire 199

:: Séance n° 1 Les jours de la semaine 199
:: Séance n° 2 La succession des jours 201
:: Séance n° 3 Histoire de jours 203
:: Séance n° 4 La frise hebdomadaire 205

Situer les événements les uns par rapport aux autres 207

:: Séance n° 5 Antériorité, postériorité et simultanéité 207

Comparer des événements en fonction de leur durée 209

:: Séance n° 6 Utiliser le sablier ou l'horloge 209
:: Séance n° 7 Bandes de temps 211
:: Séance n° 8 Durées plus ou moins importantes 213

Exprimer et comprendre les oppositions entre présent, passé proche et passé lointain 215

:: Séance n° 9 La vie autrefois 215
:: Séance n° 10 Modes de vie anciens et contemporains 217
:: Séance n° 11 « Il y a longtemps, autrefois » 219

Partie 3 SENSIBILITÉ, IMAGINATION, CRÉATION 221

Chapitre 9 ÉDUCATION DU REGARD ET DU GESTE 223

Continuité des apprentissages en maternelle 224

Repères pratiques 225

Réaliser une composition en plan ou en volume selon un désir d'expression 228

:: Séance n° 1 Sculpture de fil 228
:: Séance n° 2 Silhouettes en ombre et lumière 230
:: Séance n° 3 Totems d'argile 232
:: Séance n° 4 Détails sculptés 234

Exercer des choix parmi des procédés et des matériaux déjà expérimentés 236

:: Séance n° 5 Corps en mouvement : des procédés 236

Utiliser le dessin comme moyen d'expression 238

:: Séance n° 6 Cartes à prolonger 238
:: Séance n° 7 Écrit et cartographie 240
:: Séance n° 8 Moucharabieh et lumière 242
:: Séance n° 9 Totem collectif 244

:: **Séance n° 10** Sculpture : détail dessiné **246**
:: **Séance n° 11** Onomatopées **248**

Reconnaître des images d'origine et de nature différentes **250**

:: **Séance n° 12** Images et cartographie **250**

Chapitre **10** **ÉDUCATION DE LA VOIX ET DE L'ÉCOUTE** **253**

Continuité des apprentissages en maternelle **254**

Repères pratiques **255**

Pratiquer des activités vocales **257**

:: **Séance n° 1** Chantons une vraie chanson **257**
:: **Séance n° 2** Interprétation expressive d'un chant simple **259**
:: **Séance n° 3** Jeux vocaux autour des paramètres du son **261**
:: **Séance n° 4** Une approche du chant choral **263**

Pratiquer des activités d'écoute **265**

:: **Séance n° 5** Jeux rythmiques autour des paramètres du son **265**
:: **Séance n° 6** Comptines à rythmer **267**
:: **Séance n° 7** Comptines à rythmer (suite) **269**
:: **Séance n° 8** Écoute et production **271**
:: **Séance n° 9** Une partition collective **273**
:: **Séance n° 10** Déplacements en musique **275**
:: **Séance n° 11** Les chemins de la création **277**

Utiliser des instruments de musique **280**

:: **Séance n° 12** Trouver la pulsation : *Mon chariot est cassé* **280**
:: **Séance n° 13** Rythmes en imitation **282**

Avant-propos

Dans la continuité du décret du 11 juillet 2006 arrêtant le principe d'un socle commun de connaissances et de compétences pour les élèves de l'école primaire, mais aussi et surtout dans le pur respect des nouveaux programmes de l'école maternelle, le présent ouvrage a pour objectifs :
- d'identifier les **principales difficultés d'ordre didactique** (au sens cheminement des apprentissages, contenus d'enseignement et faisabilité des programmes) auxquelles les enseignants débutant à l'école maternelle sont susceptibles d'être confrontés ;
- d'y apporter des **réponses concrètes d'ordre pédagogique** à travers des séquences, des séances d'apprentissage, des suggestions ou des pistes d'activités.

Au croisement des sept grandes compétences constituant le socle commun et des cinq domaines d'activités recommandés par les nouveaux programmes pour structurer les apprentissages à l'école maternelle, cet ouvrage aborde les points suivants particulièrement sujets à interrogation de la part des jeunes maîtres.

DOMAINES D'ACTIVITÉS [1]	COMPÉTENCES
• Langage au cœur des apprentissages.	La maîtrise de la langue française.
• Découverte du monde : monde de la matière, du vivant et des objets, éducation à la sécurité ; formes, grandeurs, quantités et nombres.	Les principaux éléments de mathématiques et la culture scientifique et technologique.
• Découverte du monde : temps et espace. • La sensibilité, l'imagination, la création.	La culture humaniste.

Le décret régissant le socle commun de connaissances et de compétences insiste sur la construction progressive de ces dernières de l'école maternelle à la fin de la scolarité obligatoire. Chaque compétence requiert la contribution de plusieurs domaines d'activités (ou disciplines) et réciproquement, un domaine d'activités (ou une discipline) contribue à l'acquisition de plusieurs compétences.

Par ailleurs, les nouveaux programmes réaffirment la nécessité de promouvoir un enseignement adapté à la diversité des élèves par une continuité éducative au cours de chaque cycle et tout au long de la scolarité de manière à favoriser la lente émergence des champs disciplinaires. Il faut rappeler que la notion de cycle est étroitement liée à l'évolution de l'apprentissage de chaque élève et à l'évaluation de ses acquis. Elle recouvre une double préoccupation : la meilleure prise en compte des spécificités des apprentissages de chaque élève et une organisation plus cohérente des progressions grâce à une perspective étendue.

C'est pour répondre à cette double préoccupation que cet ouvrage propose des activités liées à tous ces domaines :
- langage de communication, d'action, d'évocation et écrit ;
- la découverte des formes et des grandeurs, des quantités et des nombres ;
- l'exploration du monde de la matière et des objets ;
- la découverte du monde du vivant, de l'environnement, de l'hygiène, de la santé et de la sécurité ;
- la structuration de l'espace ;
- la structuration du temps et la découverte d'objets et de réalités du passé ;

1. Le projet du 20 février 2008 de nouveaux programmes, soumis à consultation, n'étant pas encore approuvé, nous avons gardé les appellations des programmes de 2002 et de 2007. Les modifications, si elles sont acceptées, seront minimes : la langue orale devient pivot des apprentissages ; le domaine « sensibilité, imagination et création » se voit doté d'une nouvelle attribution à savoir la perception.

– l'éducation du regard et du geste ;
– l'éducation de la voix et de l'écoute.

Ces activités ou situations d'apprentissage sont fournies par référence à des compétences clairement identifiées dans un tableau synoptique au début de chaque chapitre. Les compétences qui structurent chaque tableau sont présentées de manière détaillée et individuelle. Il n'y a pas lieu de voir dans cette présentation une quelconque hiérarchisation. Il ne faut en effet pas perdre de vue que les compétences s'interpénètrent inévitablement. Cet argument ne doit pas être pour autant avancé pour nier la pertinence d'activités par l'intermédiaire desquelles l'enseignant visera chez ses élèves une mobilisation plus forte, voire spécifique d'un type de compétences. Ces dernières, en fonction de la période dans le cycle, sont à travailler prioritairement, à consolider ou peuvent être abordées.

Le lecteur sera peut-être surpris de trouver, au niveau de chaque tableau synoptique de compétences, dans le cadre des apprentissages au cycle 1, la grande section de maternelle. Nous ne faisons que respecter la loi d'orientation du 10 juillet 1989 et les différentes instructions qui l'ont complétée par la suite. On peut en effet y lire que la grande section « reste une classe de maternelle dont l'unité est non seulement maintenue mais réaffirmée. La grande section assure ainsi la cohérence de l'école maternelle dont elle est l'aboutissement. Les compétences définies pour le cycle des apprentissages premiers (cycle 1) correspondent d'ailleurs à celles qui sont actuellement attendues d'un enfant qui quitte cette école. La dernière année d'école maternelle est donc celle où l'enfant consolide la maîtrise de ces compétences puis commence les apprentissages fondamentaux (cycle 2) ».

Dans son récent rapport de décembre 2007 au ministre de l'Éducation nationale, Alain Bentolila confirme le statut de la grande section quand il préconise de revoir la configuration des cycles et de faire en sorte que toutes les classes de la maternelle composent désormais institutionnellement le cycle 1. Cet ouvrage tient compte d'une autre recommandation formulée par Alain Bentolila, à savoir faire de la maîtrise de la langue l'objectif essentiel de l'école maternelle.

Pour répondre concrètement aux attentes des enseignants débutants, les auteurs pour la plupart professeurs d'IUFM, conseillers pédagogiques ou enseignants maîtres formateurs, après avoir éprouvé dans des classes toutes les activités décrites, ont opté pour une présentation des séances ou séquences sous forme de fiches de préparation de classe. Pour chacune d'entre elles, sont indiqués :
– la **préparation de la classe** (organisation de la classe, matériel, documents) ;
– le **déroulement de l'activité** (durée, modalités de travail, description de l'activité, résultats attendus, évaluation) ;
– quelques **conseils** et **pistes de remédiation** pour lever les principales difficultés rencontrées ;
– quelques pistes pour une **ouverture transdisciplinaire** ou un **prolongement**.

De plus, afin de tirer le meilleur parti des différentes fiches de préparation proposées, l'enseignant trouvera, dans la continuité de cet avant-propos :
– une vue d'ensemble des séances et de leur articulation avec des compétences et des objectifs en parfaite conformité avec les nouveaux programmes pour se repérer ;
– un exemple de programmation des activités ;
– un emploi du temps hebdomadaire type.

Nous souhaitons que cet ouvrage devienne un outil de référence tant pour les maîtres confrontés aux réalités quotidiennes de la classe que pour les formateurs en IUFM ou en circonscriptions primaires.
La mise en œuvre éditoriale de ce dernier n'aurait pas été possible sans l'aide précieuse d'Élocia Durrieu, éditrice, que je tiens personnellement à remercier.

Marc Loison,
Maître de conférences (IUFM Nord-Pas-de-Calais,
université d'Artois), directeur de collection.

Pour vous repérer dans cet ouvrage

Domaines d'activités	Chapitres	Séquences et compétences	Objectifs	Séances
LANGAGE AU CŒUR DES APPRENTISSAGES	**Chapitre 1.** Langage de communication, d'action et d'évocation	Communiquer	Apprendre à participer à l'élaboration d'un projet en respectant les règles conversationnelles.	1
		Agir et dire	Apprendre à maîtriser le langage qui accompagne l'action : expliquer les étapes de la réalisation d'une construction, jouer une saynète.	2 et 3
		Évoquer	Faire le récit oral d'une situation réelle dans un temps différé de l'action ; parler d'événements à venir pour planifier un projet ; restituer de mémoire la trame narrative d'une histoire ; donner les caractéristiques d'un personnage-type ; dessiner les étapes d'un conte à structure répétitive et en reconstituer la trame.	4 et 8
		Apprendre à utiliser le langage du récit pour inventer des histoires	Savoir continuer une histoire en utilisant un déclencheur ; savoir créer une histoire de toutes pièces.	9 et 10
		Dire et interpréter	Apprendre à dire des poèmes.	11
	Chapitre 2. Langage écrit	Connaître les fonctions de l'écrit	Faire prendre conscience aux élèves que des écrits divers appartiennent à une même classe et ont les mêmes constantes de fonctionnement.	1 et 2
		Se familiariser avec la langue de l'écrit	Face à un écrit, reconnaître s'il s'agit d'une partie d'un livre : première ou dernière de couverture, page de garde, sommaire, page intérieure ; structurer les découvertes, rendre possible le transfert des acquis à tous les types d'écrits rencontrés.	3 et 4
		Se construire une première culture littéraire	Travailler la mémoire des textes ; fréquenter régulièrement des œuvres, trouver les résonances qui les relient.	5 et 6
		Découvrir les réalités sonores de la langue	Faire prendre conscience aux élèves de l'importance de la syllabe, savoir la repérer dans un mot ; utiliser les comptines comme supports de manipulation linguistique.	7 et 8
		Se livrer à des activités de graphisme et d'écriture	Apprendre l'écriture ; établir des correspondances entre différentes typographies.	9 et 10
		Découvrir le principe alphabétique	Établir les correspondances entre mot oral et mot écrit.	11

Domaines d'activités	Chapitres	Séquences et compétences	Objectifs	Séances
DÉCOUVERTE DU MONDE	**Chapitre 3.** Découverte des formes et des grandeurs	Manipuler, caractériser et reproduire des formes	Reconnaître et nommer des formes simples ; dégager les propriétés géométriques de certaines formes ; associer un objet à certaines de ses représentations.	1 à 10
		Différencier, agencer et reproduire des formes et des constructions	Reconnaître, différencier, nommer, garder en mémoire les caractéristiques des formes ; réaliser des puzzles et des tangrams ; manipuler des objets de formes et de dimensions variées, reproduire un assemblage d'objets.	11 à 19
		Comparer et mesurer des grandeurs	Manipuler, comparer des objets selon leur contenance.	20 et 21
	Chapitre 4. Approche des quantités et des nombres	Dénombrer des quantités et leur associer une écriture chiffrée	Dénombrer contrôler les quantités, connaître l'écriture des nombres ; dénombrer une quantité importante, en s'organisant et en utilisant la suite orale des nombres connus ; comparer des quantités en utilisant des procédures numériques ; mémoriser les nombres.	1 à 8
		Décomposer, manipuler des nombres et résoudre des problèmes liés aux quantités	Décomposer des nombres, manipuler la notion de paire, découvrir des techniques additives ; trouver les résultats d'une augmentation ou d'une diminution de quantité ; utiliser le dé à points ordinaire.	9 à 19
	Chapitre 5. Exploration du monde de la matière et des objets	Découvrir la lumière et les ombres en se livrant à une exploration manipulatoire et sensorielle	Découvrir que l'on peut arrêter la lumière avec son corps et le principe du théâtre d'ombres ; établir le lien entre la forme d'un objet et la forme de son ombre ; faire émerger quelques caractéristiques et propriétés des ombres.	1 à 8
		Manipuler et explorer le monde des objets	Se familiariser avec les propriétés des aimants ; découvrir et utiliser correctement une lampe torche, développer l'habileté de l'utilisateur ; découvrir le rôle des roues et de l'essieu dans une voiture en essayant de fabriquer un véhicule rudimentaire qui roule.	9 à 14
	Chapitre 6. Monde du vivant, environnement, hygiène, santé et sécurité	Observer les caractéristiques du vivant	Découvrir la métamorphose à travers l'histoire du ver de farine ; découvrir la morphologie d'un insecte ; découvrir son corps après un effort intensif ; prendre conscience que l'enfant de grande section n'est plus un bébé et qu'il va grandir encore.	1 à 4
		Découvrir différents milieux, se sensibiliser aux problèmes de l'environnement	Identifier le paysage avant et après le passage de l'homme.	5
		Découvrir son corps et se sensibiliser aux problèmes d'hygiène, de santé et de sécurité	Regrouper les aliments dans les sept familles ; composer des menus équilibrés ; découvrir un risque naturel : les éboulements en montagne et les méthodes de prévention des risques ; apprendre à téléphoner pour alerter.	6 à 10
	Chapitre 7. Repérages dans l'espace	Décrire des situations spatiales	Décrire des objets ou des personnages les uns par rapport aux autres à l'aide d'indicateurs spatiaux ; retrouver la place du photographe.	1 et 2

Domaines d'activités	Chapitres	Séquences et compétences	Objectifs	Séances
DÉCOUVERTE DU MONDE	**Chapitre 7.** Repérages dans l'espace	Suivre, décrire, représenter un parcours simple	Représenter, inventer et coder un parcours simple en miniature.	3 à 5
		Décrire et représenter simplement l'environnement proche, son école	Repérer les différents espaces de l'école ; associer l'école à ses représentations ; réaliser un plan de l'école.	6 à 8
		Décrire des paysages moins familiers, sa ville, son village	Explorer, décrire, dessiner son milieu de vie ; lire le paysage.	9 et 10
		S'intéresser à des espaces inconnus	Découvrir un autre mode de vie ; se situer dans l'espace.	11 et 12
	Chapitre 8. Structuration du temps, découverte d'objets et de réalités du passé	Construire et savoir utiliser une frise hebdomadaire	Découvrir et caractériser chacun des jours composant la semaine ; appréhender l'antériorité, la postériorité et construire la succession des jours de la semaine ; remettre en ordre les jours de la semaine par référence à une histoire ; situer les activités de la classe sur une frise hebdomadaire.	1 à 4
		Situer les événements les uns par rapport aux autres	Percevoir et restituer l'antériorité, la postériorité et la simultanéité.	5
		Comparer des événements en fonction de leur durée	Mesurer la durée des activités de la matinée avec le sablier ou l'horloge ; représenter les durées avec des bandes de temps ; comparer, classer et ranger des événements par importance de durée.	6 à 8
		Exprimer et comprendre les oppositions entre présent, passé proche et passé lointain	Évoquer la vie autrefois à partir d'œuvres picturales ; découvrir, vivre et comparer des modes de vie anciens et contemporains ; accéder au langage d'évocation.	9 à 11
SENSIBILITÉ, IMAGINATION, CRÉATION	**Chapitre 9** Éducation du regard et du geste	Réaliser une composition en plan ou en volume selon un désir d'expression	Reproduire une forme : passer de la bi à la tridimensionnalité, de la tri à la bi-dimensionnalité ; réaliser une sculpture à partir d'un dessin préparatoire ; isoler le détail d'une sculpture pour le représenter en volume (argile).	1 à 4
		Exercer des choix parmi des procédés et des matériaux déjà expérimentés	Choisir une façon de reproduire une forme pour suggérer la décomposition du mouvement.	5
		Utiliser le dessin comme moyen d'expression	Représenter la ligne en utilisant des outils peu courants ; utiliser l'écrit comme composante plastique ; représenter un motif par le dessin et le relief ; utiliser le dessin pour annoncer la réalisation d'une sculpture ; représenter le détail d'une sculpture ; organiser une composition plane composée essentiellement d'éléments graphiques à des fins d'expression.	6 à 11
		Reconnaître des images d'origines et de natures différentes	Utiliser une image ou seulement une partie pour en réaliser une nouvelle.	12

Domaines d'activités	Chapitres	Séquences et compétences	Objectifs	Séances
SENSIBILITÉ, IMAGINATION, CRÉATION	**Chapitre 10** Éducation de la voix et de l'écoute	Pratiquer des activités vocales	Acquérir un répertoire de chansons ; apprendre un chant avec expression ; découvrir les paramètres du son par le biais d'activités vocales ; chanter en chœur et en solo.	1 à 4
		Pratiquer des activités d'écoute	Affiner la discrimination auditive; accompagner des parties de comptines corporellement et avec des instruments de percussion ; amener les élèves à repérer et réinvestir des éléments particuliers ; adapter ses déplacements à des rythmes repérés dans divers supports musicaux ; permettre aux enfants de créer leur propre musique à partir de leurs acquis.	5 à 11
		Utiliser des instruments de musique	Prendre conscience des mouvements réguliers de la musique ; imprégner les enfants de formules rythmiques et constituer une « valise rythmique ». Habituer les élèves à vivre des rythmes corporellement et avec des instruments	12 et 13

Programmation des activités

Il faut se rendre à l'évidence : il est particulièrement délicat d'établir une progression des apprentissages en section de grands. En effet, la mobilisation des compétences se fait inévitablement au fur et à mesure des thèmes d'étude, des projets de classe voire du projet d'école, sans hiérarchie aucune. La programmation des activités à mettre en œuvre et des compétences à mobiliser pourrait revêtir la forme suivante pour le seul exemple des compétences relatives au temps et à sa maîtrise. Il va sans dire qu'il faudrait étendre la programmation aux différents domaines d'activités (langage au cœur des apprentissages, découverte du monde, sensibilité, imagination et création). À cette fin on se reportera utilement aux différents tableaux synoptiques des compétences proposés au début de chaque chapitre.

Exemple d'une programmation des compétences relatives au temps et à sa maîtrise

Compétences	Projet de classe	Activités spécifiques					Autres
		Période 1	Période 2	Période 3	Période 4	Période 5	
	Utiliser les ressources locales à des fins de lecture et d'écriture (Ex. : Au temps des châteaux forts). → Écriture d'un conte médiéval (outils mis en place : tableau narratif **(N)** ; tableau de caractérisation des personnages **(C)** ; fiches techniques, jeux de Bruegel **(F)** ; → Mise en place d'un référentiel **(RF)**	← Les anniversaires **(A)** → ← La météo **(M)** → ← Les fêtes **(F)** → ← Recettes, fiches techniques **(R)** → ← Emploi du temps ← Caractérisation ← Synthèse Activités de la journée **(E)** → des jours **(J)** → météo **(SM)** →					Musée de classe **(MC)**
Reconnaître le caractère cyclique de certains phénomènes de la journée, de la semaine, de l'année.		**M**	**M**	**M**	**M**	**M**	
Situer les événements les uns par rapport aux autres : – des moments de son temps personnel ; – des repères sociaux.		**A** **F**	**A** **F**	**A** **F**	**A** **F**	**A** **F**	
Exprimer des oppositions entre passé et présent (*il y a très longtemps*, etc.)	**C, RF**						**MC**
Utiliser une frise journalière, hebdomadaire.		**E**	**E**	**J**	**J**	**SM**	
Utiliser les marques temporelles et chronologiques.	**N, F**	**R**	**R**	**R**	**R**	**R**	
Maîtriser la simultanéité.	**N, F**	**R**	**R**	**R**	**R**	**R**	

Emploi du temps type

Cet emploi du temps est donné à titre indicatif et tient compte de la suppression des cours le samedi matin dès la rentrée 2008.

	LUNDI	**MARDI**	**JEUDI**	**VENDREDI**
8 h 20 - 8 h 30	Accueil individualisé – Tableau des présents – Responsables – Jeux avec les étiquettes Dessins libres – Rangement (VE)			
8 h 30 - 8 h 50	Rituels : appel – numération (total, filles, garçons) – date (écriture) calendrier (repérage, pointage) (VE, LCA, DM)			
8 h 50 - 9 h 00	Jeux de conscience phonologique (LCA)			
9 h 00 - 9 h 30	Langage au cœur des apprentissages : langage oral : projet, vocabulaire, structures grammaticales, etc. (LCA)			
9 h 30 - 10 h 00	Ateliers 1 : langage écrit : graphisme, écriture (LCA) Principe alphabétique Jeux de lecture			
10 h 00 - 10 h 30	COLLATION – HABILLAGE – RÉCRÉATION			
10 h 30 - 11 h 10	Agir avec son corps Activités gymniques (AEC)	Ateliers 2 Découverte du monde (vers les mathématiques, jeux de société) (DM)	Agir avec son corps Expression corporelle (AEC)	Ateliers 2 Découverte du monde (structuration du temps et de l'espace) (DM)
11 h 10 - 11 h 30	Activités de littérature en BCD (LCA)	Éducation musicale Orchestre enfantin (SIC)	Lecture-compréhension Parcours, réseau (LCA)	Chorale Chants (SIC)
13 h 30 - 13 h 50	Moment calme – Écoute musicale			
13 h 50 - 14 h 20	Ateliers arts visuels : dessin, peinture, collage, fabrication d'objets, modelage, analyse d'œuvres. Ou découverte du monde : ateliers scientifiques d'expérimentation, manipulation, technologie : le monde du vivant, de la matière, des objets. Si possible, un groupe en décloisonnement avec la maîtresse des petits : langage, conscience phonologique. (SIC, DM)			
14 h 20 - 15 h 00	Ateliers 2 Découverte du monde : vers les mathématiques (DM)	Agir avec son corps Ateliers d'athlétisme (AEC)	Ateliers 2 Découverte du monde (vers les mathématiques) (DM)	Agir avec son corps Jeux collectifs (AEC)
15 h 00 - 15 h 30	Habillage, récréation			
15 h 30 - 16 h 10	Ateliers 3 : langage écrit (LCA) *Idem* matin + utilisation des TIC			
16 h 10 - 16 h 30	Histoire lue – Retour oral sur la journée – Projet en cours – Poésies (LCA)			

Domaines : VE : vivre ensemble – LCA : langage au cœur des apprentissages – AEC : agir, s'exprimer avec son corps – DM : découvrir le monde – SIC : sensibilité, imagination, création.

Partie 1

Langage au cœur des apprentissages

:: **Chapitre 1 :** Langage de communication, d'action et d'évocation 19

:: **Chapitre 2 :** Langage écrit 47

Chapitre 1

Langage de communication, d'action et d'évocation

:: **Continuité des apprentissages en maternelle**

:: **Repères pratiques**

:: **Séances 1 à 11**

Christine Nowak- Andrzejak

Continuité des apprentissages en maternelle

	1re année	2e année	3e année	Grande section
Langage de communication				
Sait répondre aux sollicitations de l'adulte de façon compréhensible				
• s'exprime par un geste ou une courte phrase	prioritaire	prioritaire	à consolider	
• produit un énoncé construit	éventuel	prioritaire	prioritaire	
Sait prendre l'initiative d'un échange				
• entre en conversation	éventuel	prioritaire	à consolider	
• reste dans le sujet de départ			prioritaire	à consolider
Sait participer à l'échange en acceptant d'écouter autrui				
• attend son tour et prend la parole dans le groupe		éventuel	prioritaire	à consolider
• s'exprime en restant dans le sujet de l'échange			prioritaire	prioritaire
Langage d'action				
Sait comprendre les consignes ordinaires de la classe				
• une consigne simple	prioritaire	prioritaire	à consolider	
• une consigne complexe		éventuel	prioritaire	à consolider
Sait dire ce que l'on fait dans une activité, un atelier				
• restitue par une phrase simple	prioritaire	prioritaire	à consolider	
• explique pourquoi et comment			éventuel	prioritaire
Sait prêter sa voix à une marionnette				
• pour dire une comptine, un poème, une histoire		prioritaire	prioritaire	à consolider
• pour faire interagir une marionnette avec une autre			éventuel	prioritaire
Langage d'évocation				
Sait rappeler un événement vécu collectivement				
• en contexte		éventuel	prioritaire	à consolider
• de façon différée			prioritaire	prioritaire
Sait évoquer des événements à venir				prioritaire
Sait comprendre une histoire et reformuler la trame narrative				
• s'aide de supports	prioritaire	prioritaire	à consolider	à consolider
• restitue de mémoire tout ce qui est important		éventuel	prioritaire	prioritaire
Sait identifier, caractériser et dessiner les personnages d'une histoire				
• le personnage central		prioritaire	à consolider	
• les personnages de l'histoire		éventuel	prioritaire	à consolider
• les caractéristiques des personnages principaux			prioritaire	prioritaire
Sait raconter un conte en s'appuyant sur les illustrations				
• présentées de façon ordonnée		prioritaire	à consolider	
• à remettre dans l'ordre			prioritaire	prioritaire
Sait inventer une histoire avec un événement et une fin				
• à partir d'un déclencheur			éventuel	prioritaire
• en la créant de toutes pièces			éventuel	prioritaire
Sait dire ou chanter des comptines, jeux de doigts, chansons et poésies	prioritaire	prioritaire	prioritaire	prioritaire

Légende :
- prioritaire : compétences à travailler prioritairement
- à consolider : compétences à consolider
- éventuel : compétences pouvant éventuellement être mises en place

Repères pratiques

1. Les axes forts du domaine d'activités

« Pour que l'enfant parle, il faut qu'il pense et pour qu'il pense, il faut qu'il vive ! Faites-les vivre, ils parleront ! », Pauline Kergomard (1838-1925), *Un cinquantenaire 1925-1975*, OMEP.

Le langage oral apparaît sans conteste comme l'axe majeur des activités de l'école maternelle. Permanent, intégré à toutes les activités, il est au cœur de tous les apprentissages et sa dimension transversale est largement soulignée. Si le langage occupe une place aussi déterminante, c'est que sa maîtrise conditionne les apprentissages futurs de l'élève et que l'école maternelle tout entière joue un rôle prépondérant dans la prévention de l'échec scolaire.

L'accent porté sur la construction progressive d'une syntaxe permettant la production d'énoncés de plus en plus complexes et leur articulation ; la contribution à l'acquisition organisée d'un vocabulaire de plus en plus riche et adapté constituent des points essentiels de ce domaine.

2. Les spécificités de la section

A Les acquis langagiers de l'enfant de grande section d'école maternelle

Il ne s'agit pas de donner ici une déclinaison de normes au sens strict, mais plutôt de poser quelques repères [1] qui permettront de mieux situer le bagage langagier en voie d'acquisition chez l'enfant de grande section.

- Son lexique s'est progressivement enrichi ; il maîtrise déjà un corpus assez varié.
- Le récit commence à se structurer : on note l'utilisation de la succession des temps, celle des expressions lexicales et un usage de plus en plus adapté de la conjugaison.
- L'usage du conditionnel est possible.
- Le rapport cause – conséquence fait l'objet d'un maniement correct.
- Une certaine sensibilité à l'humour et aux jeux de mots commence à se dessiner.

B Quelques aspects majeurs des apprentissages à mettre en œuvre en grande section en référence au tableau de compétences joint

L'accent doit être porté sur les **compétences de communication** et tout particulièrement celles qui concernent les règles d'un échange verbal organisé, gage de réussite des apprentissages ultérieurs.

Le **langage en situation** doit amener l'élève à entrer dans la langue des consignes complexes qu'il intègre et devient capable d'expliciter.

Son approche lexicale mais aussi syntaxique doit s'enrichir (richesse et précision du vocabulaire, complexité des phrases produites).

Le **langage d'évocation** le conduira à franchir une nouvelle étape : être en situation de récit individuel au cours duquel il produit des enchaînements logiques et chronologiques.

On assistera à la construction de son identité narrative par le biais d'une sensibilisation aux caractéristiques de la structure du récit.

Déjà bien amorcée depuis la petite section de maternelle, l'approche du récit littéraire par le biais d'albums exploités en compréhension et en reformulation verra son aboutissement dans la production personnelle de trames narratives.

1. *Source : Le langage à l'école maternelle*, MEN 2006.

3. Éléments didactiques et pédagogiques

A L'adulte, un locuteur expert qui crée les conditions facilitatrices de l'autonomie langagière

Le tutorat et l'étayage mis en œuvre par l'adulte dans les deux précédentes sections seront encore de mise : il faut donner à l'enfant l'assurance que l'enseignant converse réellement avec lui.

Lors des relances, l'utilisation de questions courtes et ouvertes fonctionnera comme autant d'incitations à faire reprendre et poursuivre le propos pour continuer de raconter, d'expliquer ou de formuler des arguments.

B Les modes d'intervention de l'adulte seront diversifiés

• Conduire et **diriger** intégralement le groupe.

• **Animer le groupe** à travers un guidage souple : offrir les relances qui apparaissent nécessaires quand le groupe s'essouffle.

• **Adopter une position d'observateur** en se plaçant en retrait de l'échange pour créer les conditions optimales de la conduite discursive entre les élèves. L'enseignant aura toutefois veillé au préalable à installer les conditions nécessaires à un fonctionnement autonome et à assurer le lancement de l'activité.

À chaque fois, il s'agira pour l'adulte de choisir la juste place qu'il occupera en fonction des objectifs qu'il aura pris soin de définir.

C Organiser et conduire les apprentissages

Pour que la situation proposée soit une véritable situation d'apprentissage, il faut veiller à ce qu'elle offre un véritable enjeu d'apprentissage : de quoi parle-t-on ? Pourquoi ? À partir de quoi ?

Les situations offriront une variété suffisante pour favoriser la mise en place des différents types de discours : parler pour raconter, expliquer, décrire, questionner, argumenter, justifier.

• Parler du vécu de la classe : le projet à entreprendre ou en cours (anticiper les tâches à venir, apporter des régulations sur ce qui est déjà effectif et qu'il faudra valider, revoir, compléter, etc.).

• Restituer un événement vécu de façon différée, à l'intention d'interlocuteurs extérieurs à la situation (ce qui amène à devoir utiliser un vocabulaire précis et les marques du passé adaptées à l'évocation, etc.).

• Chercher à résoudre un problème lié à la vie de la classe ou une question sur un sujet à caractère documentaire.

• Argumenter pour convaincre d'un choix, etc.

D Le choix d'une organisation facilitatrice

Le grand groupe : il a sa raison d'être lorsqu'il favorise la visée sociale de l'échange : on informe la classe entière, on apporte des régulations, on donne des consignes, etc.

C'est le cadre dans lequel le respect des règles conversationnelles est important : écouter l'autre, attendre son tour pour parler, établir des relations avec ce qui a été dit pour continuer l'échange.

Cependant, c'est un système de communication très centralisé, dans lequel la parole du maître est dominante : il ne permet pas à tous les élèves de trouver un espace de parole adapté.

Les groupes conversationnels, dont certains chercheurs comme A. Florin ont montré l'intérêt, seront organisés de façon régulière. Constitués de groupes homogènes pour les petits parleurs ou les non-parleurs qui ne trouvent pas leur place au sein des grands groupes et se trouvent ainsi exclus des échanges, ils constitueront une réponse à la question du développement de la prise de parole chez l'enfant.

Séquence : Communiquer

Séance n°1 Des livres pour un projet

:: Objectif : Apprendre à participer à l'élaboration d'un projet en respectant les règles conversationnelles (présenter des livres dans le coin bibliothèque).

:: Type de discours : Explicatif/Argumentatif.

:: Compétences : Dans un groupe, coopérer par le langage et savoir s'exprimer en restant dans le sujet de l'échange.

:: Conditions préalables : Un projet intitulé « Bien se nourrir pour bien grandir » fédère les activités de la classe. Il sera finalisé par une présentation du travail qui prendra la forme d'un goûter-exposition. Différentes étapes du projet ont été balisées avec le concours des élèves. La présente séance concerne l'arrivée d'un fonds documentaire que les élèves vont être amenés à découvrir et à installer dans l'espace bibliothèque de la classe.

:: Préparation de la classe

- **Organisation de la classe**
  Un groupe de 6 élèves installés dans le coin bibliothèque de la classe.
- **Matériel**
  Le coin permanent est équipé d'une table, d'une étagère, de plans inclinés de type présentoirs et de bacs de rangement.

Un ensemble d'ouvrages (une vingtaine) sur la thématique de l'alimentation vient d'être livré, quelques magazines et journaux, des boîtes de matériel didactique complètent l'ensemble. Ils sont rassemblés dans un carton.

:: Déroulement de l'activité

- **Durée** : 30 minutes.
- **Modalités de travail** : atelier dirigé de 6 élèves. L'enseignant conduira la séance durant les phases 1, 3 et 4 ; il sera observateur durant la phase 2.

→ Description de l'activité

- **Phase 1. Magistrale : expliquer la situation et poser le problème.** L'enseignant fait découvrir le carton et son contenu au groupe. Le déballage du carton amène des remarques spontanées : il y a des livres, des magazines et des boîtes de jeu.

Il invite les enfants à organiser la découverte.

Consigne : « Chacun va prendre un objet et essayer de le "présenter" aux autres » (en fonction des indices externes rapidement identifiables).

Exemples : « Je crois que c'est une boîte pour jouer. Il y a des grandes photos ; c'est des fruits. »
« J'ai un livre qui parle d'un lapin qui mange une carotte. »
« C'est un livre pour apprendre à faire des gâteaux. »

Au terme de ce tour de table, il procède à une synthèse rapide :

- De quoi parlent ces livres et ces boîtes de jeu ?
- Quelles sortes d'ouvrages reconnaît-on ?
- À quoi vont-ils pouvoir nous servir ?

Il amène les enfants à dégager le thème commun et à envisager la question du rangement de ce matériel.

• **Phase 2 : le projet du jour : disposer les livres pour les présenter.** Mise en place de deux groupes de 3 élèves. Consigne : « Maintenant, il faut chercher comment on pourrait ranger le matériel dans le coin bibliothèque. On réfléchit par 3, on essaie de le placer et après il faudra expliquer aux autres. »
On rappelle le mobilier dont on peut disposer (*cf.* ci-dessus).
On laisse chaque groupe de 3 élèves tenter de coopérer et d'entrer dans une communication organisée pour effectuer des tris et des regroupements successifs. L'enseignant observe les modalités de fonctionnement de chaque petit groupe.

• **Phase 3 : retour au groupe dans son intégralité pour confronter les propositions.**
Consigne : « Chaque groupe explique comment il veut organiser les livres et les boîtes. »
Exemples :
- une organisation à partir du format des livres et des boîtes ;
- un essai de tri entre les albums et les autres livres ;
- des classements selon les sous-thèmes lorsqu'ils sont explicites (les fruits, les légumes, etc.) ;
- une exploitation de la mise en valeur des livres sur les plans inclinés, etc.

• **Phase 4 : confronter les solutions et argumenter.** Maintenant, quelle façon de placer le matériel faut-il choisir ? On doit à la fois bien voir et pouvoir prendre facilement.
Le moment d'échange qui suit doit amener les élèves à expliquer leur choix et à le justifier.

• **Phase 5 : validation.** On effectue le rangement selon les critères de fonctionnalité retenus : par exemple, les albums, contes et documentaires sur les présentoirs, les magazines et journaux dans les grands bacs, les boîtes de jeu sur une étagère.
Au cours du moment de regroupement collectif, ce groupe sera chargé d'expliquer au reste de la classe le matériel qu'on a reçu, à quoi il va servir et comment on a choisi de le placer au coin bibliothèque.

Résultats attendus

Amener les élèves à dialoguer et à coopérer dans une situation fonctionnelle liée à un vécu particulier de la classe : la réception d'une série d'ouvrages et de boîtes de jeu. Il s'agit d'une première découverte d'un nouveau matériel qui contribue à impliquer les élèves dans l'appropriation progressive du projet.

Évaluation

On observera particulièrement la prise de parole lors des phases 2 et 3.
- L'enfant parle de façon réactive en fonction de la situation en cours.
- Il articule sa parole avec ce qui a été dit avant lui.
- Il respecte les principes de base d'un échange entre plusieurs interlocuteurs : attendre le moment opportun pour parler, rester dans la continuité de l'échange.

:: Conseils

1. Le projet général amorcé ici est à l'initiative de l'enseignant, en lien avec un des axes du projet d'école. Les diverses situations d'apprentissage qui en découlent veillent particulièrement à rendre les élèves acteurs du dispositif mis en place.
2. Les ouvrages rapidement découverts dans le cadre de cette séance feront l'objet d'exploitations spécifiques : ils servent uniquement de prétexte au cours de cette phase du projet.

:: Prolongements

D'autres pistes de mise en communication des élèves dans un cadre similaire : un nouvel espace à créer (un coin déguisement, un coin boutique, etc.) ; des rangements à effectuer dans des coins d'activité de la classe (le coin peinture est à aménager car non fonctionnel ou mal rangé/on reçoit du nouveau matériel : des puzzles, des jeux, etc.).

:: Ouverture transdisciplinaire

Toutes les exploitations liées au domaine de la découverte du monde dans le cadre de ce projet.

Séquence : Agir et dire

Séance n° 2 Écoute et fais ce que je dis

:: **Objectif** : Apprendre à maîtriser le langage qui accompagne l'action : expliquer les étapes de la réalisation d'une construction.

:: **Type de discours** : Explicatif.

:: **Compétence** : Savoir dire ce que l'on a fait dans une activité : verbaliser des actions successives pour permettre de reproduire un modèle.

:: **Conditions préalables** : Connaître le matériel par le biais d'une découverte guidée et de temps d'appropriation libres. L'utilisation par les élèves fait par ailleurs l'objet d'une programmation spécifique.

:: Préparation de la classe

- **Organisation de la classe**
  2 trinômes réunis dans un espace adapté à la manipulation de matériel.
- **Matériel**
  Un jeu de construction composé de planchettes de bois ou tout autre matériel permettant de réaliser des constructions en volume.

:: Déroulement de l'activité

- **Durée** : 20 minutes environ.
- **Modalités de travail** : dans chaque trinôme, un élève acteur agira et expliquera comment faire, un élève récepteur écoutera et exécutera les consignes pour réaliser la construction, un élève observateur sera chargé de suivre le bon déroulement.

L'enseignant, observateur du groupe, se placera en retrait lors des échanges entre les élèves.

→ Description de l'activité

- **Phase 1 : préparation de la construction.** L'élève acteur réalise librement une construction de son choix : si l'utilisation d'une fiche technique accompagnant le jeu a été requise, elle est retirée lorsque la construction est achevée.
L'enseignant s'entretient des éventuelles difficultés ou des particularités de la construction avec l'enfant, la valide et valorise le degré de complexité plus ou moins important qu'elle comporte.
- **Phase 2 : mise en place des trinômes.** Explication du déroulement et des rôles tenus par chacun en présence de l'enseignant.
– L'**élève acteur** devra uniquement s'exprimer à l'oral pour expliquer les étapes de la construction qu'il a réalisée, il ne lui est plus possible de montrer ni de toucher le matériel : son discours doit être particulièrement explicite.

- L'**élève récepteur** installé en face du premier devra bien écouter et effectuer les actions pas à pas selon les indications qui seront données.
- L'**élève observateur** aura pour consigne de bien écouter le message et de vérifier sa traduction en action. Il pourra intervenir oralement pour aider à corriger le positionnement du matériel le cas échéant.

• **Phase 3 : action dans chacun des deux groupes.** L'enseignant se place en retrait de l'activité de façon à réduire son intervention au maximum durant cette phase d'échanges entre les participants du trinôme.

Il observe la progression de chaque structure et prend particulièrement en note le degré de précision des énoncés des deux élèves acteurs.

• **Phase 4 : bilan.** On compare les constructions jumelles et on les valide.

Chacun à son tour est invité à dire ce qui a semblé facile ou difficile et pourquoi.

On définit des critères de réussite pour l'émetteur.

Il faut :
- décrire précisément chaque pièce du jeu utilisé ;
- donner sa position, son orientation ;
- respecter chaque étape de la construction ;
- n'en oublier aucune.

Résultats attendus

- Une bonne coopération entre les trois élèves composant chaque trinôme.
- Une prise de conscience en action de la nécessité de parler explicitement car l'évaluation est immédiate : la construction avance ou stagne.

Évaluation

- L'élève acteur décrit avec précision (vocabulaire, orientation relative des éléments), il utilise des connecteurs temporels, il respecte chacune des étapes de sa construction, il sait faire un retour sur son propos pour apporter des précisions ou reformuler le cas échéant.
- L'élève-récepteur mène la construction à son terme.

Conseils

Il est possible d'envisager avec des élèves en difficulté :
- de sélectionner un modèle très simple (2 ou 3 étapes de fabrication) ;
- de préparer avec eux le travail d'explicitation lors de la première étape qui consiste à effectuer la construction : on accompagne l'action par la parole pour chaque élément choisi ou positionné ;
- de demander à un élève de jouer le rôle de tuteur durant la phase d'explicitation.

Prolongement

Ce travail peut aussi être complexifié en cachant le modèle qui ne sera vu qu'au terme du jeu pour valider à la fois les énoncés de l'élève acteur (qui doit se souvenir et dire avec précision) et la compréhension de l'élève récepteur (qui doit particulièrement bien écouter car il ne dispose d'aucun repère visuel sur la construction).

Séance n° 3 Une saynète à jouer

:: Objectif : Apprendre à maîtriser le langage qui accompagne l'action : jouer une saynète.

:: Type de discours : Narratif.

:: Compétence : Savoir prêter sa voix à une marionnette pour la faire interagir avec d'autres dans le cadre d'une saynète.

:: Conditions préalables : Être familiarisé avec la manipulation de la marionnette de la classe : lui avoir prêté sa voix pour dire une comptine ou un poème. Connaître le conte qui servira de support au travail d'interprétation : la trame narrative (Petite Poule rousse veut faire du pain ; elle demande de l'aide à ses amis, mais en vain, etc.), les personnages, leur ordre d'apparition dans l'histoire.

:: Préparation de la classe

- **Matériel**
  Des marottes confectionnées avec la silhouette de chacun des personnages du conte : la petite poule rousse, le cochon, le canard, le chat.
- **Documents**
  Le conte *La Petite Poule rousse* de Byron Barton, École des Loisirs.

:: Déroulement de l'activité

- **Durée** : 30 minutes.
- **Modalités de travail** : 8 élèves : 4 acteurs, 4 spectateurs.

→ Description de l'activité

- **Phase 1 : vérifier que les élèves se sont approprié la totalité du conte et l'ont compris.** Rappel collectif de la trame du conte à l'aide des illustrations.

– Les actions significatives de la poule : planter les grains de blé, faucher, battre le blé, le moudre, faire le pain, le manger.
– Le lexique correspondant : *faucher*, *battre le blé*, *le moudre*.
– L'ordre logique et chronologique dans lequel ces actions sont effectuées.
– Les personnages : la poule, le cochon, le canard, le chat ; l'ordre dans lequel ils apparaissent.
– Échange à propos du message de ce conte : les trois amis ont-ils le droit de manger le pain à la fin de l'histoire ? Pourquoi ?

- **Phase 2 : jouer l'histoire. Comment ?**

– Déterminer un espace scénique.
– Répartir les rôles : le rôle du narrateur qui sera pris en charge par l'enseignant ; les 4 animaux (le rôle de la poule sera confié à un élève bon parleur, car le texte est conséquent) ; un groupe de spectateurs chargés d'observer si :
  - chaque animal intervient dans le bon ordre ;
  - la réplique est donnée à voix audible ;
  - le texte est respecté.

- Prendre la marotte de l'animal (qui aidera à s'identifier au personnage) pour lui prêter sa voix.
- Faire un premier essai pour mémoriser la structure de chaque étape et les répliques dans l'ordre où elles apparaissent.
- « Qui veut m'aider à ... ? Pas moi... , pas moi..., pas moi... Alors, je... »
- « Qui veut...? Moi..., moi..., moi... Oh! Non... C'est nous qui allons... »

• **Phase 3 : premier essai de mise en scène.** L'enseignant assume le rôle de narrateur pour fixer le cadre de l'histoire, il aide les élèves à intervenir au moment opportun et à se déplacer dans l'espace délimité.

Analyse : les 4 élèves spectateurs sont invités à dire ce qu'ils ont observé.

Questions :
- « Petite Poule rousse a-t-elle dit son texte à voix haute ? Sans rien oublier ? »
- « Le cochon, le canard, le chat sont-ils apparus au bon moment ? »
- « Les a-t-on bien entendus ? »
- « Ont-ils répondu à la petite poule sans se tromper ? »

Synthèse des remarques : l'enseignant reformule le conseil adapté à chacun en fonction de ce qui a été observé.

• **Phase 4 : améliorer.** L'accent sera porté sur l'articulation, le débit et la voix audible.
Second essai. Analyse.
Lors d'une autre séance, on inversera les rôles.

Résultats attendus

Cette activité nécessite une grande capacité d'écoute de soi-même et des autres. Elle suppose également que l'élève ait déjà une aisance relative dans la prise de parole pour pouvoir commencer un travail sur la voix : parler plus ou moins fort, plus ou moins vite, bien articuler, etc.

Évaluation

- Savoir s'écouter, écouter les autres.
- Avoir mémorisé la façon dont le personnage s'exprime : respect du débit, du vocabulaire et de la syntaxe.
- Être en mesure de restituer ses prises de parole.
- Intervenir au moment opportun de chaque étape de l'histoire.

:: Conseils

Choix de l'histoire. Elle est bâtie sur :
- une alternance de très courts passages narratifs et de dialogues dont la structure de base est un jeu de questions/réponses selon un schéma identique ;
- des dialogues qui sont suffisamment brefs pour une première expérience, répétitifs et faciles à mémoriser.

Il faut dédramatiser la situation d'acteur et familiariser les élèves avec la manipulation d'une marotte : évoluer selon une musique, bruiter avec des onomatopées, etc.

On imaginera ensuite de poursuivre la familiarisation en demandant de dire bonjour, de se présenter, etc.

:: Prolongement

D'autres contes de référence se prêtent particulièrement bien à un travail de dramatisation : *Roule galette, La Moufle, Les Trois Petits Cochons*, etc.

Séquence : Évoquer

Séance n° 4 Le récit d'une visite

:: Objectif : Apprendre à maîtriser le langage d'évocation : faire le récit oral d'une situation réelle (une sortie) dans un temps différé de l'action.

:: Type de discours : Narratif.

:: Compétence : Savoir rappeler de façon explicite un événement vécu dans un temps différé.

:: Conditions préalables :
- Maîtriser la restitution d'un événement en contexte.
- Effectuer une sortie avec la classe dans le cadre du domaine de la découverte du monde.

Exemple : la visite chez les correspondants. Durant la sortie, réaliser des photographies des moments significatifs.

:: Préparation de la classe

- **Organisation de la classe**
  Atelier d'une dizaine d'élèves réunis dans l'espace collectif de regroupement.
- **Matériel**
  Les photographies des moments forts de la sortie : la montée dans l'autocar, le trajet, l'arrivée chez les correspondants, la découverte de leur école, la remise d'un cadeau, les jeux en commun, le repas, la visite de la ferme, la promenade, le retour.
  Chaque photographie doit être très représentative et illustrer une étape facilement repérable et bien marquée dans le temps.
  Le cahier de vie qui sera utilisé lors de la séance suivante.

:: Déroulement de l'activité

- **Durée** : 30 minutes.
- **Modalités de travail** : activité dirigée par l'enseignant. Groupe d'élèves de niveau hétérogène.

→ Description de l'activité

- **Rappel du contexte.** Une correspondance scolaire menée avec une classe maternelle située dans un milieu rural a fait l'objet d'un certain nombre de courriers pour apprendre à se connaître (présentation de l'école, de la classe, des élèves, de la mascotte, échange de recettes, comptes rendus de moments festifs, etc.). Un projet de rencontre est né : rendre visite aux correspondants. La situation de langage décrite ici s'effectue dans un temps différé et un cadre décontextualisé de l'action.

Il faut préparer la page du cahier de vie qui évoquera ce temps fort et qui s'adresse à des personnes n'ayant pas partagé cette journée : lors de cette séance, il faudra se souvenir de tout ce qui a été vécu ce jour-là, faire le tri et remettre les souvenirs dans l'ordre à l'oral.
La séance suivante permettra de préparer le petit texte élaboré en petit groupe sous forme de dictée à l'adulte qui figurera dans le cahier de vie.

• **Phase 1 : faire appel aux souvenirs.** De quoi nous souvenons-nous ?
Déballage des moments particuliers qui ont jalonné la journée : en fonction du vécu personnel qu'ils ont, les élèves évoquent ce qui les a marqués : le trajet en autocar, le repas pris en commun avec les correspondants, la visite d'une ferme, la promenade près des ruines d'un château, etc. Cette phase est encore très marquée par l'affectivité et la richesse du vécu de cette journée.
La récapitulation se fait à ce stade sous la forme d'une liste : les élèves font l'inventaire de ce dont ils se souviennent. Cette phase est indispensable pour fixer les étapes principales.
• **Phase 2 : restituer chacun des moments dans l'ordre.** Comment s'est passée la journée depuis le départ de l'école ? Qu'avons-nous fait d'abord ? Que s'est-il passé ensuite ? Cette énumération chronologique va servir de base pour agencer un discours construit.
Les élèves placés en cercle doivent intervenir à tour de rôle pour évoquer chacun des moments :
- on a quitté l'école et on est monté dans l'autocar ;
- on a roulé un moment ;
- à notre arrivée, les correspondants nous attendaient ;
- ils nous ont fait visiter l'école ;
- on leur a remis un cadeau ;
- etc.

On peut avoir recours à la liste établie en 1 si nécessaire.
• **Phase 3 : valider chacun de ces moments évoqués par un retour aux photographies prises lors de cette journée.** Il faut maintenant se décentrer pour entrer dans la logique du récit.
Consigne : trier les photographies. Attention, plusieurs photographies évoquent le même moment, il faut bien regarder !
Pour chaque moment évoqué par plusieurs photographies, choisir celle que l'on garde pour le cahier de vie. Justifier le choix : lisibilité, présence de tel élément important, etc.
Donner un commentaire oral pour confirmer la signification de chaque photographie.
• **Phase 4 : placer les photographies dans l'ordre sur une affiche verticale : tâche réalisée en groupe.** Effectuer une relecture guidée : *d'abord*, *ensuite*, *après*, *et puis*, etc.
Le travail individuel de validation sera effectué dans un temps différé au cours duquel chaque élève relira la série de photographies et donnera son commentaire (*cf.* évaluation).

Résultats attendus

- Phase préparatoire à la production d'un court texte en dictée à l'adulte. Ce moment est indispensable pour rassembler les idées, préparer ce qu'on va écrire, choisir les éléments essentiels et pouvoir structurer le propos : savoir produire un énoncé hors du contexte de l'action et le destiner à d'autres qui n'ont pas vécu l'événement.
- Formulations utilisant le passé composé ou l'imparfait, mise en évidence de certaines conjonctions de subordination exprimant le temps : *quand*, *alors*, *pendant*, etc.

Évaluation

- L'enfant restitue les événements de façon explicite.
- Il donne l'ordre des événements.
- Il utilise des connecteurs temporels : *d'abord*, *ensuite*, *après*.
- Il emploie des temps du passé : *on a fait*, *on est allé*, *c'était*, etc.

:: Conseils

Pour certains enfants ayant manifesté des difficultés à restituer les événements dans l'ordre, il faut adapter le dispositif : groupe plus restreint/contexte de travail plus circonscrit ; nombre de photographies plus limité ou documents triés au préalable.

:: Prolongements

Prolongements relatifs à l'exploitation approfondie de certains moments spécifiques de la visite : retour sur l'accueil à la ferme : les différents lieux, le lexique particulier, etc., le trajet que nous avons emprunté pour aller de notre ville au village des correspondants, etc.

Séance n° 5 Une affiche pour le marché de Noël

:: Objectif : Apprendre à maîtriser le langage d'évocation pour parler d'événements à venir : planifier un projet (réaliser une affiche à propos du marché de Noël).

:: Type de discours : Narratif.

:: Compétence : Savoir parler d'événements qui vont se dérouler dans un futur proche.

:: Condition préalable : Avoir observé des affiches dans le cadre de projets déjà menés dans la classe ou l'école.

:: Préparation de la classe

- **Organisation de la classe**
  Atelier de 6 élèves réunis autour d'une table.
- **Matériel**
  Quelques affiches très parlantes issues de l'affichage de l'école. Une grande affiche vierge et des feutres de couleur.

:: Déroulement de l'activité

- **Durée** : 30 minutes.
- **Modalités de travail** : atelier dirigé par l'enseignant : 6 élèves de niveau homogène (bons parleurs) pour les phases 1 et 2, le groupe classe lors de la restitution.

→ Description de l'activité

• **Phase 1 : rappel de la situation inductrice et lancement d'un nouveau projet.** Fabriquer une affiche pour annoncer le marché de Noël à l'école.

Questions : « Quand aura-t-il lieu ? » « Où va-t-il se dérouler ? » « Qu'est-ce qu'on y fera ? » « Qui pourra venir ? » « Comment le faire savoir ? »

On évoque :

- l'enjeu du support que l'on va réaliser : à quoi va servir cette affiche ?
- les destinataires : à qui sera-t-elle destinée ?
- ce qu'on va y mettre : de quoi allons-nous parler ?

Cette première phase a pour but de mettre les élèves en perspective et d'amorcer le projet dans ses lignes très générales.

• **Phase 2 : pour savoir comment faire, il faut regarder des affiches.** On dégage quelques grandes caractéristiques de la structure :

- une affiche, c'est grand ;
- on met des couleurs ;
- on écrit ;
- on peut faire des dessins ou mettre des photographies, etc.

L'enseignant aide à organiser les paramètres déterminants de la situation de communication : l'affiche vierge est placée sur un plan vertical face aux élèves.

On va déterminer ensemble « la maquette » des éléments sur lesquels les élèves travailleront en dictée à l'adulte lors de la séance suivante : l'enseignant va tracer à gros traits la structure de l'affiche en fonction des premières indications données par les élèves.

Qu'est-ce qu'il faut savoir ? On récapitule les idées essentielles : l'objet de l'affiche, la date, le lieu, les possibles illustrations, etc.

– Quel titre ?

– Qu'est-ce qui va se passer ?

– Quand va se passer le marché ?

– Où va-t-il avoir lieu ?

– Qu'est-ce qu'on va vendre ?

– Quels dessins va-t-on mettre ?

- **Phase 3 : restitution au groupe classe à l'aide de la trace élaborée en commun.** Il s'agit ici de faire restituer à la classe les aspects essentiels de la séance menée en petit groupe et le « cahier des charges » de l'affiche : les éléments relatifs au fond et à la forme qui ont pu être dégagés. Cette phase sert d'évaluation au terme du travail réalisé en groupe restreint. Chacun des élèves prend la parole à son tour pour restituer un élément :

« On fera une affiche pour le marché de Noël.
- Il faudra dire (voir ci-dessus), etc.
- Il faudra chercher comment sera le fond, quelles images ou quels dessins on va mettre, etc. ».

Résultats attendus

Créer une dynamique de projet autour de la création d'une affiche : cette démarche permet d'établir un réseau de communication avec l'extérieur de l'école. Elle favorise aussi dans la classe la prise en charge par plusieurs groupes d'élèves des différents volets du projet : ils travailleront à la planification orale, ou à la mise en texte ou à sa révision, ou encore à la réalisation plastique finale.

Dans leur formulation orale, les élèves utilisent très souvent l'auxiliaire *aller* pour exprimer le futur proche, ce type de mise en situation peut contribuer à les faire passer du futur périphrastique au futur simple.

Évaluation

- L'élève sait entrer dans le projet pour formuler un ou plusieurs aspects de l'affiche.
- Il utilise le futur : « On fera » ou le futur proche : « On va dire, trouver, chercher », etc.
- Il intègre des connecteurs temporels : *d'abord*, *ensuite*, *après*, etc.

:: Conseils

Cette séance qui s'appuie sur la phase de planification d'un projet impose de se projeter dans un futur proche difficile à appréhender pour le jeune élève. Elle est à réserver à des élèves maîtrisant déjà bien le langage d'évocation d'événements vécus et restitués en contexte puis de façon différée.

:: Ouverture transdisciplinaire

Ce type de projet axé sur la création d'une affiche est très porteur d'apprentissages : lien avec l'écrit, avec la création plastique, rapport texte/image, organisation spatiale d'un support grand format, etc.

D'autres prétextes s'y prêteront tout aussi facilement : un spectacle, une exposition, un événement qui concerne la vie interne de l'école, etc.

Séance n° 6 Résumer une histoire

:: Objectif : Apprendre à maîtriser le langage d'évocation : restituer de mémoire la trame narrative d'une histoire : *Une soupe au caillou*, pour en faire le résumé.

:: Type de discours : Narratif.

:: Compétence : Savoir restituer de mémoire tout ce qui est important dans une histoire.

:: Conditions préalables : Maîtriser le principe de remise en ordre chronologique de suites séquentielles ou de récits dont la trame narrative est simple.
Savoir prendre des indices signifiants sur des images (notion de personnage, de lieu, d'accessoire, etc.).

:: Préparation de la classe

- **Organisation de la classe**
  Une demi-classe installée face au tableau. Le groupe est composé de parleurs hétérogènes, afin de favoriser les interactions durant la phase de reconstitution.
- **Documents**
  L'album *Une soupe au caillou* d'A. Vaugelade (L'École des Loisirs).
  Deux exemplaires de l'album seront nécessaires pour la phase de reconstitution.
  Les illustrations de l'album présentées en grand format.

:: Déroulement de l'activité

- **Durée** : 30 minutes.
- **Modalités de travail** : l'activité de lecture du texte est magistrale, la reconstitution doit permettre à l'enseignant de se placer en retrait mais d'apporter son appui si nécessaire.

→ Description de l'activité

- **Phase 1 : lire le texte dans son intégralité.** La seule indication préalable donnée par l'enseignant est celle du titre : « Je vais vous lire une histoire qui s'appelle *Une soupe au caillou*. Il faudra bien écouter, car ensuite je montrerai les images et il faudra redire l'histoire. »
La lecture magistrale est effectuée sans rupture, sans aucun regard sur les illustrations.
Au terme de cette phase, on s'assure de la compréhension générale de l'histoire :
- Qui sont les personnages principaux ?
- Où l'histoire se passe-t-elle ?
- Que veut faire le loup ?
- Qui va l'aider à préparer la soupe ? Pourquoi ?
- Pourquoi le loup repart-il sans rien dire avec le caillou ?

- **Phase 2 : mettre en relation le texte et les illustrations.** Les différentes illustrations sont affichées sur le tableau, à la vue de tous. L'enseignant relit le texte, page après page.
- À tour de rôle les élèves, par binômes, essaieront de trouver l'image qui leur semble correspondre au texte qui vient d'être lu en justifiant le choix effectué.
- Le grand groupe validera.
- Un élève témoin, qui sera le garant de l'histoire puisqu'on lui aura confié un exemplaire de l'album, confirmera qu'il s'agit bien de l'image qui correspond au texte lu en s'aidant du livre.
Le texte étant assez conséquent, il sera sûrement nécessaire à certains moments de procéder à une reformulation du sens général de certains passages.

- **Phase 3 : élaborer un résumé.** En fin de séance, les élèves seront amenés à bâtir un résumé des éléments essentiels de l'histoire.

C'est leur version qui servira d'accroche et sera proposée le lendemain au demi-groupe suivant pour travailler sur d'autres aspects de l'histoire, à savoir les interprétations possibles.

Restituer de mémoire les éléments essentiels

Faire apparaître les éléments suivants :
- l'arrivée du loup dans le village des animaux ;
- le subterfuge pour entrer et gagner la confiance de la poule ;
- l'arrivée successive des différents animaux et l'aide apportée par tous les amis de la poule ;
- le partage de la soupe ;
- le départ énigmatique du loup.

L'enseignant guide la reconstitution au moyen de questions ouvertes lorsqu'il le juge utile.

Remarque

Il ne s'agit pas ici de procéder à un moment de dictée à l'adulte formalisé, mais plutôt de prendre rapidement en note les idées générales de l'histoire pour s'assurer que les élèves en ont bien intégré les aspects majeurs.

Résultats attendus

- Une écoute particulièrement attentive du texte qui va conditionner la reconstitution à l'aide des illustrations et la reformulation des éléments mémorisés.
- L'accès à un récit qui présente une certaine résistance : pourquoi cette soupe au caillou ? Quelles sont les intentions réelles du loup ? Pourquoi repart-il sans rien dire avec le caillou ?

Évaluation

- L'élève participe à la restitution organisée dans le groupe : sa prise de parole est en cohérence avec le récit en train de se reconstituer.
- Il sait redire de mémoire l'essentiel de l'histoire : les personnages principaux, la demande du loup, le retournement de situation et la clôture.
- Il sait reprendre l'intégralité des éléments avec l'aide des illustrations.

:: Conseils

- Il peut être utile avec certains élèves en difficulté d'effectuer un travail affiné de lecture-reformulation de courts extraits choisis pour recenser les informations puis les remettre en correspondance avec une image à reconnaître parmi un corpus restreint.
- À l'inverse, décrire les aspects significatifs d'une illustration puis écouter la lecture de deux courts extraits (aménagés à cet effet) afin de décider lequel convient à l'image favorisera aussi cette approche de la mémorisation et du rapport image-texte.

:: Prolongements

- Interroger la dernière illustration (qui annonce un récit en boucle) : le loup arrive chez un dindon. Que pourrait-il se passer ?
- Comparer cette version de la soupe au caillou avec celle racontée de façon humoristique par Tony Ross : cette fois, c'est la poule qui prépare la soupe au caillou. Elle l'enrichit au fur et à mesure, utilisant le stratagème pour faire patienter le loup et lui faire prendre en charge toute une série de tâches domestiques. La chute est différente mais le loup part sans demander son reste.
- Mettre à profit un corpus lexical relatif aux ingrédients nécessaires pour faire de la soupe : les légumes de la soupe du conte et d'autres à inventorier, etc.

Séance n° 7 Les facettes d'un personnage

:: Objectif : Apprendre à maîtriser le langage d'évocation : donner les caractéristiques d'un personnage type.

:: Type de discours : Narratif.

:: Compétence : Savoir donner les caractéristiques physiques et morales d'un personnage type : la sorcière.

:: Conditions préalables

- Mettre en œuvre des parcours de lecture qui vont mettre en place la culture littéraire de l'élève : activités de lecture en réseau autour d'un type de personnage que l'on va suivre d'un album à l'autre afin de tisser des liens intertextuels.
- Avoir fait découvrir chacun des albums qui feront l'objet de la séance.

:: Préparation de la classe

- **Organisation de la classe**
  Atelier de 8 élèves (groupe hétérogène).

- **Documents**
  Un réseau d'albums : *Vezmô la sorcière* de G. de Pennart ; *Le Crapaud perché* de C. Boujon (L'École des Loisirs) ; *La sorcière qui rapetissait les enfants* de V. Caylou et D. Parkins (Bayard Jeunesse) ; *L'Hiver de Pélagie* de V. Thomas et P. Korky (Milan) ; *La Grande Fête de la sorcière Camomille* de E. Larreula et R. Capdevila (Éditions du Sorbier), etc.
  Des boîtes contenant les éléments caractéristiques des personnages évoqués dans la séance dessinés sur bristol.

:: Déroulement de l'activité

- **Durée** : 30 minutes + 15 minutes.
- **Modalités de travail** : phases 1 et 2 conduites par l'enseignant, la phase 3 s'effectue lors d'un travail individuel en atelier.

→ Description de l'activité

- **Phase 1 : définir les caractéristiques physiques du personnage.** Rappeler les albums dans lesquels on a rencontré des sorcières : les élèves énoncent des titres que l'enseignant prend en note.

Consigne : « Aujourd'hui, je vais vous montrer des sorcières, regardez bien le tableau et dites-moi qui vous reconnaissez. »

Composer successivement différentes silhouettes fabriquées en assemblant des éléments caractéristiques des sorcières rencontrées au cours des lectures.

Les combinaisons sont multiples, elles ne seront pas toutes exploitées. Compte tenu du corpus d'albums de référence :

- on peut proposer le visage de Camomille (long nez, lunettes, fichu mauve et chapeau pointu), celui de Vezmô (complètement vert et surmonté d'un chapeau pointu), ou encore celui de Pichnouille (également vert avec un nez crochu portant une verrue et des dents pointues), celui de Pélagie, etc. ;

- on peut faire des assemblages avec les vêtements : la robe noire de Pélagie, celle à fleurs de Camomille, celle de Pichnouille, etc. ;
- il est possible d'intégrer les accessoires (la baguette magique, le balai), les animaux de compagnie (le chien Poubelle, le chat Rodolphe, etc.).

À chaque fois, on créera un effet de surprise en composant le nouveau personnage hors de la vue des élèves. Puis on les amènera :

- à découvrir l'assemblage ;
- à décrire le personnage ;
- à identifier les composantes en les resituant par rapport au personnage de référence.

La représentation initiale que les élèves avaient de la sorcière va ainsi évoluer et s'affiner en référence à la diversité des personnages très typés qui auront été évoqués.

En fin de séance, on retournera à la liste énoncée par les élèves et on la validera par retour aux personnages principaux de chaque histoire et à leurs principales caractéristiques physiques.

• **Phase 2 : définir les caractéristiques morales du personnage et son évolution au cours du récit.** Mettre en place un tableau à double entrée :

	Début de l'histoire	Milieu	Fin de l'histoire
Vezmô	Abominable, capricieuse	Change le prince en sorcier	L'épouse et se transforme
Le crapaud			
La sorcière			

Les élèves sont invités à évoquer les moments caractéristiques de chaque récit et à se souvenir des changements marquants : l'enseignant prend en note les éléments repérés par les élèves. La silhouette du personnage selon les moments marquants du récit peut venir illustrer le tableau.

Ce tableau pourra être complété au cours de lectures ultérieures : il pourra servir de référence pour comparer les portraits ; l'enseignant est le garant de cet écrit.

Deux exemples : *Vezmô la sorcière, Le Crapaud perché* (l'évolution en parallèle des deux personnages de ce récit est particulièrement intéressante).

• **Phase 3 : synthèse individuelle puis exploitation collective.**

Travail individuel.

Consigne : « Imagine et dessine le portrait d'une nouvelle sorcière. N'oublie aucun détail : tu peux t'aider des éléments qui sont dans les boîtes. »

Lors d'une phase collective à visée évaluative, effectuée ultérieurement, chaque dessin sera affiché et les élèves de la classe essaieront de décrire le personnage.

L'auteur du dessin confirmera ou apportera des éléments contradictoires ou complémentaires à propos de son personnage.

Résultats attendus

- Amener les élèves à savoir caractériser d'abord physiquement puis moralement les personnages principaux d'une histoire.
- Leur faire découvrir les évolutions physiques ou morales apportées par la progression du récit.

Évaluation (*cf.* phase 3)

L'élève sait donner quelques caractéristiques physiques d'un personnage, quelques traits de caractère d'un personnage. Il sait inventer un personnage type : à l'oral, en le dessinant.

:: Prolongements

- Des devinettes à propos de portraits de sorcières sont élaborées par l'enseignant puis par les élèves : il faut retrouver le livre correspondant.
- L'enseignant lit un extrait de texte (sans donner aucun indice externe) : il faut écouter très attentivement pour identifier l'album et le personnage principal.

Séance n° 8 Les étapes d'un conte

:: Objectifs : Apprendre à maîtriser le langage d'évocation : dessiner les étapes d'un conte à structure répétitive. En reconstituer la trame : *Kolobok*.

:: Type de discours : Narratif.

:: Compétence : Savoir restituer un conte dont les illustrations sont à remettre dans l'ordre.

:: Conditions préalables : L'exploitation de ce conte – qui fait partie du patrimoine traditionnel russe et qui présente une structure répétitive de type randonnée fort intéressante – doit centrer l'approche sur l'aspect essentiel de cette séance, à savoir la trame narrative.
Une connaissance du champ lexical spécifique du conte peut être nécessaire.
Le *kolobok* : c'est une sorte de pain rond en forme de boule, parfois frit ou cuit au four.
Les termes *farine*, *réserve*, *crème aigre*, *perron*, etc. peuvent justifier une explication.

:: Préparation de la classe

- **Documents**
Le conte *Roule Galette* de N. Caputo (Flammarion). La version russe : *Kolobok*, Anonyme (Albin Michel/Ipomée) [1].
Des gabarits des contours de personnages réalisés d'après les illustrations de l'album, des dessins effectués par les élèves.

:: Déroulement de l'activité

- **Durée** : 15 minutes + 30 minutes.
- **Modalités de travail** : une phase collective puis un atelier composé de 8 élèves.

→ Description de l'activité

- **Phase 1 collective : découvrir le conte raconté.**

– Phase orale préalable. L'enseignant indique que le conte qui va suivre s'intitule *Kolobok*. Pourquoi un tel titre ? Qu'est-ce que le *kolobok* ?
Les élèves sont amenés à émettre des hypothèses et à se mettre en attente de la découverte de l'histoire (que certains ont peut-être déjà entendue et dont ils possèdent peut-être encore quelques souvenirs).
– Phase d'écoute de l'histoire racontée oralement sans le support de l'album. L'enseignant a préparé un petit résumé qui lui sert d'aide-mémoire pour raconter les différentes rencontres dans l'ordre du récit.
– Phase de vérification de la compréhension générale. Qui sont les personnages ? Quelles sont les actions significatives ? (Évoquées à ce stade sans remise en ordre stricte.)
Le petit pain rond : s'échappe de la maison/Rencontre le lapin/Rencontre le loup/Rencontre l'ours/Rencontre la renarde/Se fait croquer par cette dernière.
Quelle est la formulette ? Il s'agit ici uniquement d'en redire le sens général.
Au terme de cette première phase, l'enseignant propose de montrer les illustrations de l'album en reformulant les étapes.

- **Phase 2 : dessiner les étapes de l'histoire (en atelier).**

Consigne : « Pour pouvoir raconter l'histoire, on va dessiner tout ce qui se passe sur des feuilles. Chacun va choisir de dessiner un morceau de l'histoire. Il faudra me dire ce qu'on choisit. **Attention :** deux élèves ne peuvent pas dessiner le même moment de l'histoire. »

1. MEN, 1001 *livres pour les écoles*, 1997.

Les élèves énoncent leur choix : s'il y a des manques ou des redondances, on les laisse effectuer leur dessin.
Des aides sont à leur disposition si nécessaire : des gabarits des contours des personnages sont réalisés sur bristol.
Chacun réalise son dessin. L'enseignant apporte son concours le cas échéant pour la manipulation des gabarits.
Une phase de verbalisation individuelle permettra à chacun de dire ce qu'il a dessiné.

- **Phase 3 : écouter le texte et remettre en ordre.** Premier essai de remise en ordre : on essaie de se souvenir du conte, et à tour de rôle, chacun vient placer son dessin dans la continuité de l'histoire en cours de reconstruction.

L'enseignant se place en retrait et incite les élèves à s'organiser pour mener l'affichage de l'ensemble à son terme.
La validation va s'effectuer par le retour au texte original qui sera lu page après page. Au fur et à mesure que le texte sera lu, on vérifiera que le dessin affiché illustre le moment de l'histoire.
S'il y a eu placement erroné du dessin, on rétablira l'ordre après confrontation entre les élèves.
S'il y a manque d'une étape marquante, on la matérialisera à l'aide d'une page blanche.
On procédera ainsi jusqu'à la fin du récit.
La dernière phase consistera à relire l'histoire affichée de façon linéaire en s'appuyant sur les blancs éventuels pour redire les parties manquantes.
Ces blancs du récit pourront faire l'objet d'un travail complémentaire de dessin au terme duquel il faudra les réinsérer dans la trame logique et chronologique.

Résultats attendus

Une adhésion immédiate à un conte facile d'accès : la difficulté réside ici dans la présentation uniquement orale au début et la contrainte de reconstruction de l'histoire à partir des représentations des élèves. La répétitivité des rencontres et de la formulette sont toutefois des facteurs facilitant la mémorisation.

Évaluation

L'élève sait :
- intégrer les éléments essentiels du récit ;
- choisir un moment du récit et le dessiner ;
- insérer son dessin dans la trame narrative à mettre en ordre.

Prolongements

S'approprier la totalité du conte : jeux de restitution orale individuelle au cours desquels on tentera d'obtenir la mise en œuvre de connecteurs logiques et temporels.
Débattre : pourquoi le Kolobok a-t-il été mangé par la renarde et non par les autres animaux ? Mise en évidence de la notion de ruse dans les contes.
Comparer avec une version très voisine : *Roule Galette*. Quelles sont les différences ? Travailler à l'oral sur la formulette de ce conte, la redire, prêter sa voix à une marionnette pour la dire, la transformer, etc.
Théâtraliser le conte.
Rencontrer d'autres contes sur le même thème : les différentes versions du bonhomme pain d'épice.

Définition

Le **récit en randonnée** est constitué d'une situation initiale et d'une situation finale entre lesquelles s'inscrivent des rencontres qui s'additionnent et peuvent être permutées ou supprimées.

Séquence : Apprendre à utiliser le langage du récit pour inventer des histoires

Séance n° 9 Des solutions pour résoudre un problème

:: **Objectif** : Savoir continuer une histoire en utilisant un déclencheur.

:: **Type de discours** : Narratif.

:: **Compétence** : Savoir s'insérer dans la trame narrative d'une histoire pour la continuer.

:: **Conditions préalables** : Disposer d'une culture du récit suffisamment étoffée : avoir quelques références en matière de personnages, pouvoir faire des comparaisons entre les histoires.
Avoir compris la logique de résolution d'une histoire : l'aboutissement de l'action (ou situation finale) se concrétise par la suppression du problème et une fin le plus souvent positive.

:: Préparation de la classe

- **Matériel**
  L'album de Mercer Mayer *Il y a un alligator sous mon lit* (Gallimard Jeunesse, 2002).
  La page agrandie de l'album qui servira de support à la narration et qui sera affichée au tableau. Des objets inducteurs qui vont permettre de soutenir le récit (ou leur représentation) :
  - pour attirer « le monstre » hors de la chambre : nourriture sucrée de type gâteaux ou bonbons, etc. ;
  - pour le chasser hors de la chambre : un bâton, un rouleau à pâtisserie, etc. ;
  - pour le transformer : une baguette magique, un grimoire , etc. ;
  - pour l'apprivoiser : des jouets, un cartable, des livres, etc.

:: Déroulement de l'activité

- **Durée** : 30 minutes.
- **Modalités de travail** : atelier composé de 8 élèves moyens ou bons parleurs.

→ Description de l'activité

- **Phase 1 : mise en situation.** Présentation du début de l'histoire et rapide découverte de la première de couverture pour situer le contexte du récit. Le titre confirme la prise d'indices. Lecture du début de l'histoire : *Il y a un alligator sous mon lit.*
Quand je vais me coucher, je dois faire très attention.
Parce que je SAIS qu'il est là !
Pourtant, dès que je me penche pour le voir, il se cache.
Alors, j'appelle Papa et Maman.
Ils viennent dans ma chambre, mais ne voient rien du tout.

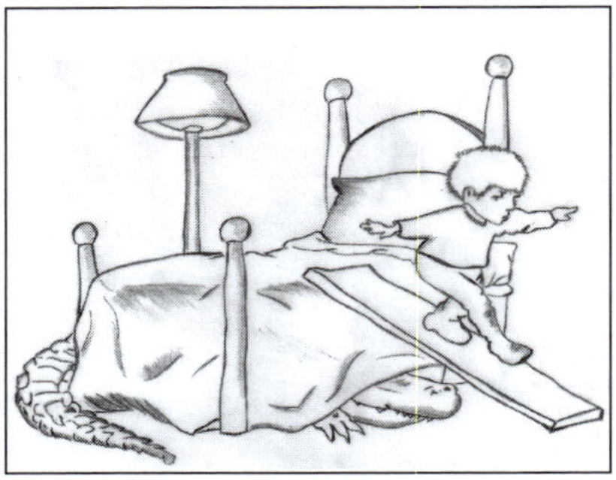

Rapide point sur la compréhension : à ce stade, la lecture confirme les éléments de la première de couverture et on apprend que le petit garçon est seul avec la bête puisque ses parents « ne voient rien du tout ».

- **Phase 2 : recherche de solutions au problème.** La page illustrée et agrandie de l'album est affichée sur le tableau. L'enseignant donne lecture du texte inducteur : « Je dois donc résoudre tout seul ce problème d'alligator. »

Consigne : « Comment ce petit garçon peut-il faire pour résoudre ce problème d'alligator ? »
À tour de rôle, les élèves vont essayer de trouver des solutions.
Pour les aider, des objets inducteurs ont été préparés : un rapide inventaire collectif est proposé au préalable afin de s'assurer que tous les élèves identifient bien chacun des objets et leur fonction initiale.
Chaque élève vient proposer une solution, l'enseignant schématise au fur et à mesure des propositions sur une grande affiche pour garder trace dans l'ordre où elles sont effectuées.
À ce stade, les élèves se placent en position de narrateurs : ils évoquent le personnage et expliquent ce qu'il va faire :
- Il va prendre des choses sucrées pour attirer l'alligator, etc.
- Il va lui faire peur avec un bâton, etc.

Un bilan est effectué : on met les propositions en débat. À l'aide de la grande affiche, chaque solution est revue et on discute de sa pertinence puis on la justifie :
- Est-ce que cette proposition peut résoudre le problème ?
- Est-ce que les deux personnages sont amis ou ennemis à la fin de l'histoire ?

- **Phase 3 : structuration des acquis.** La lecture de la suite de l'histoire est effectuée sans recours aux illustrations dans un premier temps.

On provoque une discussion autour de la stratégie de résolution utilisée par le petit garçon : retour sur le choix des différents appâts et la manière d'éloigner progressivement l'alligator.
On compare avec quelques-unes des propositions des élèves qui ont utilisé la stratégie de l'appât.
Mais l'histoire est-elle vraiment finie ? Que lit-on à la fin ? *Maintenant, il y a un alligator dans le garage,* etc.

Résultats attendus

- Choix du récit : une situation suffisamment claire pour pouvoir être exploitée dans le cadre de la poursuite d'une narration (le personnage est un enfant auquel l'identification est facile, le problème à résoudre est simple, la narration est effectuée à la première personne).
- Choix des illustrations : très proches du récit, elles constituent une facilitation pour ce type de séance.

Évaluation

L'élève manifeste qu'il comprend le nœud du récit en proposant une solution qui tient compte des deux personnages en présence, du problème et du contexte imaginaire très ouvert.
Il formule sa proposition de façon compréhensible par les autres.

Prolongements

On joue à être le petit garçon. Changement de l'énonciation : on utilise la 1re personne, on introduit le dialogue.

Consigne

Tu es le petit garçon, que dis-tu à l'alligator ? Exemples :

- « Viens, gentil alligator. Est-ce que tu aimes le chocolat ? Je vais t'en donner, etc. »
- « Sauve-toi d'ici, méchant alligator, sinon je vais te transformer en citrouille ! »

On met en scène une fin que l'on a choisie.

On trouve d'autres héros qui ont un problème à résoudre : Poule rousse dans le sac du renard, Aya et sa petite sœur perdue, etc. On débat autour de la thématique des peurs enfantines : est-ce que c'est une histoire vraie ? Est-ce que cet alligator est vraiment caché sous le lit ?

Séance n° 10 Créer des histoires

:: Objectif : Savoir inventer une histoire de toutes pièces.

:: Type de discours : Narratif.

:: Compétence : Savoir inventer la trame narrative d'une histoire.

:: Conditions préalables : Voir la séance n° 9.

Avoir des repères concernant la logique du récit :
- une situation initiale qui présente les personnages ou les motifs de l'action ;
- la transformation qui met le héros à l'épreuve ;
- la situation finale qui voit la résolution du problème.

:: Préparation de la classe

- **Organisation de la classe**
  Atelier dirigé par l'enseignant. Le groupe est installé autour d'une table lors de la première phase puis on se regroupe dans l'espace collectif pour les phases 2 et 3 auxquelles peuvent s'adjoindre les autres élèves de la classe.
- **Matériel**
  Des boîtes contenant des cartes (personnages, lieux, objets) ainsi qu'il est décrit dans la phase 1 de la séance.

:: Déroulement de l'activité

- **Durée** : 30 minutes.
- **Modalités de travail** : atelier composé de 6 élèves parleurs hétérogènes.

→ Description de l'activité

- **Phase 1 : production individuelle d'une histoire.** Les élèves sont installés autour d'une table, chacun dispose d'une grande feuille de papier et de feutres.

On a également prévu à portée des élèves des grandes boîtes dans lesquelles figurent des « outils » pour raconter des histoires :
- des cartes qui présentent des personnages rencontrés dans les histoires (le petit garçon, la petite fille, le roi, le loup, le renard, l'alligator, etc.) ;
- des cartes qui montrent des lieux connus (la maison, la forêt, le jardin, le château, etc.) ;
- des cartes sur lesquelles figurent des objets divers (le goûter, le cadeau, le bâton, la baguette magique, la couronne, etc.).

Consigne : « Chacun va imaginer une histoire. On peut choisir de prendre des cartes pour s'aider : une carte dans chaque boîte, mais ce n'est pas obligatoire.
On pense d'abord au début de l'histoire puis à tout ce qui se passe ensuite.
Quand on est prêt, on peut dessiner tout ce qui se passe dans l'histoire.
Quand chacun aura terminé, on me donnera les dessins et j'essaierai de raconter l'histoire que je vois sur la feuille. »

- **Phase 2 : interprétation de l'histoire par l'enseignant.** Chaque histoire est interprétée par l'enseignant qui en propose une version la plus structurée possible : il s'agit lors de cette phase de développer ou d'imaginer des péripéties même si la proposition initiale de l'élève semble minimale. Cette approche va faciliter l'entrée dans le récit des élèves pour lesquels c'est encore difficile.

Lorsqu'il a terminé, l'enseignant indique : « Voilà comment j'ai compris l'histoire que tu as dessinée. Peux-tu, à ton tour, nous la raconter ? »

• **Phase 3 : retour sur l'histoire dessinée : l'enfant donne sa version.** Selon les cas, on observera :
- la production d'un récit déjà initialement très équilibré qui infirmera ou confirmera la version donnée par l'enseignant ;
- la production d'un récit encore maladroit mais qui a su tirer parti de l'intervention de l'enseignant pour donner une certaine logique à son histoire ;
- une production encore faible mais dont il faudra observer les acquis (énoncé de la situation initiale, du problème ou de la phase de résolution) afin de les prendre en compte pour la suite des séances.

Cette façon de se situer par rapport à un récit en l'interprétant et en organisant des modalités d'échanges peut permettre de débloquer certains élèves en leur montant une approche ouverte et évolutive.

Résultats attendus

Il est évident que les attentes de l'enseignant dans ce cadre doivent être modestes et adaptées à la capacité de l'élève de grande section à produire seul un court récit qui présente au moins un événement et une clôture.

Cette façon de procéder permet de voir, pour chaque élève, comment il se situe dans le processus de narration au moment de la phase 1.
- A-t-il compris la notion d'ouverture de l'action et la notion de personnage ?
- A-t-il intégré la question du problème à résoudre ?
- A-t-il assimilé la logique d'un récit minimal dans son intégralité ?

Elle permet également de mettre en évidence la faculté de l'élève à se réapproprier son récit pour lui donner de la cohérence lors de la phase 3.

Évaluation

Deux cas de figure sont possibles :

1. L'élève produit spontanément un récit simple qui met en scène un personnage au moins, un problème, une résolution.
La cohérence du récit est satisfaisante.
2. L'élève produit un récit qui s'est amélioré à l'écoute de la mise en récit de son dessin par l'adulte.
Il comprend au moins :
- un personnage ;
- un problème et une résolution.

:: Conseils

Un travail spécifique sera peut-être à mener avec des élèves plus en difficulté.

Les cartes « outils » adaptées pour la circonstance pourront être utilisées avec grand profit pour permettre à l'élève :
- d'installer le cadre de son récit et son ou ses personnage(s) ;
- d'imaginer le problème ;
- de le résoudre avec un objet ou un accessoire inducteur ;
- de clore le récit.

À chaque étape, l'enseignant sera le médiateur qui aidera à faire clarifier et formuler le moment du récit, à faire anticiper la suite, à garder la cohérence de l'ensemble.

Si la difficulté à entrer dans l'activité de façon individuelle est trop importante, on pourra imaginer un travail entre plusieurs élèves qui auront à contribuer à une mise en récit partagée.

Séquence : Dire et interpréter

Séance n° 11 Une approche de la poésie

:: **Objectif** : Apprendre à dire des poèmes.

:: **Type de discours** : Poétique.

:: **Compétence** : Savoir dire seul une poésie ou un extrait de poème choisi.

:: **Conditions préalables** : Pratiquer une sensibilisation à la langue poétique par le biais de moments ritualisés de lecture de poèmes. L'imprégnation par la musique des mots et la fabrication des images mentales constituent les objectifs essentiels de cette phase.
Organiser des collectes d'objets à voir, à toucher et à sentir.

:: Préparation de la classe

- **Organisation de la classe**
  L'ensemble des élèves de la classe installés en demi-cercle face à l'enseignant.
- **Matériel**
  Une collecte d'objets sur le thème de l'arbre.
  Une sélection d'images évoquant ce thème.

:: Déroulement de l'activité

- **Durée** : 20 minutes.
- **Modalités de travail** : activité menée par l'enseignant.

→ Description de l'activité

- **Phase 1 : créer un horizon d'attente autour du thème.** Une collecte a été réalisée : écorces, feuilles, branchages, ceps de vigne, chutes de bois flotté, etc. Elle a permis d'engager une approche sensible à la fois visuelle, auditive, tactile, olfactive, etc. L'enseignant a pris note des paroles d'élèves et amorce la séance par une remise en mémoire de quelques extraits choisis des remarques des élèves.
- **Phase 2 : découvrir un poème.** Exemples : *Il était une feuille* de Desnos, *L'Arbre* de Guillevic, etc. L'enseignant effectue une première lecture expressive. La seconde lecture mobilise l'attention de chacun : il faut essayer de retenir un mot, une expression puis on procède à une évocation collective des mots retenus. Ce moment de langage sert d'entrée dans la thématique : plusieurs images sont proposées à la vue des élèves, laquelle pourrait accompagner le poème ? Pourquoi ? Les élèves qui le souhaitent viennent montrer et essaient de justifier leur proposition. On arrête un choix qui fait l'unanimité.

• **Phase 3 : dire, interpréter.** Une première phase de diction fondée sur l'imprégnation est engagée, elle sera reprise lors de moments divers afin de faciliter la mémorisation.
Lorsque le texte sera assimilé, on pourra envisager de travailler les paramètres de la diction en petit groupe : articuler, parler pour être entendu, dire à la bonne vitesse, etc., puis l'interprétation : moduler la voix, mettre le ton juste, etc.

Résultat attendu

Faire prendre conscience aux élèves que les mots se prêtent à des manipulations qui leur donnent un rythme, des formes sonores et qu'ils appellent une attention esthétique particulière.

Évaluation

Cf. **phase 3.** Savoir écouter. Savoir mémoriser un court texte. Savoir dire en portant attention aux différents paramètres de la diction : articulation, voix audible, débit régulier.

Chapitre 2

Langage écrit

:: Continuité des apprentissages en maternelle

:: Repères pratiques

:: Séances 1 à 11

Claire Sellier

Continuité des apprentissages en maternelle

	1re année	2e année	3e année	Grande section
Connaître les fonctions de l'écrit				
• Sait à quoi sert un panneau urbain, une affiche, un livre...		éventuellement	prioritairement	prioritairement
Se familiariser avec la langue de l'écrit et la littérature				
• Sait dicter individuellement un texte à l'adulte			prioritairement	prioritairement
• Sait restaurer la structure syntaxique d'une phrase, proposer une amélioration de la cohésion du texte			éventuellement	prioritairement
• Sait reformuler dans ses propres mots un passage lu par l'enseignant	éventuellement	prioritairement	prioritairement	à consolider
• Sait évoquer un texte lu ou raconté par l'enseignant	éventuellement	prioritairement	prioritairement	à consolider
• Sait raconter brièvement l'histoire de quelques personnages de fiction			éventuellement	prioritairement
Découvrir les réalités sonores du langage				
• Sait rythmer un texte en scandant les syllabes orales		éventuellement	prioritairement	à consolider
• Sait reconnaître une même syllabe dans plusieurs énoncés			prioritairement	prioritairement
• Sait produire des assonances ou des rimes	éventuellement	prioritairement	prioritairement	à consolider
Se livrer à des activités graphiques et d'écriture				
• Sait écrire son prénom en capitales d'imprimerie et en lettres cursives		éventuellement	prioritairement	prioritairement
• Sait copier des mots en capitales d'imprimerie, en cursive avec ou sans l'aide de l'enseignant			prioritairement	prioritairement
• Sait reproduire un motif graphique simple en expliquant sa façon de procéder	éventuellement	prioritairement	prioritairement	à consolider
• Sait représenter un objet, un personnage réels ou fictifs	éventuellement	prioritairement	prioritairement	prioritairement
• Sait copier une ligne de texte en écriture cursive			éventuellement	prioritairement
Découvrir le principe alphabétique				
• Sait reconnaître son prénom écrit en capitales d'imprimerie		éventuellement	prioritairement	
• Sait dire les mots successifs d'une phrase écrite			éventuellement	prioritairement
• Connaît le nom des lettres de l'alphabet	éventuellement	prioritairement	prioritairement	prioritairement
• Sait proposer une écriture alphabétique pour un mot simple			éventuellement	prioritairement

- compétences à travailler prioritairement
- compétences à consolider
- compétences pouvant éventuellement être mises en place

Repères pratiques

1. Les axes forts du domaine d'activités

Dès 4 ans, quelquefois avant, la plupart des enfants sont attentifs aux écrits qui les entourent, ils tentent d'en comprendre le fonctionnement, et, souvent, construisent des hypothèses intelligentes, même inexactes, sur les relations entre les écritures et la réalité orale du langage qu'ils connaissent bien.
L'école maternelle doit les aider dans cette appropriation progressive des formes écrites du langage et du principe alphabétique qui structure l'écriture du français : la représentation du langage oral par les signes écrits (les graphèmes) se fait prioritairement au niveau des unités distinctives (phonèmes) et non au niveau de ce qui est signifié.
Cet aspect du travail de la maîtrise du langage introduit l'enfant aux apprentissages fondamentaux de manière particulièrement efficace. Il est donc au centre de la dernière année de l'école maternelle (enfants de 5 ans), mais il doit se poursuivre pendant la première année de l'école élémentaire comme préalable nécessaire à une entrée explicite dans l'apprentissage de la lecture.
C'est en ce sens que le cycle des apprentissages fondamentaux commence dès l'école maternelle et se poursuit à l'école élémentaire. C'est aussi en ce sens que la programmation des activités des deux premières années de l'école élémentaire ne peut être effectuée sans l'aide des enseignants de l'école maternelle.
À l'école maternelle plusieurs apprentissages s'installent : ceux qui fondent des attitudes réfléchies de lecteur, ceux qui concernent la compréhension des textes, ceux qui fixent les premiers acquis en matière de code.

2. Les spécificités de la section

« Les ressemblances à l'oral et à l'écrit, les dits du maître sur son activité d'écriture permettent aux enfants de comprendre que les rapports entre oral et écrit sont régis par un code. Dès le début de la grande section certains savent attribuer des valeurs sonores à des assemblages de lettres (le *di* des jours de la semaine, les prénoms commençant par la même syllabe, etc.). Pour la majorité des enfants ces découvertes, propres à la section des grands, les mènent sur le chemin de la lecture autonome, car ils vont pouvoir avancer dans la maîtrise de la technique du décodage. » Document d'accompagnement : le langage à l'école maternelle (p. 67).

- **Connaître les fonctions de l'écrit.** Nous proposerons deux séances sur le tri de textes, afin d'amener les élèves à identifier quelques types d'écrit de leur environnement.
- **Se familiariser avec la langue de l'écrit et se construire une première culture littéraire.**

« La fréquentation des œuvres a commencé avant l'école maternelle pour certains enfants ; l'action de l'école maternelle est capitale pour que tous les élèves s'approprient, avant de savoir lire, les formes langagières et les activités cognitives que suscite la lecture, pour qu'ils se constituent une bibliothèque mentale de scénarios, d'images, pour qu'ils ressentent des émotions. » Document d'accompagnement : le langage à l'école maternelle (p. 82).
Deux séances porteront sur l'organisation d'un livre et d'une page, et le décodage d'un message écrit, deux séances seront axées sur le parcours de lecture et la mise en mémoire de textes.

- **Découvrir les réalités sonores de la langue**

« L'acquisition de notre système d'écriture alphabétique nécessite la mise en rapport de la forme orale des mots avec leur forme écrite. L'enfant, pour apprendre à lire et à écrire, doit comprendre le fonctionnement du système qui code les sons de l'oral.
Il faut qu'il prenne conscience que les mots qu'il entend sont composés d'éléments (syllabes, phonèmes) qui peuvent être isolés à l'oral. » Document d'accompagnement : le langage à l'école maternelle (p. 95)

Ces activités se feront essentiellement sous forme de jeux pour affiner la conscience phonologique : identification de la syllabe et production de rimes.

• **Se livrer à des activités graphiques et d'écriture**

« Le geste d'écrire a pour visée la production de sens ; quand l'enfant écrit, il doit prendre conscience qu'il reproduit des formes graphiques arbitraires qui s'organisent selon les règles de l'espace de la page et ceux du système de codage propre à la langue écrite. Cette gestualité nécessite une certaine maturité neurologique.

L'apprentissage de l'écriture exige une activité conduite et guidée par l'enseignant qui se réalise dans des conditions aménagées. La séance d'écriture concerne, à chaque fois, un très petit groupe d'élèves que l'enseignant peut voir écrire en permanence. » Document d'accompagnement : le langage à l'école maternelle (p. 109)

L'écriture cursive est un apprentissage difficile qui doit être mis en place en section de grands : une progression sera proposée ainsi que des activités sur les différentes graphies.

• **Découvrir le principe alphabétique**

« Établir les correspondances entre mot oral et mot écrit : comparer la longueur du texte écrit et la durée du texte entendu est une première étape dans l'émergence des deux codes ; en section de grands, pouvoir dire où est tel ou tel mot d'une phrase écrite qu'on vient de lire, ralentir le débit de l'oral pour l'adapter au geste d'écriture lors de la dictée à l'adulte témoignent de l'émergence de cette compétence. » Document d'accompagnement : le langage à l'école maternelle (p. 98)

Le découpage d'une phrase en mots, ainsi que la production d'écrits individuelle seront déclinés en deux séances.

3. Éléments didactiques et pédagogiques

Les enfants en section de grands ont déjà de nombreux savoirs sur le monde de l'écrit : ils nomment et emploient différents supports d'écrits, connaissent les fonctions de l'écrit, le fonctionnement de l'écrit (mots, lettres à mettre en relation), savent orienter les textes et le regard pour en découvrir le sens.

Cependant, il ne faut pas transformer la classe de grands en petit CP, ce n'est pas sa fonction. L'école maternelle est l'école de la mise en place des apprentissages structurés. La pensée à l'école maternelle est globale.

Toutefois il est possible, en cours d'année, de dépasser le cycle 1 pour les enfants prêts à entrer dans le cycle 2 : la presque totalité des élèves de 5 à 6 ans a un passé scolaire de 2 ou 3 ans à l'école maternelle, ils ont acquis des habitudes de vie en groupe, des habiletés physiques, graphiques et mentales.

L'apprentissage de la langue écrite en section de grands vise à structurer les découvertes et les connaissances en fonction d'objectifs précis, à les systématiser. Chaque jour sont réservées vingt à trente minutes environ de travail systématique sur l'écrit.

Les activités sont organisées en petits groupes de préférence homogènes ; ainsi, le maître peut adapter les exercices aux besoins de chacun.

On part toujours d'une situation-problème vraie, naturelle, vécue, on propose des exercices entraînant la recherche du sens et la maîtrise du code. Répétés, mais divers, ils évitent la monotonie, préservent la motivation, font vivre l'apprentissage comme un enrichissement personnel.

Les jeux vocaux, phonologiques et graphiques sont à privilégier.

L'objectif de l'école maternelle est de donner aux enfants l'envie d'apprendre à lire, de savoir ce que l'on trouve dans les livres, de les amener petit à petit à devenir des élèves.

La continuité avec le cours préparatoire est essentielle : il faudra transmettre les supports sur lesquels les enfants ont travaillé, les référents, les listes d'albums, de comptines, chants, poésies connus ; ainsi le maître de CP pourra accueillir ses élèves en ayant repris des affichages connus d'eux. Les élèves se sentiront attendus et retrouveront leurs références.

Séquence : Connaître les fonctions de l'écrit

Séance n°1 Classer quatre types d'écrits

:: Objectif : Faire prendre conscience aux enfants que des écrits divers appartiennent à une même classe et ont les mêmes constantes de fonctionnement.

:: Remarques : Les écrits de toutes sortes occupent une grande place dans les classes. Cependant, en nous référant à notre expérience, nous constatons qu'en voyant une recette, une notice, une publicité, une page de roman, nous ne développons pas la même attente.
Des activités de tris de textes font prendre conscience aux enfants que des écrits d'apparence divers appartiennent à une même classe, car ils fonctionnent sur le même mode.

:: Compétences : Savoir reconnaître différents types d'écrits : une recette, une affiche, un prospectus, un poème. Savoir à quoi ils servent.

:: Conditions préalables : Des activités autour du journal, de l'album fiction, du livre documentaire, du catalogue, ont déjà été menées.
Les enfants ont déjà réalisé et vu au moins une recette (aux anniversaires), un poème (dans leurs cahiers), une affiche (à la porte), un prospectus (chez eux).

:: Préparation de la classe

- **Organisation de la classe**
  Les enfants sont répartis en 4 groupes aux tables.
- **Matériel**
  Affiches au format A3 et feutres pour l'enseignant.
  6 recettes issues de supports différents : livre de recettes, journal, magazine, etc. 6 affiches différentes. 6 prospectus différents. 6 poèmes tirés de supports divers.

:: Déroulement de l'activité

- **Durée** : 30 minutes.
- **Modalités de travail** : 4 groupes. Chaque groupe travaille autour d'un écrit différent. Les documents tournent.

→ Description de l'activité

- **Phase 1 : découverte des documents.** Distribuer les documents à chaque groupe sans dire ce dont il s'agit. Laisser les enfants regarder pendant quelques minutes. Ils peuvent échanger entre eux dans les groupes.
- **Phase 2 : consigne de l'enseignant.** « Comparez deux par deux vos documents, dites ce qui se ressemble et ce qui est différent. Puis tout le groupe se met d'accord. »
- **Phase 3 : caractéristiques des documents.** « Ensemble, dites le nom de vos documents, comment vous les avez reconnus et à quoi ils servent. » L'enseignant passe dans chaque groupe et écrit sur une affiche ce que les enfants lui dictent. (en 3 colonnes)
- **Phase 4 : échange de documents.** Chaque groupe reçoit une liasse d'autres documents. Même démarche.

Résultats attendus

Pour chaque type de document, quatre affiches A3 sont obtenues. Elles seront lues et comparées lors de la séance suivante.

Évaluation

Lors de la séance n° 2.

:: Conseils

Faire tourner les quatre groupes lors d'une même séance peut être fastidieux selon le nombre d'élèves. Dans ce cas, mettre en place une seconde séance identique.

Les groupes peuvent être formés de façon hétérogène en donnant les documents les plus significatifs aux élèves en difficulté.

Si l'on choisit des groupes de besoins, attribuer le type de document le plus facilement reconnaissable au groupe plus faible.

:: Ouverture transdisciplinaire

- **Découverte du monde :** réaliser en classe une recette choisie dans celles que l'on a classées.
- **Arts visuels :** réaliser une affiche pour annoncer un spectacle à l'école. Travailler le fond selon différentes techniques, afin que l'affiche soit attrayante.

Observer et décrire des affiches annonçant un spectacle ou une exposition.

- **Langue orale :** apprendre les poèmes que l'on a identifiés. Choisir celui que l'on préfère.

:: Prolongement

Voir séance n° 2.

Séance n° 2

Déterminer des critères de classement

:: **Objectif** : Faire prendre conscience aux enfants que des écrits divers appartiennent à une même classe et ont les mêmes constantes de fonctionnement.

:: **Concepts** : La fonction et le fonctionnement des écrits. Établir les constantes qui régissent les types d'écrits rencontrés, sans toutefois habituer les élèves à des stéréotypes : le même objet en apparence peut renvoyer à des fonctions différentes (l'affiche).
La production d'écrit est la solution la plus efficace pour attirer l'attention des enfants sur le fonctionnement des textes : faire comme...

:: **Compétences** : Savoir reconnaître et à quoi servent différents types d'écrits : une recette, une affiche, un prospectus, un poème.

:: **Conditions préalables** : Avoir réalisé la séance n° 1.

:: Préparation de la classe

- **Organisation de la classe**
  Les élèves sont regroupés face au tableau.
- **Matériel**
  Fiches A3 individuelles divisées en 4 cases, photocopies rétrécies des documents (16).
  Les 16 affiches de la séance n° 1 accrochées 4 par 4 au tableau. Les documents de la séance n° 1.

:: Déroulement de l'activité

- **Durée** : 30 minutes.
- **Modalités de travail** : en collectif puis en individuel.

→ Description de l'activité

- **Phase 1 : la recette.** L'enseignant montre les documents de travail puis demande à un enfant de chaque groupe de venir « lire » l'affiche de son groupe (avec aide).
- **Phase 2 : échanges.** Les élèves donnent leur avis sur les différents écrits, à l'aide de critères pertinents : il manque telle partie, on ne comprend pas bien, etc.
- **Phase 3 : écriture d'une synthèse par l'enseignant.** Par exemple la recette : c'est un texte qui nous donne quelque chose à faire. On le reconnaît grâce à sa silhouette : titre puis liste de mots (ingrédients). Les « morceaux de texte » sont numérotés. Puis l'enseignant colle un exemple de recette sur l'affiche.
- **Phase 4 : l'affiche.** Même démarche. C'est un texte qui nous informe, nous met en garde ou nous incite à acheter. Silhouette : grand format pour qu'on la voie de loin, dessins ou images, peu d'écritures.
- **Phase 5 : le prospectus.** C'est un « texte » qui nous incite à acheter des « choses ». Silhouette : beaucoup d'images, des mots, des prix.
- **Phase 6 : le poème.** C'est un texte à lire ou à apprendre pour le plaisir. Silhouette : les mots n'arrivent pas jusqu'au bout de la ligne, des sons reviennent, il y a des majuscules au début de chaque ligne, des blancs entre les paragraphes.
- **Phase 7 : vérification.** L'enseignant montre chaque document (dans le désordre). Un élève interrogé doit dire s'il s'agit d'une recette, d'une affiche, d'un prospectus ou d'un poème.
- **Phase 8 : évaluation individuelle.** Les élèves ont une feuille A3 divisée en 4 cases avec des titres : la recette, l'affiche, le prospectus, le poème, et des photocopies (rétrécies mais lisibles)

des documents (ceux qui ont été observés dans les groupes). La consigne est de les découper, les trier et les coller dans les cases correspondantes.
Les référents sont au tableau.

Résultat attendu

Classement correct des types d'écrits.

Évaluation

Individuelle (phase 8).

:: Conseils

Cette séance peut être menée en deux fois si les enfants mettent du temps à relire leurs textes et à dicter la synthèse.
Il est important qu'ils élaborent les phrases eux-mêmes, l'enseignant ayant en tête les éléments essentiels.
Il faudra revoir de nombreuses fois ce classement, chaque fois que l'on rencontrera un écrit.

:: Ouverture transdisciplinaire

Voir séance n° 1.

:: Prolongements

- Poursuivre le tri de textes avec d'autres supports : la lettre, l'invitation, l'ordonnance, la fiche technologique, les emballages, etc.
- Chaque fois que l'on rencontrera un type d'écrit, attirer l'attention des enfants sur sa silhouette, son utilité ; si besoin est, écrire une nouvelle affiche.
- Demander aux enfants d'apporter de chez eux des types d'écrits, les trier, les classer.
- Utiliser ces connaissances lors de productions d'écrits. Par exemple, si l'on veut créer un poème, savoir comment on va l'écrire, quelle mise en page il faudra privilégier. De même pour une lettre, une invitation, une recette, etc.
- Ranger les types d'écrits dans les lieux correspondant à leur fonction : les recettes dans le coin cuisine, les fiches techno dans le coin bricolage, les poèmes dans le cahier de poésie, les autres écrits dans des classeurs ou chemises à cet effet.

Séquence : Se familiariser avec la langue de l'écrit

Séance n° 3 Reconnaître l'organisation d'un livre, d'une page

:: **Objectif** : Face à un écrit, reconnaître s'il s'agit d'une partie d'un livre : première ou dernière de couverture, page de garde, sommaire, page intérieure, etc.

:: **Concept** : Constitution d'une bibliothèque mentale de scénarios et d'images.

:: **Compétence** : Savoir identifier un écrit extrait de son contexte.

:: **Conditions préalables** : Avoir beaucoup travaillé autour des albums, en particulier les différentes parties et la prise d'indices.

:: Préparation de la classe

- **Organisation de la classe**
  Les enfants sont assis à leurs tables.
- **Matériel**
  Photocopies des albums (pour 2 enfants).
  Albums avec un début et une fin facilement identifiables, mais sans chronologie.

:: Déroulement de l'activité

- **Durée** : 10 + 20 minutes.
- **Modalités de travail** : par 2 dans un premier temps, puis retour au grand groupe. 5 albums différents ont été choisis, de difficultés variables selon les binômes.

→ Description de l'activité

- **Phase 1 : identifier la première et la dernière de couverture.** Chaque binôme reçoit les photocopies d'un album inconnu des enfants : la première et la dernière de couverture, des pages intérieures.
La consigne est d'organiser les images de gauche à droite en respectant l'ordre d'un livre. La chronologie de l'histoire n'est pas importante dans les exemples choisis, sauf le début et la fin. L'enseignant passe dans les groupes et observe.
- **Phase 2 : retour au collectif.** Chaque groupe explique sa démarche et essaie de raconter l'histoire reconstituée. Les photocopies sont affichées au tableau.
Les élèves doivent utiliser le vocabulaire : *première de couverture*, *titre*, *éditeur*, *auteur*, *illustration*, *texte*, *dernière de couverture*, *début*, *fin*, etc., et justifier leurs choix.
- **Phase 3 : se repérer dans l'organisation d'une page.**

- Observer une page extraite d'un livre donné : avec titre, paragraphes identifiables.
- Décrire cette page en utilisant des termes précis : paragraphe, titre, ligne, retour à la ligne, fin de paragraphe, majuscule en début de paragraphe, ponctuation, etc.
- Décrire cette page en situant les éléments graphiques les uns par rapport aux autres : utilisation des termes spatiaux.
- Garder la page en référence, l'agrandir.
- Préparer avec la page un puzzle constitué de plusieurs pièces découpées selon le titre et les paragraphes.
- Donner à chaque groupe un jeu complet du puzzle.
- Demander aux enfants de reconstituer la page entière par comparaison avec la page affichée.

Résultat attendu

Réinvestissement des critères d'identification des albums.

Évaluation

Sur une feuille A3, disposer les photocopies réduites de premières et dernières de couverture, de pages intérieures et demander aux enfants de les entourer d'une couleur donnée.

Conseil

Les albums choisis doivent être adaptés aux besoins des enfants, afin de permettre à tous de réinvestir leurs connaissances.

Exemples d'albums : *Bon appétit Monsieur Lapin, Roule galette, La Moufle, Le Gros Navet*, etc.

Prolongement

Écriture de l'histoire : à partir des images mises en ordre par les enfants, leur demander d'inventer l'histoire et de l'écrire.

Séance n° 4 Décoder un message

:: Objectifs : Structurer les découvertes. Rendre possible le transfert des acquis à tous les types d'écrits rencontrés.

:: Concepts : Composante sémantique de la lecture et étude du code.

:: Compétence : Savoir restaurer la structure syntaxique d'une phrase.

:: Conditions préalables : Les élèves ont rencontré et étudié différents types d'écrits de façon occasionnelle ou dans des activités organisées par l'enseignant. En section de grands, chaque jour vingt à trente minutes environ sont réservées au travail systématique sur l'écrit. On part toujours d'une situation-problème vraie, naturelle, vécue, on propose des exercices entraînant la recherche du sens et la maîtrise du code.
Dans cette situation, les élèves ont envoyé une invitation à une fête à la classe de CP de l'école voisine. Ils reçoivent la réponse.

:: Préparation de la classe

- **Organisation de la classe**
  Les élèves sont regroupés face au tableau.
  La lettre est affichée au tableau.
- **Matériel**
  Étiquettes des phrases écrites en grand, en script.
  Les référents de la classe, visibles des élèves.

:: Déroulement de l'activité

- **Durée** : 30 minutes.
- **Modalités de travail** : travail collectif.

→ Description de l'activité

• **Phase 1 : reconnaissance du support.** L'enveloppe (grand format brun). Essai de lecture de l'adresse.

Madame Lebrun et ses élèves
École maternelle
19 rue de Paris
62540 Méricourt

Les élèves ont reconnu le format « adresse » et identifient enveloppe et lettre.

• **Phase 2 : prise d'indices pour lire l'adresse.**

L'indication « Madame Lebrun » est mémorisée car elle est écrite sur la porte de la classe.
Le mot « et » est identifié car déjà connu.
Le mot « élèves » est repéré sur le panneau : « liste des élèves de la classe ».
Un enfant dit : « Madame Lebrun et des élèves ».
En comparant avec « liste des élèves », un autre fait remarquer que ce n'est pas pareil.
L'enseignant lit alors d'un trait : « Madame Lebrun et ses élèves ».
Elle lit également la suite de l'adresse. Les élèves peuvent identifier 19 et Méricourt, puisque c'est le nom de leur ville.

- **Phase 3 : lecture de la lettre.**

Méricourt, le 10 décembre 2007 Chers amis, Merci de votre invitation. Nous irons avec plaisir à la maternelle. Nous apporterons des gâteaux. À bientôt Madame Dubois et ses élèves.

L'entrée dans le texte s'opère de deux façons :
- par l'identification des mots connus : « merci, amis, de, à, la, maternelle, des, Madame ». Entourer ces mots d'une même couleur ;
- par la découverte des mots inconnus :
  - grâce au code : « *chers*, ça commence comme *chameau* » (faire appel aux mots référents de la classe) ;
  - grâce aux inférences sémantiques : *invitation*, à partir de *invitons* ; *apporterons* à partir de *apporter*, etc.

Entourer ces mots d'une autre couleur.
L'enseignant lit le reste, ce moment ne doit pas devenir fastidieux. Des élèves volontaires relisent la lettre.

- **Phase 4 : contrôle de la compréhension (à l'oral)**. L'enseignant pose des questions : qui répond ? Que dit la lettre ? Qu'apporteront-ils ?
- **Phase 5 : remise en ordre.** Le texte est découpé en phrases. Les élèves le remettent dans l'ordre, d'abord collectivement puis individuellement.

Résultat attendu

Remise en ordre du texte.

Évaluation

La remise en ordre des phrases et la lecture du texte permettent de vérifier individuellement la compréhension.

Conseils

Si les élèves sont nombreux, faire ce travail en deux groupes, afin que tous participent.
Les mots reconnus dépendent évidemment du corpus de la classe.
Il est souhaitable de rencontrer l'enseignante de CP pour qu'elle utilise dans sa lettre (en l'expliquant à ses élèves) quelques mots déjà connus des élèves de maternelle.

Prolongements

- Reconnaissance rapide des mots : avec un carton, cacher certains mots, que les élèves retrouvent parmi les étiquettes ou en les nommant. Introduire des intrus.

Sans le modèle de la lettre, reconnaître des mots sur des étiquettes. Dire s'ils sont dans la lettre ou non.

- Reconnaissance précise de mots : trois étiquettes sont montrées : *invitons*, *invite*, *invitations* : quel est le mot qui est dans la lettre ?

Ouverture transdisciplinaire

Liaison avec la classe de CP. Préparation du goûter : choisir les boissons, les faire, réaliser une salade de fruits, des sets de table, des décorations, etc.
Éducation musicale : préparer des chants à présenter aux CP.
Littérature : présenter un ou deux albums qui ont été lus dans la classe.

Séquence : Se construire une première culture littéraire

Séance n° 5 Mise en mémoire de textes littéraires

:: **Objectif** : Travailler la mémoire des textes.

:: **Concept** : La structure des contes.

:: **Compétence** : Savoir raconter brièvement l'histoire de quelques personnages de fiction rencontrés dans les albums ou dans les contes découverts en classe.

:: **Conditions préalables** : Ces jeux ne peuvent être introduits que lorsque les enfants ont un certain bagage littéraire commun. Il faut avoir lu des albums et connaître les contes du patrimoine.

:: Préparation de la classe

- **Organisation de la classe**
  Durant cette séance, différents jeux sont proposés, à exécuter en petit groupe, à des moments différents.
- **Matériel**
  Cartes vierges, feutres, jeu « atelier des contes » de chez Nathan.
- **Documents**
  Albums proposés : *Bon appétit monsieur Lapin* de Boujon, série *Marcel et Hugo* de Brown, série *Théo et Balthazar* de Solotareff, série *Mariette et Soupir* de Stehr.
  Contes : *La Petite Poule rousse*, *Le Petit Chaperon rouge*.

:: Déroulement de l'activité

- **Durée** : 10 minutes par jeu.
- **Modalités de travail** : petit groupe de 6 enfants. Les autres sont répartis dans des ateliers autonomes.

→ Description de l'activité

- **Phase 1 : à partir des dessins des enfants.** Leur demander d'expliquer ce qui les a marqués dans une histoire. Travailler la formulation.
- **Phase 2 : la boîte à personnages.** Fabriquer une boîte dans laquelle les personnages sont représentés dans toutes les phases de leur évolution. Restituer l'histoire en racontant les scènes successives.
- **Phase 3 : l'intrus.** À partir de cartes/dessins d'enfants représentant les personnages d'une histoire, faire repérer un intrus rajouté et expliquer.
- **Phase 4 : critère de mise en réseau.** Répéter la même activité sur plusieurs livres, à partir de la mise en réseau selon un critère : les gentils, les ours, les loups, etc. Repérer et justifier la ressemblance entre les personnages.
- **Phase 5 : images séquentielles.** Par deux avec les images : un enfant raconte l'histoire, l'autre sort l'image correspondante.
  En groupe : chaque enfant choisit une étape qu'il dessine et l'ensemble du groupe reconstituera la frise chronologique.
- **Phase 6 : atelier des contes.** Des cartes images de contes connus comportent plusieurs catégories : les héros, les ennemis, les lieux, les objets magiques. Chacun tire à son tour une carte dans chaque catégorie et l'histoire se construit à plusieurs.

Il est possible de créer son propre jeu avec des images de magazine, des photographies, en numérisant les illustrations de livres, etc.

Résultats attendus
Vérifier la mise en mémoire de textes, raconter l'histoire de quelques personnages.

Évaluation
Pour chaque activité, il sera facile de vérifier individuellement si la compétence est acquise.

:: Conseils

Il est plus intéressant d'utiliser les dessins des enfants plutôt que des images stéréotypées.
On peut ainsi se rendre compte de leur compréhension de l'histoire et de leur capacité de représentation. En outre, ils seront plus motivés pour jouer avec des jeux qu'ils ont fabriqués eux-mêmes.

:: Prolongements

- Les grands peuvent faire des présentations de livres aux moyens.
- Organiser la conservation des traces d'un parcours d'albums : carnet, cahier ou classeur individuel, qui sera complété chaque année.
- Conserver dans le classeur de la classe les photocopies des couvertures des albums lus associés au résumé de l'histoire et à des appréciations : *j'ai aimé...*

Le titre de l'album est écrit par les enfants et illustré.

:: Ouverture transdisciplinaire

- **Dessin** : représenter les différentes scènes des histoires, ou seulement un personnage ou un objet pour fabriquer les jeux.
- **Écriture** : les noms des lieux ou des personnages peuvent être écrits par les enfants en écriture cursive (avec modèle).
- **Langue orale** : jouer les histoires qui ont été créées.
- **Éducation musicale** : bruiter les histoires ou les contes.

Séance n° 6 Lecture en réseau : le gentil facteur ou lettres à des gens célèbres

:: Objectifs : Fréquenter régulièrement des œuvres. Trouver les résonances qui les relient entre elles.

:: Concepts : Lire en réseau, ce n'est pas lire autour d'une vague thématique vite épuisée, c'est éduquer un comportement de mise en relation et favoriser l'émergence du « c'est comme » ou « c'est pas pareil ». Ici le réseau est intertextuel : le texte fait allusion à d'autres histoires. Le lecteur a plaisir à reconnaître de quoi il s'agit.

:: Compétence : Savoir évoquer un texte lu ou raconté par le maître.

:: Conditions préalables : Connaître les histoires de *Boucle d'or et les trois ours*, *Hansel et Gretel*, *Jack et le haricot magique*, *Cendrillon*, *Le Petit Chaperon rouge*.
Avoir mis en place la séance n° 1 sur les différents types d'écrits : la lettre, l'invitation, le prospectus, la carte d'anniversaire, la carte postale.

:: Préparation de la classe

- **Organisation de la classe**
  Activité en petits groupes assis aux tables, puis retour au collectif.
- **Documents**
  L'album *Le Gentil Facteur* ou *Lettres à des gens célèbres* de Janet et Allan Ahlberg chez Albin Michel Jeunesse. Des photocopies des lettres agrandies, des pages. Les albums des cinq contes cités ci-dessus.

:: Déroulement de l'activité

- **Durée** : 15 minutes + 20 minutes.
- **Modalités de travail** : les élèves sont répartis en 6 groupes (les 6 étapes de l'histoire).

→ Description de l'activité

On ne parle ni de livre, ni d'histoire en début de séance.

• **Phase 1 : observation des lettres.** Chaque groupe reçoit la photocopie d'une lettre, ainsi que la « vraie » lettre du livre et la photocopie de la double page : enveloppe et page de gauche.
La consigne est d'observer les documents (on ne dit pas que c'est une lettre) et, grâce aux indices, (dessins, écrits) de trouver de qui il s'agit et ce que ça peut bien vouloir dire.
Laisser les enfants réfléchir. Le maître passe de groupe en groupe, redonne la consigne, aide s'il le faut.

– **Première étape :** indices : le facteur et son sac, une enveloppe (adresse, cachet, timbre, etc.). Les trois ours. Sur la lettre : la maison dans la forêt, Boucle d'Or, 3 assiettes : une grande, une moyenne, une petite. Quelques mots peuvent être reconnus : *ours*, *Boucle d'Or*, *maman*, *papa*, etc.
Demander aux élèves d'entourer avec un feutre fin les indices qu'ils ont reconnus, une couleur pour les dessins, une autre pour les mots.

– **Deuxième étape :** des sorcières, des chaudrons, un crocodile, un crapaud, un chat, l'enveloppe, le prospectus et sa forme particulière, la maison de pain d'épice.

– **Troisième étape :** l'enveloppe, l'adresse, le timbre (île), l'avion, la carte postale avec des images, les pieds de géant, le haricot géant. Quelques mots connus : *géant*, *Jack*, etc. Même consigne.

– **Quatrième étape :** l'enveloppe, l'adresse, le timbre (roi et reine). Un château, Cendrillon et sa chaussure, la lettre, le petit livre, le carrosse et les chevaux, la citrouille, etc.

– **Cinquième étape :** l'enveloppe, l'adresse, la lettre, le loup déguisé en grand-mère , etc.

– **Sixième étape :** l'enveloppe, les timbres, la carte d'anniversaire, Boucle d'Or, bébé ours, et quelques mots : *Boucle d'Or*, *gâteau*, etc.

• **Phase 2 : recherche de l'histoire.** Chaque groupe cherche dans le coin bibliothèque l'album qui pourrait correspondre à son histoire, sans communiquer avec les autres. Les enfants discutent ensemble des critères choisis, essaient de trouver le titre exact.

• **Phase 3 : mise en commun.** En collectif, chaque groupe explique oralement ce qu'il a trouvé. Les enfants montrent au tableau les dessins et les mots reconnus, puis l'album de référence. Ils expliquent pourquoi ils ont trouvé qu'il s'agissait de cette histoire.

Sur une affiche, le maître écrit le titre de l'histoire et colle les photocopies. 6 affiches sont ainsi accrochées côte à côte au tableau.

• **Phase 4 : reprise des cinq histoires.** Ensemble, raconter chaque histoire rapidement sans entrer dans les détails : le titre, les personnages, le lieu, le début, l'action, la fin.

• **Phase 5 : comparaison des six étapes.** « Quels sont les points communs visibles sur les images ? » Laisser les enfants observer.

Remarques attendues : il y a une enveloppe et une lettre à chaque fois. On voit toujours le facteur et son vélo.

• **Phase 6 : le lien entre les étapes.** Trouver l'histoire en reliant les six étapes.

Question : « Quel est le fil conducteur ? » Réponse : « Le facteur qui porte des lettres. »

Question : « Peut- on savoir à qui ? » Réponse : « Oui, au personnage qui est dessiné sur la page de gauche (avec le facteur). »

Question : « Que se passe-t-il ensuite ? » « Attention, il y a deux fois Boucle d'Or. »

Question : « Que peut-on en déduire ? » Réponse : « On peut la mettre au début et à la fin de l'histoire. »

Question : « À quoi servent les lettres ? » Réponse : « À dire, à annoncer, à demander quelque chose » (référence au vécu).

Placer les pages au tableau en essayant de trouver un ordre logique. Il n'y a pas forcément d'ordre chronologique dans cette histoire, ce qui permet de la créer.

Question : « À votre avis, s'agit-il d'une histoire ? »

Question : « Qui peut essayer de la raconter en suivant les illustrations au tableau ? »

• **Phase 7 : lecture de l'album.** L'enseignant lit l'histoire aux élèves. La lecture intégrale des lettres peut se faire dans un deuxième temps.

• **Phase 8 : conclusion.** Aviez-vous trouvé l'histoire ? Oui, presque, grâce aux indices repérés : types d'écrits, histoires connues, mots et dessins. Insister sur l'observation, l'utilisation de ses connaissances pour comprendre.

Résultat attendu

Réinvestissement des connaissances sur les types d'écrits et les histoires : savoir évoquer des textes lus par le maître.

Évaluation

À faire dans une séance suivante : attribuer le bon titre à l'histoire correspondante, associer personnages et titres, associer lettres et personnages, etc.

:: Conseils

Cette séance peut être menée en plusieurs fois si les enfants sont nombreux. L'histoire créée par les enfants peut être dictée à l'adulte, puis illustrée pour faire un nouveau livre.

:: Ouverture transdisciplinaire

Arts visuels : créer d'autres lettres à des personnages connus. Dessiner les illustrations, décorer les lettres en rapport avec l'histoire, etc.
Vivre ensemble : communication au sein du groupe qui participe à l'élaboration d'une réflexion intégrant les apports de chacun.

:: Définitions

La **lecture en réseau :** proposer aux élèves de maternelle des lectures en écho, faites de résonances, de confrontations, de prolongements, c'est les inscrire dans un lien culturel qui transcende les clivages sociaux ; c'est revendiquer une pratique littéraire de la classe, concilier littérature écrite et orale.
Quels réseaux proposer ?
- Le réseau **intertextuel** où un texte cité fait allusion à une autre histoire.
- Le réseau **intratextuel**, constitué autour d'un auteur, d'un illustrateur, des deux ensemble ou avec d'autres partenaires.
- Le réseau **architextuel** ou **générique** : autour d'un même genre, et dégageant des constantes, des variantes : roman policier, aventures, conte merveilleux, etc.
- Le réseau **transgénérique** où l'on examine le mode de construction du personnage, la fonction du dialogue.
- Le réseau **hypertextuel** : autour d'un texte source on étudie les variantes, les reformulations, les adaptations, les transpositions, etc.
- Le réseau **centré sur le personnage** : le loup, les sorcières, etc.
- Le réseau **symbolique** : problématique par exemple : l'amour, la mort, l'amitié, etc.

Séquence : Découvrir les réalités sonores de la langue

Séance n° 7 Jeux de conscience phonologique : les syllabes

:: Objectifs : Faire prendre conscience aux enfants de l'importance de la syllabe. Savoir la repérer dans un mot.

:: Concept : Le terme « conscience phonologique » désigne la conscience de la structure segmentable de la parole qui aboutit à la conscience des phonèmes et à leur discrimination fine.
L'unité que les enfants parviennent le mieux à isoler est la syllabe orale : ce groupe de sons qui se prononce en une seule émission de voix est une réalité articulatoire naturelle. L'émergence d'une conscience syllabique se fait à partir de l'exercice du langage oral.
La syllabe a une existence physique : on peut frapper le nombre de syllabes, on peut sauter en les nommant, on peut les associer à un geste.

:: Compétence : Savoir reconnaître une même syllabe dans plusieurs énoncés.

:: Conditions préalables : Les exercices proposés ne sont pas à réaliser en une seule séance. Ils doivent être répétés très souvent, chaque jour, en variant les types de jeux et en respectant la progression.

:: Préparation de la classe

- **Organisation de la classe**
  Activités possibles en classe complète, mais à reprendre en petits groupes homogènes.
- **Matériel**
  Étiquettes-images.

:: Déroulement de l'activité

- **Durée** : 5 à 10 minutes plusieurs fois par jour.
- **Modalités de travail** : en collectif ou par petits groupes de 4 maximum.

→ Description de l'activité

- **Phase 1 : compter les syllabes d'un mot.** Aligner des cerceaux sur le sol : chaque élève doit sauter dans les cerceaux à pieds joints en énonçant les syllabes ; il s'arrête à la dernière syllabe et compte les cerceaux.
Attention aux syllabes contenant un *e* muet à la fin, elles ne comptent pas, car nous sommes à l'oral : exemple : gi-raf(e) : 2 syllabes.
Frapper chaque syllabe dans les mains.
Matérialiser le nombre de syllabes : sur une bande divisée en cases, poser un jeton à chaque syllabe (une case = une syllabe).
- **Phase 2 : compléter les prénoms de la classe auxquels on a enlevé la première syllabe.**
Ma non – *Chris tophe* – Ma rina – Su llivan – Jor dan – Mar got, etc.
Même chose avec des instruments de musique, le corps humain, le sport...
- **Phase 3 : la syllabe intruse.** Ajouter une syllabe intruse dans un mot. La découvrir :
ba na ni ne, *banane* ; pa pi po llon, *papillon* ; voi ta tu re, *voiture* ; é co ca le, *école* ; com po pi te, *compote* ; o ta ti rie, *otarie* ; é lé li phant, *éléphant* ; gre gri nouille, *grenouille*.

a bri bra cot, *abricot* ; a na no nas, *ananas* ; ca ca co hu ète, *cacahuète* ; ce ri ro se, *cerise* ; ci s. tron, *citron* ; clé men mon tine, *clémentine* ; fram boi bon se, *framboise* ; gro zei za lle.

- **Phase 4 : jeu du cadavre exquis.** Un enfant dit une première syllabe, un autre enfant en ajoute une : Le troisième répète le mot, qui n'a pas forcément de sens. Le jeu va progressivement tendre vers la production de mots à 3 puis 4 syllabes.
- **Phase 5 : longueur des mots.** Dire deux mots : quel est le plus court ? Quel est le plus long ? poule - renard - jambon - riz - pantalon - pain - maison - ciel - chat - coccinelle - tableau - fil - grue - escalier - tomate - caramel - bonbon - crocodile - hérisson - marron - champignon - souris.

Les enfants peuvent frapper les syllabes dans leurs mains.

- **Phase 6 : jeu de l'intrus.** Trouver l'intrus par rapport au nombre de syllabes : *vélo, lapin, chat.*
- **Phase 7 : loto des syllabes.** Trouver des mots qui commencent par la même syllabe.
- **Phase 8 : domino des syllabes (à l'oral).** Associer la syllabe finale d'un mot avec la syllabe initiale d'un autre mot : *maman – manteau* ; *lapin – pinceau* ; *rideau – dauphin* ; *radis – dimanche*, etc.
- **Phase 9 : inverser les syllabes d'un mot.** Dire le mot mélangé, et faire retrouver à l'enfant le bon mot ; 2 syllabes : pette + trom = *trompette* ; çon + gar = *garçon* ; bour + tam = *tambour* ; bo + ro = robot ; *teur* + *doc* = docteur, etc.
- **Phase 10 : j'ai oublié un morceau du mot.** On remplace la syllabe par un son de clochette : *sur l'herbe, j'ai vu une co (cci)nelle. Le musicien joue du vi(o)lon. Dans le ciel j'ai vu un hé(li)coptère.*
- **Phase 11 : détacher l'attention de la signification.** On prend la première syllabe du premier mot et la seconde syllabe du second mot. On obtient un mot inconnu : cheval + grenouille = *chenouille* ; grenouille + cheval = *greval* ; lapin + poisson = *lasson* ; poisson + lapin = *poipin* ; cochon + baleine = *coleine* ; baleine + cochon = *bachon* ; pile + crapaud = pipaud ; crapaud + pile = *crapi* ; fantôme + sorcière = *fancière* ; sorcière + fantôme = *sortôme* ; citrouille + hibou = *cibou* ; hibou + citrouille = *hitrouille* ; rose + crocus = *rocus* ; crocus + rose = *crose* ; moulin + tabac = *moubac* ; tabac + moulin = *talin* ; crayon + stylo = *crailo* ; stylo + crayon = *sty yon* ; chatouille + guili = *chali* ; guili + chatouille = *guitouille* ; tartine + couteau = *tarteau* ; couteau + tartine = *coutine* ; assiette + fourchette = *asschette* ; fourchette + assiette = *fourssiette* ; barbouille + couleur = *barleur* ; couleur + barbouille = coubouille ; ciseau + papier = cipier.

Résultats attendus

Amener les enfants à se décentrer petit à petit vis-à-vis de la signification pour s'intéresser à des aspects plus linguistiques. Dépasser le plaisir de dire, jouer ensemble pour se centrer sur l'apprentissage, la reconnaissance et la production des sonorités de la langue.

Évaluation

En petit groupe, s'assurer de la participation de tous et de la compréhension de chacun dans les différents jeux. Différencier si nécessaire.

:: Remarques

La conscience phonologique est une composante importante de l'apprentissage de la lecture et a toute sa place en section de grands. De nombreux jeux ou exercices sont possibles mais exclusivement à l'oral. C'est au CP que sera abordée la correspondance syllabe orale et syllabe écrite. Avant d'aborder les phonèmes il faut que les enfants aient perçu et compris l'importance de la syllabe, le découpage des phrases en mots et des mots en syllabes.

:: Ouverture transdisciplinaire

Éducation musicale : chanter et inventer des comptines où la dernière syllabe est répétée.

Séance n° 8 Produire des rimes

:: Objectif : Utiliser les comptines comme supports de manipulation linguistique.

:: Concepts : Identification des composantes phoniques de la langue : travailler d'abord l'unité syllabique, puis aborder les rimes, les attaques, et enfin les phonèmes.

:: Compétence : Savoir produire des rimes.

:: Conditions préalables : Avoir travaillé l'unité syllabique (séance précédente). Connaître la notion implicite de rime dans la comptine, s'assurer que les enfants savent trouver des rimes.

:: Préparation de la classe

- **Organisation de la classe**
  Séance réalisable en collectif, puis en petits groupes.
- **Matériel**
  Cartes avec des dessins (pas d'écriture).
  Textes des comptines écrits en script, en gros caractères, format A3 pour les afficher dans la classe.

:: Déroulement de l'activité

- **Durée** : la séance ne doit pas dépasser 15 minutes ; les exercices doivent être réalisés régulièrement : 10 minutes par jour en complément d'autres activités phonologiques.

  Inscrire le rituel de la comptine dans l'emploi du temps, en faisant prendre conscience aux enfants que ce moment est un véritable outil d'apprentissage et marquer ce rituel d'un signe : clochette ou autre.
- **Modalités de travail** : on peut commencer par une situation collective pour que le groupe d'enfants soit concerné puis conserver le jeu en ateliers. On peut aussi commencer le jeu avec le grand groupe, puis décider avec les enfants que chacun part en atelier dès qu'il a trouvé. Cela permet de continuer avec les élèves en difficulté.

→ Description de l'activité

- **Phase 1 : création de rimes avec des cartes.**

- Montrer aux enfants des dessins qui vont les aider à écrire une comptine avec des rimes : d'un côté des images d'animaux : lapin, souris, écureuil, chouette, éléphant, boa, loir. De l'autre côté, des images de lieux dans le désordre : lit, matelas, bain, fauteuil, divan, armoire, couette.
- Dire les mots des images, afin de s'assurer de la reconnaissance de tous.
- Associer les images des mots représentés qui riment : *lapin – bain* ; *chouette – couette*, etc.
- Demander aux enfants de trouver une petite phrase qui décrirait ce que fait le lapin avec son bain : *le lapin est dans son bain*, *le lapin prend son bain*, etc. On peut accepter différents verbes ou ne garder qu'une structure qui fonctionnera pour tous les animaux : *est dans*, *est sur*, *est sous*.
- Complexifier : ne proposer qu'une série de cartes : les animaux ou les lieux ; les enfants doivent trouver ce qui rime. Ou continuer la comptine avec d'autres animaux.

- **Phase 2 : jeu : le ballorime.** Former une ronde : celui qui a le ballon doit donner le nom d'un animal de la comptine, puis il lance le ballon à un autre qui doit trouver une rime correspondante (comptine précédente).

Avec la comptine des légumes :
Potiron au poêlon !
La scarole à la casserole !
La tomate, dans la jatte !

Le topinambour, dans le four !
Le p'tit chou, dans l'faitout !

- Répéter plusieurs fois la comptine, puis introduire le jeu du ballorime. L'objectif est de trouver une rime, on expliquera aux enfants que l'on accepte les réponses qui n'ont pas de sens : ex. : *chou – pou*.

- **Phase 3 : utilisation du sens des phrases pour deviner les rimes.**

- Rappeler la notion de rime et demander aux enfants de trouver des rimes avec leur prénom.
- Proposer une phrase en exemple : *Juliette fonce en trottinette*, puis des phrases incomplètes : *Gaston vole en...* (avion) ; *Arthur roule en...* (voiture) ; *Léo vogue en...* (bateau) ; *Hugo pédale à...* (vélo) ; *Blanche surfe sur sa...* (planche), etc.

Les élèves doivent trouver les rimes en s'aidant des verbes inducteurs de sens.

- **Phase 4 : création d'un domino à rimes.**

- Apprendre la comptine :

1. je cuis du pain,
2. je le coupe en deux
3. parce qu'il fait bien froid
4. pour la vieille marâtre
5. nez d'ornithorynque
6. moche comme une saucisse
7. qui sent la chaussette
Et c'est la fin point !

- En petit groupe : les images de la comptine sont réparties sur la table. La terminologie des images est définie ; on donnera la définition de la *marâtre* et de l'*ornithorynque*. Un flocon représente le mot *froid*. Le mot *fin* est écrit. Les élèves associent les mots qui riment.
- Les élèves collent les images sur un carton de façon à ce que le domino suive l'ordre de la comptine. Le maître colle les chiffres, les élèves trouvent la suite.
- Les autres groupes réaliseront des dominos avec d'autres comptines à rimes. Les groupes échangeront leurs jeux. Ces jeux seront ensuite plastifiés et mis à la disposition des élèves.

Résultat attendu

Prise de conscience de la rime.

Évaluation

Lors du jeu de domino, on pourra s'assurer individuellement des acquisitions.
Individuellement, demander de créer une comptine nouvelle avec des images préparées sur le même thème ou sur d'autres catégories : légumes, ustensiles de cuisine, etc. ; se servir d'un imagier à découper.

:: Conseils

La motivation d'un élève ne réside pas seulement dans le jeu ; les élèves aiment le sentiment d'analyse, de recherche. Les comptines qui ne veulent rien dire, les mots inventés amusent les enfants. L'humour aide à s'amuser des mots de la langue et donc à s'y intéresser.
Ne pas trop varier les activités : c'est en sachant ce que l'on fait que l'on apprend. Les élèves devront retrouver le même type d'exercices afin d'explorer la tâche cognitive en profondeur et ainsi pouvoir prendre le contrôle de leur activité.

:: Ouverture transdisciplinaire

Découverte du monde : les comptines numériques : inventer des comptines à compter qui riment.
Langage oral : prononcer correctement, articuler et mémoriser les comptines inventées.
Vivre ensemble : créer un jeu en groupe et y jouer à plusieurs.

Séquence : Se livrer à des activités de graphisme et d'écriture

Séance n° 9 — Copier des mots en écriture cursive : progression

:: **Objectif** : Apprentissage de l'écriture.

:: **Remarque** : L'apprentissage de l'écriture s'insère dans un contexte spécifique visant prioritairement à permettre la construction du rapport au savoir. Ce n'est pas seulement l'outil que l'enseignant doit transmettre, mais ses usages et ses aspects historico-culturels.
Le recours à l'écriture cursive s'impose quand l'enfant est amené à reproduire des enchaînements de mots ou de phrases. Elle favorise le nécessaire découpage en mots de l'écriture.

:: **Compétence** : Savoir copier une ligne de texte en écriture cursive.

:: **Conditions préalables** : L'apprentissage de l'écriture doit être dirigé par le maître. Les enfants ne seront pas prêts tous en même temps à aborder cet apprentissage. Il faut observer leurs habiletés motrices en graphisme et les initier petit à petit.
Un travail en petit groupe est essentiel.

:: Préparation de la classe

- **Organisation de la classe**
  Les élèves sont assis à des tables face au tableau. Le tableau est ligné afin de produire un modèle parfait.

- **Matériel**
  Crayons de bois bien taillés ; la gomme est utilisée par le maître. Des crayons à bille lorsque l'écriture est plus sûre.
  Petites feuilles blanches, puis avec une ligne, puis avec deux lignes, puis un interligne et lignes du dessus et du dessous, cahiers d'écriture de maternelle.

:: Déroulement de l'activité

- **Durée** : la progression est proposée pour une année scolaire. Une séance dure 20 minutes maximum.
- **Modalités de travail** : en petit groupe homogène de 5 maximum.

→ Description de l'activité

Il est indispensable que l'enfant sache ce qu'il va écrire et pourquoi. L'écriture d'un mot ou d'une phrase doit faire partie d'un projet.
Dans ce cas, l'écriture systématique des lettres se fera dans un deuxième temps, pour aider l'enfant à acquérir les formes et trajectoires.

- **Phase 1 : le prénom.** La difficulté réside dans la majuscule : faut-il la faire ? en capitale d'imprimerie ? en cursive ?
Les enfants savent écrire leur prénom en capitales, donc ils connaissent leur initiale. Il est donc plus facile de la garder en expliquant qu'ils apprendront l'initiale en lié plus tard.

- **Phase 2 : réaliser un abécédaire des prénoms de la classe.** On commence par la lettre A : toujours nommer les lettres par leur nom.
Ex. : Alban : l'enseignant demande quelle lettre il doit tracer : un l. Il explique son geste scripteur tout en le faisant au tableau : « Pour tracer le l, je fais une grande boucle. Je commence sur la barre du A, je monte sur le côté vers la droite, je tourne vers la gauche et je redescends tout droit ; je termine par une canne de parapluie. »

Les enfants font les gestes dans l'espace en même temps que l'enseignant, puis citent la le suivante.

• **Phase 3 : écrire son prénom.** Les enfants, avec la présence de l'enseignant, s'exercent à repı duire leur prénom. L'enseignant rectifie les postures, les trajectoires, la tenue de l'outil scripteu Progressivement, les enfants écrivent leur prénom sur des supports plus petits et sans modèle. L'enseignant doit s'adapter au niveau de chaque enfant et proposer une aide qui convienne aux besoins de chacun, selon la difficulté du prénom.

Sur les travaux divers réalisés dans les différentes activités, toujours réserver un espace précis et ligné pour écrire le prénom.

• **Phase 4 : écrire un court message.** Chaque enfant a une feuille demi-A4 avec une ligne et un point d'attaque de l'écrit et un crayon de bois. Le projet est de réaliser des cartes de vœux pour la nouvelle année avec un dessin et un écrit : « Bonne année ».

L'enseignant écrit le message au tableau et demande aux enfants de réfléchir silencieusement à tout ce qu'ils vont pouvoir dire sur ce qui est écrit. Cela permet de favoriser l'observation et l'analyse de l'écrit.

L'enseignant trace au tableau la première lettre du message sous les commentaires des enfants : « C'est un B, c'est une majuscule, il faut faire un grand bâton avec deux ventres... »

Chaque enfant reproduit le texte sur sa feuille : ils écrivent lettre par lettre, en même temps que l'enseignant.

• **Phase 5 : apprentissage de quelques lettres.** Ces séances se situent en parallèle avec les séances précédentes. La progression dépend de l'intérêt que l'enfant porte à telle ou telle lettre, mais l'expérience a montré que le rond était souvent présent dans les prénoms et intéressant comme base de travail du geste moteur. Les premières séances portent sur le tracé du o.

• **Phase 6 : lettres qui commencent par une courbe ou un rond.** Chaque lettre nécessite plusieurs séances. Ces lettres commencent toujours de la droite vers la gauche avec un pont d'attaque : o, a, d, q, c.

- Debout, les enfants doivent faire tourner un ruban avec la main qui écrit un enroulement de gauche à droite : à répéter en séances d'EPS auparavant.
- L'enseignant a tracé des ronds avec un point de départ au tableau. Chacun, sans toucher le tableau, tourne bras tendu en pointant avec l'index.
- Chaque enfant doit dessiner sur une feuille des ronds de plus en plus grands en partant du point situé au bord de la feuille, et en suivant le sens de la flèche.
- Écrire la lettre o entre deux lignes, faire remarquer les points de contact avec la ligne.

• **Phase 7 : la démarche est identique pour toutes les lettres.** L'essentiel est de toujours verbaliser, expliquer ce que l'on fait, et faire tracer en même temps. Pendant longtemps les enfants auront besoin de ces étapes, avant d'écrire correctement seuls.

Classement possible des lettres :

Lettres qui possèdent une grande ou une petite boucle vers le haut : l, b.

Lettres qui s'attaquent par un trait oblique : i, u, r.

Lettres qui possèdent une grande boucle vers le bas, une boucle vers le haut et le bas : g j, y, f.

Lettres qui possèdent des ponts : m, n.

Lettres qui possèdent des vagues : v, ww.

Lettres qui possèdent une boucle et un autre élément : h, k.

Les autres lettres de l'alphabet : s, z, t, x.

Résultats attendus

Une bonne tenue du crayon. Des lettres écrites dans le bon sens.

Évaluation

Elle est continue en fonction de la progression de chaque élève.

:: Conseils

Tenir compte des possibilités de chaque élève, amener l'apprentissage progressivement.

:: Ouverture transdisciplinaire

L'écriture d'un message doit être motivée par un objectif, donc reliée à d'autres domaines : arts visuels, découverte du monde, vivre ensemble.

Séance n° 10 Classer des mots par graphie

:: **Objectif** : Établir des correspondances entre différentes typographies.

:: **Concepts** : L'étude du mot écrit. L'écriture cursive, le traitement de texte et le clavier de l'ordinateur, l'imprimerie, en donnant une unité aux mots, isolent les unités de la langue écrite et leur donnent une individualité, favorisant ce repérage de la relation entre mot oral et mot écrit.

:: **Compétence** : Identifier des mots dans des graphies différentes.

:: **Conditions préalables** : Afficher dans la classe des alphabets en trois écritures : lettres capitales, script, écriture cursive. Écrire les référents dans au moins deux écritures.
Connaître l'histoire *Calinours va faire les courses*.

:: Préparation de la classe

- **Organisation de la classe**
  Activité en petit groupe. Les enfants sont assis à des tables.
- **Matériel**
  Étiquettes – images et étiquettes – mots en script et en cursive des personnages et des aliments de l'histoire.
- **Document**
  Album *Calinours va faire les courses*.

:: Déroulement de l'activité

- **Durée** : 25 minutes.
- **Modalités de travail** : groupes de besoins (6 enfants maximum).

→ Description de l'activité

- **Phase 1 : association image/mot en script.** Poser les cartes-images des animaux sur la table et les cartes-mots en script : les enfants doivent associer l'image et le mot.
- **Phase 2 : association image/script/cursive.** Même démarche.
- **Phase 3 : association script/cursive sans l'image.**

Attention, ce qui est écrit en rouge de manière attachée = *la souris*.

la souris	*la souris*
Calinours	*Calinours*
le panier	*le panier*
le chapeau	*le chapeau*
la tortue	*la tortue*

- **Phase 4 : exercice sur feuille.** Associer les mots qui veulent dire la même chose mais qui sont écrits de façon différente.
- **Phase 5 : exercice de classement.** Dans un tableau, coller les étiquettes-mots en script d'un côté et les mots en cursive de l'autre.
- **Phase 6 : tableau à double entrée.** Colonne de gauche : les images, ligne du haut un modèle en script et un modèle en cursive : remplir le tableau en faisant correspondre image et écritures (étiquettes).

	Script	Cursive
Image de la souris		
Image de Calinours		
Image du panier		
Image du chapeau		
Image de la tortue		

Résultat attendu

Une identification rapide des mêmes mots dans des écritures différentes qui facilitera l'apprentissage de la lecture au CP.

Évaluation

Reprendre un exercice avec d'autres mots (connus des enfants).

:: Conseils

Toujours proposer des mots qui ont du sens pour les enfants. Ces activités pourront être reconduites tout au long de l'année en augmentant les difficultés : mots de graphie très proche, intrus, etc.

:: Prolongement

Créer un jeu de dominos sur lequel on colle une image et un mot en script ; il faudra trouver le domino avec le même mot en cursive et ainsi de suite.

:: Ouverture transdisciplinaire

Technologie : utiliser le clavier de l'ordinateur qui permet de faire la correspondance capitale/script.

Séquence : Découvrir le principe alphabétique

Séance n° 11 Savoir dire les mots successifs d'une phrase

:: **Objectif** : Établir les correspondances entre mot oral et mot écrit.

:: **Concept** : La construction du principe alphabétique : c'est une des composantes de la lecture, qui doit prendre sa juste place dans l'ensemble des apprentissages de l'école maternelle.

:: **Compétence** : Savoir dire les mots successifs d'une phrase écrite.

:: **Conditions préalables** : De nombreuses activités autour de la phrase ont déjà été menées. Les élèves disposent d'un référentiel de mots-outils, de signes de ponctuation, de mots.

:: Préparation de la classe

- Organisation de la classe
Les élèves sont assis face au tableau, l'autre partie de la classe est en ateliers autonomes.
- Matériel
Le tableau, les panneaux de référents.

:: Déroulement de l'activité

- Durée : 20 minutes.
- Modalités de travail : en demi-classe.

→ Description de l'activité

Il s'agit de construire une nouvelle phrase sur le modèle d'une phrase connue. Quelques mots sont à changer : le mois, les prénoms. Mais le modèle n'est pas donné, les élèves doivent reconstituer la phrase mot à mot, sans oublier les signes de ponctuation.

- **Phase 1 : situation de départ.** Changement de mois, il faut réécrire la phrase pour les anniversaires.
- **Phase 2 : recherche de la phrase dans les écrits affichés.** « En septembre, c'est l'anniversaire de Léa, Margaux et Théo. » Lecture collective de la phrase.
- **Phase 3 : nouvelle phrase à l'oral.** « En avril, c'est l'anniversaire de Corentin, Léo et Samia. »
- **Phase 4 : recherche des mots dans les référents.** *En* : dans les « petits mots » ; *avril*, dans la date, *c'* dans les petits mots ; *est* dans les référents mots ; *l'anniversaire :* dans les référents ; *de* : dans les mots-outils, *les prénoms* sont épelés, *le point* est ajouté ainsi que *les virgules* (étiquettes signes).
- **Phase 5 : lecture de la phrase par plusieurs élèves.** Montrer les mots avec une règle.
- **Phase 6 : comparaison.** Reprendre les phrases des différents mois, les écrire les unes en dessous des autres afin de les comparer. Qu'y a-t-il de changé ? Les mois et les prénoms. On pourrait en inventer de nouvelles en utilisant les mois que l'on connaît et les prénoms.
- **Phase 7 : la place des mots.** Peut-on changer les mots de place ? Essayer et lire les phrases obtenues : elles n'ont pas de sens. La place des mots est importante, c'est pour cela qu'il faut lire un mot à la fois. Demander aux enfants de fermer les yeux, changer l'ordre des mots de la phrase. Un enfant vient au tableau remettre la phrase dans l'ordre et la lit.
- **Phase 8 : montrer un mot.** Demander à un enfant de montrer un mot donné de la phrase et de le lire.
- **Phase 9 : cacher un mot.** Mettre un cache sur un mot de la phrase, trouver lequel c'est.
- **Phase 10 : l'intrus.** Remplacer un mot par un autre, faire lire la phrase.

Résultats attendus

Retrouver les mots de la phrase et les placer dans l'ordre.

Évaluation

Donner des étiquettes des mots, demander aux élèves de reconstituer la phrase individuellement.

:: Conseils

Les prénoms, les jours de la semaine, les mois sont des mots que l'on peut facilement substituer les uns aux autres sans changer le sens de la phrase et que les enfants connaissent.
Il est également possible d'utiliser d'autres mots référents que les élèves connaissent bien, en n'oubliant jamais le sens.
Pour certains mots, demander aux enfants de les épeler : c'est l'occasion de travailler sur les lettres de l'alphabet et les marques de ponctuation dans la phrase.

:: Prolongements

1. Écrire une phrase pour une invitation ou une information. Écrire une lettre à des correspondants.
2. À partir d'un album, écrire une phrase puis demander aux élèves de retrouver les mots connus, de les dire.
3. Donner des étiquettes-mots de plusieurs phrases connues des enfants, leur demander de les reconstituer.

Partie 2

Découverte du monde

:: **Chapitre 3 :** Découverte des formes et des grandeurs 77

:: **Chapitre 4 :** Approche des quantités et des nombres 101

:: **Chapitre 5 :** Exploration du monde de la matière et des objets 121

:: **Chapitre 6 :** Monde du vivant, environnement, hygiène, santé et sécurité 143

:: **Chapitre 7 :** Repérages dans l'espace 169

:: **Chapitre 8 :** Structuration du temps, découverte d'objets et de réalités du passé 195

Chapitre 3

Découverte des formes et des grandeurs

:: **Continuité des apprentissages en maternelle**

:: **Repères pratiques**

:: **Séances 1 à 21**

Marilyn Buisson
Éric Greff
André Mul
Marie-Anne Viaud

Continuité des apprentissages en maternelle

	1re année	2e année	3e année	Grande section
Manipuler des objets de formes et de dimensions variées				
Sait reproduire un assemblage d'objets de formes simples	éventuellement	éventuellement	prioritaire	à consolider
Sait comparer, classer et ranger des objets selon leur taille, leur masse ou leur contenance				
• comparer selon leur taille	éventuellement	éventuellement	prioritaire	à consolider
• classer selon leur taille	éventuellement	éventuellement	prioritaire	à consolider
• ranger selon leur taille	éventuellement	éventuellement	prioritaire	à consolider
• comparer selon leur masse			éventuellement	prioritaire
• classer selon leur masse				éventuellement
• ranger selon leur masse				éventuellement
• comparer selon leur contenance				éventuellement
• classer selon leur contenance				éventuellement
• ranger selon leur contenance				éventuellement
Examiner les caractéristiques des objets				
Sait différencier et classer des objets en fonction de caractéristiques liées à leur forme				
• différencier		éventuellement	prioritaire	à consolider
• classer		éventuellement	prioritaire	à consolider
Sait reconnaître, classer et nommer des formes simples : carré, triangle, rond				
• reconnaître		éventuellement	prioritaire	à consolider
• classer		éventuellement	prioritaire	à consolider
• nommer		éventuellement	prioritaire	à consolider

- (prioritaire) compétences à travailler prioritairement
- (à consolider) compétences à consolider
- (éventuellement) compétences pouvant éventuellement être mises en place

Repères pratiques

1. Les axes forts du domaine d'activités

Très tôt le jeune enfant est capable de reconnaître une forme, bien avant de l'analyser, de la nommer, d'en repérer des propriétés ou d'en donner une première définition.
En maternelle, une reconnaissance globale de certaines formes est visée, par la vue et par le toucher, dans des activités qui ont du sens pour l'enfant. Dès les petites classes, au cours d'activités quotidiennes, les enfants sont familiarisés avec un vocabulaire qui leur permettra, à terme, de caractériser les propriétés d'objets qu'ils auront à décrire, à reconnaître, à reproduire, à construire.
Les activités de classement et de rangement selon des grandeurs diverses sont réalisées dans des situations qui ont du sens pour l'enfant.
Dans les fiches de préparation qui vous sont proposées, l'objectif des situations présentées est d'offrir aux enfants un environnement riche et varié pour développer leur questionnement à partir de l'action.
Ces fiches de préparation vont aussi permettre d'évaluer les acquisitions et d'aider à leurs structurations.
Pour l'exploration des formes, comme pour celle des grandeurs, l'utilisation du langage vient en appui de l'action et la complète. Les mots, nécessaires pour construire du sens, permettent une mise à distance par rapport à l'action elle-même et contribuent progressivement à fixer la connaissance.
Toutes les activités proposées doivent donner lieu à une verbalisation car c'est en nommant que l'enfant va pouvoir donner du sens et associer ce qu'il perçoit au vocabulaire adéquat.

2. Les spécificités de la section

En grande section, des formes simples sont reconnues et nommées. De plus, sans que cela constitue une compétence à acquérir, les enfants peuvent différencier des formes en énonçant, dans leur langage, certaines de leurs propriétés mathématiques.
Pour les activités sur l'étude des formes ou celles portant sur les grandeurs, les objets d'étude seront associés à leurs positions dans l'espace ou dans le plan. Il faudra donc faire rencontrer à l'enfant de nombreuses situations pour mettre en évidence que les propriétés géométriques étudiées sont indépendantes de la position ou de l'orientation des formes.
L'enfant range plus de quatre objets selon leur longueur et on peut envisager de faire réaliser des comparaisons indirectes de longueurs en ayant recours à un étalon.
Si la comparaison indirecte est difficile et sera un objet d'investigation dans les cycles suivants, cela ne doit nullement empêcher d'enrichir l'expérience des enfants.
Les grandeurs sont rencontrées en manipulant les formes, il s'agit essentiellement de la longueur et de la masse. L'enfant va pouvoir effectuer des comparaisons, des tris, des rangements avec ces grandeurs comme critères.

3. Éléments didactiques et pédagogiques

C'est à l'occasion de situations de manipulation que l'enfant va rencontrer de nombreuses formes. C'est en les touchant, en observant que l'enfant percevra les points communs et les différences entre deux formes. Une des premières différences sera de distinguer ce qui est courbe de ce qui est droit.

L'ovale pourra être utilisé pour sensibiliser l'enfant aux différentes courbures que les objets peuvent présenter. C'est en opposant deux objets en regard d'une propriété que celle-ci prend sens pour l'enfant. La distinction entre les triangles et les quadrilatères pourra reposer sur la recherche du nombre de côtés car les enfants maîtrisent le dénombrement des petites quantités. La principale difficulté rencontrée sera d'ailleurs de ne pas compter deux fois le même côté.

Il faut dès le plus jeune âge développer une mémoire des formes, c'est la fonction des activités qui s'inspirent du jeu de Kim. L'enfant doit aussi avoir l'occasion, lors d'activités, d'anticiper, l'action servant alors à valider ses conjectures. C'est dans des jeux d'emboîtement ou de construction qu'il pourra se livrer à une recherche fondée aussi sur une stratégie d'essais-erreurs. Le tangram sera alors un outil intéressant à mettre à la disposition des enfants.

On pourra remarquer que l'utilisation des couleurs permet de reconnaître, de désigner, de distinguer des formes ; une connaissance des couleurs primaires est donc indispensable pour que les enfants puissent mener à bien les manipulations proposées.

On procédera de façon très progressive en comparant d'abord les grandeurs de deux objets puis on ordonnera plusieurs objets relativement à une grandeur en les manipulant.

C'est une étape importante dans la construction de la notion de grandeur car celle-ci n'est pas encore liée à la mesure.

Les enfants vont aussi découvrir qu'une même grandeur peut être désignée de différentes façons en fonction de l'orientation de l'objet lors de la recherche du plus long ou du plus haut par exemple. Les contenances vont être abordées par des exercices de transvasements ou par des relations simples comme entre une bouteille et le nombre de verres équivalent.

Séquence : Manipuler, caractériser et reproduire des formes

Séance n°1 Le jeu du sac

Objectifs : Reconnaître et nommer des formes simples.

Concepts : Caractéristiques des objets. Vocabulaire géométrique.

Compétences : Savoir identifier les caractéristiques des objets. Différencier, reconnaître, classer et nommer des formes simples.

Conditions préalables : Avoir proposé de nombreuses activités de manipulation des formes retenues. On aura fait différencier, nommer, ranger, classer toutes ces formes simples.

Préparation de la classe

- **Organisation de la classe**
  Les enfants sont assis autour d'une table. S'assurer que chacun voit bien ce qui est posé.
- **Matériel**
  Différentes formes : 3 ronds, 3 triangles, 3 carrés, 3 rectangles, 3 ovales (matériel éducatif existant, ou fabriqué en carton fort et, si possible plastifié pour en prolonger la durée d'utilisation), soit 15 formes.
  Un sac.

Déroulement de l'activité

- **Durée** : 15 minutes environ par séance. À renouveler souvent.
- **Modalités de travail** : on commencera à présenter le jeu collectivement puis on pourra le reprendre en petit groupe, voire en individuel si nécessaire pour certains.

→ Description de l'activité

Différentes formes sont posées sur une table. Il y a 1 rond, 1 ovale, 1 triangle, 1 carré, 1 rectangle. Les faire observer, toucher, nommer, décrire.

Présenter ensuite le sac. Demander aux enfants de trouver quel jeu on peut mettre en place avec un sac et les formes disponibles.

Énoncer la règle du jeu, sans doute trouvée par les enfants : « Il faut mettre toutes les formes dans le sac. Je vais appeler un enfant et lui demander de trouver une forme, par exemple le triangle, sans regarder, simplement en touchant. »

Est-ce difficile ? Pourquoi ? Comment faire pour réussir ?

Commencer le jeu. Faire expliciter les procédures des uns et des autres. Utiliser les erreurs pour reprendre les descriptions (par exemple, s'il y a confusion entre le rond et l'ovale ou entre le carré et le rectangle).

On peut complexifier en ajoutant des formes dans le sac (3 de chaque par exemple).

Variante

Quand les enfants sont familiarisés avec le jeu, on peut introduire une variante : on choisit au toucher une forme dans le sac et il faut la nommer avant de la sortir.

Ces jeux peuvent ensuite être repris en petits groupes, avec l'adulte pour les moins experts, en autonomie pour les plus experts (désigner le meneur de jeu. Pas plus de 6 enfants). Ils peuvent être proposés individuellement pour un travail de remédiation.

Résultats attendus

Penser à demander aux enfants : « Qu'avons-nous appris avec ce jeu ? »

Les enfants seront capables de dire qu'ils ont appris à reconnaître et nommer des formes sans les voir, au toucher. À l'issue de ce jeu, ils seront capables d'énoncer les caractéristiques de ces formes.

Évaluation

Elle se fera, par observation, tout au long des séances de jeu. Elle pourra prendre une forme plus individuelle pour certains.

:: Conseils

Si des enfants éprouvent une réelle difficulté devant ce type de jeu, il faudra s'assurer qu'ils savent nommer ces formes. On pourra proposer un jeu avec les formes visibles : poser plusieurs exemplaires de chaque forme et demander que l'enfant ramasse tous les triangles par exemple. Les faire observer, toucher, décrire, comparer. Reprendre ensuite le jeu des formes cachées en en mettant moins dans le sac, d'abord des formes très éloignées puis au contraire très proches. Les formes « carré », « rond », « triangle » doivent être acquises à la fin de l'école maternelle. Si tel est le cas, on peut effectivement introduire les formes « rectangle », « ovale », etc.

:: Prolongement

On peut, bien sûr, proposer des variantes à ce jeu en prenant toutes sortes d'objets.

Séance n° 2 Définissons les formes

:: Objectif : Dégager les propriétés géométriques de certaines formes.

:: Concepts : Propriétés des objets, caractéristiques des objets, vocabulaire géométrique.

:: Compétences : Comparer, différencier des objets en fonction de caractéristiques liées à leur forme.

:: Conditions préalables : Avoir proposé de nombreux jeux de manipulation et de reconnaissance des formes travaillées (voir séance n° 1).

:: Préparation de la classe

- **Organisation de la classe**
  Les enfants sont assis autour d'une table. S'assurer que chacun voit bien ce qui est posé.
- **Matériel**
  Formes venant de matériel éducatif disponible dans l'école ou découpées dans du carton fort :
  - 4 ronds, 4 ovales, 4 triangles (de plusieurs sortes), 4 carrés, 4 rectangles, de taille et de couleur identiques soit 20 formes, si possible plastifiées ;
  - 4 ronds, 4 triangles, etc., de taille et de couleur différentes (2 grands et 2 petits de chaque, de 4 couleurs différentes), soit 20 formes, si possible plastifiées.

  Éventuellement ardoises et craies.

:: Déroulement de l'activité

- **Durée** : 15 minutes par séance environ. À faire fréquemment, tout au long de l'année.
- **Modalités de travail** : peut être proposé en collectif pour le point de départ (vers des définitions). Il paraît cependant préférable de privilégier ensuite le travail en petit groupe (de 4 à 8 enfants).

→ Description de l'activité

Les enfants sont répartis autour d'une table. Mettre à disposition les formes (plusieurs de chaque). Proposer aux enfants de mettre ensemble toutes les formes identiques (pareilles, celles qui portent le même nom).

Leur demander comment ils ont fait : « Comment savez-vous qu'elles sont pareilles ? Quelles différences y a-t-il avec les autres ? »

Il s'agit d'amener les enfants à décrire les formes pour en dégager les caractéristiques. L'adulte ne donne pas de définitions, il recueille les réflexions des enfants et les conduit à utiliser un vocabulaire commun, tiré de leurs propres mots. Exemple : « Les ronds, ça roule, ça n'a pas de pointes. Les triangles, ça a 3 côtés tout droit, ça a 3 pointes, ça ne roule pas. »

Il faudra s'attacher particulièrement aux différences entre rond et ovale, entre carré et rectangle. Pour ces derniers, quand les enfants auront atteint l'idée que le carré a 4 côtés qui sont « pareils » et pas le rectangle, on n'hésitera pas à le faire vérifier en effectuant des mesurages (rubans, ficelles, règle, etc.).

On proposera ensuite un jeu (cette fois en petit groupe) : l'adulte décrit une forme que les enfants doivent reconnaître, nommer et prendre. Exemple : « J'ai 3 côtés, j'ai 3 pointes, qui suis-je ? » On s'attachera à utiliser le vocabulaire commun trouvé par la classe.

Proposer ensuite aux enfants le rôle de meneur de jeu. Les enfants les plus experts pourront ensuite jouer en autonomie (petits groupes de 4). Les autres continueront à jouer avec l'adulte (groupe de 6).

En progression, on complexifiera le jeu en introduisant les notions de taille et de couleur. Exemple : « Je suis petit, je suis vert, je roule, qui suis-je ? », « J'ai 4 pointes, mes 4 côtés sont pareils, je suis grand, je suis rouge, qui suis-je ? » Une autre variante consiste à demander aux enfants de dessiner, sur une ardoise blanche avec des feutres de couleur par exemple, la forme décrite.

Résultats attendus

En respectant le vocabulaire connu des enfants et en utilisant leurs propres constructions de descriptions, on obtient des définitions très précises et rigoureuses.

Évaluation

Elle peut se faire à l'occasion d'une séance de jeu. Elle peut aussi prendre la forme d'un exercice écrit, plus ou moins complexe selon les compétences repérées. Exemple, niveau facile : des formes sont représentées sur une feuille. L'adulte décrit une des formes, l'enfant doit la retrouver et la colorier de la couleur indiquée. Niveau plus complexe : soit l'enfant doit dessiner les formes décrites par l'adulte, soit il doit les retrouver sur une feuille, mais il y en a plus (dont des formes inconnues, hexagone par exemple) et on ajoute les notions de taille et de couleur.

:: Conseil

Pour les enfants qui rencontrent des difficultés, reprendre des exercices de manipulations, de tris, de rangements.

:: Ouverture transdisciplinaire

On pourra proposer aux enfants de réaliser des formes à l'atelier pâte à modeler ou pâte à sel, en utilisant ou non des emporte-pièces, des gabarits.

Séances n°s 3 et 4 Le jeu du tableau

:: **Objectif** : Associer un objet à certaines de ses représentations (1re partie).

:: **Concepts** : Assemblage de formes. Reproduction de configurations spatiales.

:: **Compétence** : Savoir reproduire un assemblage d'objets de formes simples.

:: **Condition préalable** : Connaissance des formes (rond, triangle, ovale, carré, rectangle).

:: Préparation de la classe

- **Organisation de la classe**
  Deux équipes de quatre enfants sont installées **face** à un groupe de tables (ou face à une grande table) sans chaises. Il est important que les deux équipes soient placées du même côté des tables. Les enfants travaillent debout. Devant chaque équipe, placer deux affiches vierges.

- **Matériel**
  Chaque équipe doit avoir à disposition :
  – des formes découpées dans du carton fort : 6 ronds, 6 ovales, 6 triangles, 6 carrés, 6 rectangles, de tailles différentes (3 grands, 3 petits), de couleurs différentes (exemples : un grand et un petit rond rouges, un grand et un petit rond bleus, un grand et un petit rond jaunes, etc.), si possible plastifiées ;
  – 2 affiches vierges (2 × A3).

:: Déroulement de l'activité

- **Durée** : 30 minutes environ pour chacune des 2 séances décrites.

- **Modalités de travail** : travail en petit groupe (8 enfants), qui sera réparti en 2 équipes en présence de l'adulte.

→ Description de l'activité

Séance n° 3. Désigner 2 équipes. Présenter au groupe le matériel, faire nommer les formes, en utilisant bien les notions de couleur et de taille, montrer que chaque équipe possède le même matériel.

Présenter l'activité : chaque équipe va poser des formes sur une des affiches pour composer un « tableau » de formes. L'autre équipe devra essayer de composer le même tableau sur l'affiche vide. Dans un premier temps, l'adulte limite le nombre de formes (pas plus de 6 par exemple).

Quand chaque équipe a fini son « tableau », elle va observer celui de l'autre équipe. La verbalisation est importante : « Que voyez-vous ? » On s'attachera à demander une description précise. Exemple : « Le petit rond rouge est dans le coin, à gauche, en haut. Il y a un grand rectangle jaune juste au-dessous ; dans l'autre coin, en haut, il y a un grand triangle bleu, etc. » Comme pour un puzzle, cette procédure facilitera la tâche. Si les enfants ne maîtrisent pas encore les termes gauche, droite, accepter qu'ils montrent en disant : « par là, de ce côté-là ». « De quoi allez-vous avoir besoin ? », « Comment allez-vous faire ? »

Chaque équipe se met ensuite au travail. Quand chaque équipe a terminé, on vérifie tous ensemble. Reprendre la verbalisation : « Est-ce réussi ? », « Quelles sont les erreurs ? », « Pourquoi ? », « Comment les éviter ? » On s'attachera aux formes et à leurs nombres évidemment mais on reprendra aussi la description de l'organisation spatiale (exemples : « Le petit rond rouge est dans le coin, en haut, à gauche, à côté il y a un grand carré bleu », « Le grand rectangle jaune est en dessous du grand triangle jaune », « Le petit rond bleu est entre le petit carré rouge et le petit rond jaune »).

S'il y a eu beaucoup d'erreurs, on reprendra l'activité, sans changer le nombre de formes. On peut cependant, en cas de grosse difficulté, proposer des affiches vierges mais divisées en 4 cases pour faciliter le repérage spatial.

Si l'activité a été réussie par les deux équipes, on pourra complexifier le jeu : plus de formes, en temps limité, en encourageant la superposition de formes, en proposant des formes coupées en deux parties (exemple : demi-ronds).

Séance n° 4. L'adulte a lui-même composé un « tableau de formes » et son double, censé être identique au modèle. Mais le deuxième tableau comporte de nombreuses erreurs (formes manquantes ou en surnombre, organisation spatiale non respectée). Quand les enfants ont identifié le problème et la nature de la tâche, ils essaient de corriger les erreurs. L'adulte organise la verbalisation pour valider au fur et à mesure : « Pourquoi enlevez-vous deux triangles ? », « Pourquoi ajoutez-vous un carré ? », « Pourquoi changez-vous ce rond de place » ?, etc.

Résultats attendus

À l'issue de ces activités qui peuvent être reprises plusieurs fois, en accordant beaucoup de place à la verbalisation, les enfants doivent être capables de reproduire des configurations spatiales de formes variées.

Évaluation

Les activités décrites peuvent être reprises individuellement pour l'évaluation. Dans ce cas, c'est l'adulte qui propose une configuration qu'il faut reproduire ou corriger.

:: Conseil

Ces activités peuvent être proposées en autonomie aux groupes les plus performants et, au contraire, avec un étayage plus fort de l'adulte pour la remédiation.

:: Ouverture transdisciplinaire

À l'atelier pâte à modeler ou pâte à sel, on pourra demander aux enfants de réaliser des formes, à l'aide d'emporte-pièces, et de composer ensuite un « tableau » avec les formes obtenues.

Séances n°s 5, 6, 7 et 8 Le jeu du tableau (suite)

:: **Objectif** : Associer un objet à certaines de ses représentations (2e partie).

:: **Concepts** : Assemblage de formes. Reproduction de configurations spatiales représentées.

:: **Compétence** : Savoir reproduire un assemblage de formes représentées.

:: **Conditions préalables** : Cette séance doit suivre celle décrite dans les séances nos 3 et 4. En effet, les enfants quittent ici les formes réelles pour les formes représentées.

:: Préparation de la classe

- **Organisation de la classe**
  Les enfants sont assis sur des bancs, face au tableau.
- **Matériel**
  Matériel didactique disponible dans l'école ou formes découpées dans du carton fort (*idem* séances nos 3 et 4), appareil photo numérique, agrandissements des photographies réalisées, affiche vierge (même dimension que l'agrandissement photo), si possible plastifiée, aimants ou gomme à fixer.
  On pourra aussi présenter des reproductions de tableaux de certains artistes qui ont utilisé l'abstraction géométrique (exemples : Mondrian, Herbin).

:: Déroulement de l'activité

- **Durée** : 15 minutes environ pour la séance n° 5, 30 minutes environ pour la séance n° 6, 20 minutes environ pour le travail en groupes qui sera repris plusieurs fois, en proposant une progression des difficultés.
- **Modalités de travail** : ces activités peuvent être présentées collectivement. Elles seront ensuite reprises par petits groupes (6 à 8 enfants).

→ Description de l'activité

Séance n° 5. On pourra partir de la présentation collective d'une œuvre d'un artiste. Après un temps d'observation, demander aux enfants de décrire le tableau. Comment l'artiste a-t-il fait ? Que voit-on ? Faire montrer, nommer les formes reconnues. S'intéresser aux formes inconnues, sans pour autant s'y attarder. En cas de doute sur la présence d'un carré ou d'un rectangle, ne pas hésiter à effectuer des mesurages. Faire décrire la position des formes les unes par rapport aux autres.

Séance n° 6. Présenter un agrandissement de photo numérique (minimum A4), représentant un assemblage de formes simples, sans superposition, réalisé par l'enseignant. La photographie est affichée au tableau. Laisser un temps d'observation. Faire décrire ce qu'on voit (sans oublier les notions de taille et de couleur), la position des formes les unes par rapport aux autres. Évoquer le lien avec l'activité précédente (similitudes, différences entre un tableau réalisé à la peinture et une photographie).

Installer ensuite l'affiche vierge à côté de l'agrandissement photo, et les formes correspondantes en carton. Proposer aux enfants de trouver la règle du jeu. La faire énoncer : il faut essayer de reproduire exactement le même assemblage que sur la photographie. Les formes doivent être identiques au modèle, en respectant leur taille, leur couleur, leur position les unes par rapport aux autres. Des enfants sont invités tour à tour à placer une forme, ils sont guidés, en cas d'erreur, par leurs camarades. On fera, bien sûr, superposer les formes sur celles de la photographie en cas de doute. Quand les enfants pensent avoir terminé, une validation collective est demandée, après vérification (nombre de formes, tailles, couleurs, emplacements).

L'activité sera reprise en petits groupes, en autonomie ou avec le maître, à partir d'autres agrandissements de photographies d'assemblages plus ou moins complexes.

Séance n° 7. Selon les compétences des enfants et (ou) en progression, on pourra faire varier le nombre de formes, proposer des superpositions, ajouter des intrus dans les formes disponibles, utiliser des demi-formes à reconstituer, faire dresser par le groupe la liste des formes nécessaires qu'il faut aller chercher dans un autre endroit de la classe.

Séance n° 8. Chaque groupe pourra, à son tour, réaliser un assemblage qui sera photographié et proposé à un autre groupe.

Évaluation

Les enfants peuvent prendre plusieurs formes, selon les compétences de chacun :

- même exercice que dans la séance n° 4, en individuel ;
- reproduire un assemblage de formes représentées, à l'identique, par tracé, à l'aide de gabarits ou non ;
- reproduire un assemblage de formes représentées, par découpage et collage ou seulement par collage des formes nécessaires ;
- barrer les intrus, parmi les formes proposées pour reproduire un assemblage de formes représentées ;
- compléter un assemblage de formes, par rapport à un modèle (par tracé ou collage) ;
- colorier de la même couleur les formes identiques à un modèle (à partir de dessins, de photographies (maisons, voitures, tout ce qui fera apparaître des formes connues).

:: Conseil

Si des enfants rencontrent des difficultés avec les formes représentées, on reprendra les activités à partir de formes réelles.

:: Ouverture transdisciplinaire

En lien avec l'éducation du regard et du geste, on pourra proposer aux enfants de réaliser des compositions plastiques mettant en jeu des formes, à l'aide de différentes techniques, par le dessin, la peinture, le découpage, le collage, etc., en utilisant des gabarits ou non.

Séances n°s 9 et 10 Reproduire des configurations spatiales

:: Objectif : Associer un objet à certaines de ses représentations (3e partie).

:: Concept : Manipulation de formes variées sur un quadrillage.

:: Compétence : Savoir reproduire une configuration spatiale de formes sur un quadrillage.

:: Conditions préalables : Connaissance des formes (rond, triangle, ovale, carré, rectangle) ; connaissance, si possible, du quadrillage (case, position, notion de ligne, de colonne).

:: Préparation de la classe

- **Organisation de la classe**
  Les enfants sont assis sur des bancs, face au tableau. Puis ils sont debout, face à un groupe de tables, ce qui permet de travailler le plan vertical et le plan horizontal.
- **Matériel**
  2 affiches quadrillées (4 × 4) puis, si l'on veut pouvoir complexifier le travail, 2 affiches quadrillées (5 × 5) et 2 affiches quadrillées (6 × 6), si possible plastifiées. Des formes découpées dans du carton fort : 8 triangles, 8 ronds, 8 carrés, 8 rectangles, de 2 tailles différentes (4 grands, 4 petits de chaque), de 2 couleurs différentes (par exemple 2 grands et 2 petits rouges, 2 grands et 2 petits bleus), si possible plastifiées.
  De la gomme à fixer.
  Un quadrillage au sol (5 × 5, tracé à la craie ou fabriqué en carton fort).
  Des sudokus utilisant les formes.

:: Déroulement de l'activité

- **Durée** : 30 minutes environ par séance. À renouveler fréquemment.
- **Modalités de travail** : le travail peut être présenté collectivement. Il conviendra de fonctionner ensuite en petit groupe (6 enfants), en présence de l'adulte, d'abord face au tableau (plan vertical) puis face à un groupe de tables (plan horizontal).

→ Description de l'activité

Séance n° 9. Les enfants sont installés face au tableau. Afficher un premier quadrillage (4 × 4). Demander aux enfants de décrire ce qu'ils voient. S'ils ont déjà vu, utilisé des quadrillages, cette partie sera rapide. Sinon, on prendra le temps de faire remarquer, nommer, montrer, compter les cases (1, 2, 3, 4, mais aussi la première, la deuxième, la troisième, la quatrième), les lignes, les colonnes. Afficher 1 rond, 1 triangle, 1 carré, 1 rectangle (à l'aide de la gomme à fixer), de même taille. Les faire nommer, montrer. Demander à un enfant de choisir une forme et de venir la placer dans une case du quadrillage. Faire ainsi placer les 4 formes.

Afficher le deuxième quadrillage identique, vierge. Afficher de nouveau 1 rond, 1 triangle, 1 carré, 1 rectangle, identiques aux précédents. Énoncer la règle du jeu ou demander aux enfants de la trouver eux-mêmes : « Il faut placer les formes dans le quadrillage pour qu'il soit identique au premier », « Comment faire pour bien se repérer ? » Faire verbaliser (exemple : il y a un petit triangle rouge dans la deuxième case, sur la première ligne).

Quand l'exercice est réussi et validé par le groupe, on recommence une autre partie. Attention, il faut bien répartir les formes en deux collections identiques pour que le jeu puisse fonctionner : chaque collection comprend un grand rond et un petit rond rouges, un grand rond et un petit rond bleus, etc.

Séance n° 10. Quand cette partie est bien maîtrisée, on propose le même exercice mais sur table (plan horizontal). Veiller à ce que les enfants soient tous face à la table (même orientation pour tous).

Pour les plus experts ou en progression, on pourra ensuite proposer les quadrillages plus complexes (5 × 5 et 6 × 6) et ajouter des formes.

Évaluation

Sur feuille :

- compléter un quadrillage pour le rendre identique au modèle, par tracé ou par collage ou par découpage de formes variées ;
- même exercice mais avec un quadrillage vierge qu'il faut rendre identique au modèle.

Selon les compétences des enfants on proposera des quadrillages plus ou moins complexes (de 4 × 4 à 6 × 6), plus ou moins de formes, des formes déjà découpées ou à découper.

:: Conseils

Le repérage sur quadrillage peut sembler difficile à certains enfants qui se repèrent mal dans l'espace. On veillera à proposer, en salle de jeu, un quadrillage au sol, dans lequel les enfants seront invités à se déplacer, en réponse à des consignes (avancer, reculer dans les cases, suivre une ligne, une colonne). Ils seront aussi invités à aller poser des objets dans des cases indiquées par le maître. Veiller à la bonne orientation des enfants par rapport au quadrillage.

Le passage de l'espace vécu à l'espace représenté est l'un des enjeux majeurs de la grande section. Les activités de déplacement physique sur quadrillage constituent donc une étape essentielle dans ce processus.

:: Prolongement

En prolongement de ces activités concernant le quadrillage, on pourra proposer des sudokus de formes. Une à plusieurs séances en petits groupes seront nécessaires pour que les enfants intègrent la règle du jeu, mettent en place, comparent et échangent leurs stratégies. On pourra ensuite seulement proposer un travail individuel.

:: Ouverture transdisciplinaire

Pour renforcer les compétences de structuration et de repérage dans l'espace, le travail sur quadrillage au sol est indispensable : se déplacer sur le quadrillage en suivant des consignes, décrire le chemin le plus court pour aller d'une case à une autre, etc. (utiliser un quadrillage de 5 × 5), placer des objets sur des cases indiquées par le maître ou par des enfants.

Séquence : Différencier, agencer et reproduire des formes et des constructions

Séances n°s 11, 12 et 13 Le jeu de Kim avec les formes

:: Objectifs : Reconnaître, différencier, nommer, garder en mémoire les caractéristiques des formes.

:: Concept : Propriétés des objets.

:: Compétences : Mémoriser un certain nombre de formes observées pour réussir un jeu de Kim. Mémoriser une configuration spatiale de formes.

:: Conditions préalables : Savoir différencier et nommer des formes simples.

:: Préparation de la classe

- **Organisation de la classe**
  Les enfants sont assis autour d'une table.
- **Matériel**
  Matériel éducatif disponible dans l'école ou formes découpées dans du carton fort, plastifiées si possible : 8 ronds, 8 triangles, 8 carrés, 8 rectangles, 8 ovales, de 2 tailles différentes (4 grands et 4 petits de chaque) de 4 couleurs différentes (les grands ronds seront, par exemple, rouge, jaune, bleu et vert, même chose pour les petits ronds et pour les autres familles de formes).
  Appareil photo numérique.
  Agrandissements de photographies de formes ou dessins de formes.
  Cartes modèles représentant des objets composés de formes (exemples : une maison, une voiture).

:: Déroulement de l'activité

- **Durée** : 20 minutes environ par séance. À reproduire fréquemment.
- **Modalités de travail** : on peut proposer l'activité au grand groupe, puis la reprendre en petit groupe (6 à 8 enfants).

→ Description de l'activité

Séance n° 11. Les enfants sont assis autour d'une grande table ou d'un groupe de tables. Veiller à ce que chacun voit bien ce qui est posé sur la table. Il s'agit de proposer un jeu de Kim avec les formes connues des enfants, de difficulté croissante :

– poser sur la table une forme de chaque, d'une seule couleur, d'une seule taille, soit 5 formes. Faire identifier, nommer, montrer les formes ;

– expliquer la règle du jeu qui va être proposé : « Quand vous aurez bien observé ces formes, un enfant va sortir et nous enlèverons et cacherons une forme. Quand il reviendra, il devra dire quelle est la forme qui a disparu. », « Comment faire pour réussir ? » Laisser les enfants s'exprimer et arriver à l'idée qu'il faut garder en mémoire les formes, « se les représenter dans sa tête » ;

– proposer un temps d'observation, dans le calme, puis demander à un enfant de sortir. S'assurer qu'il a bien compris la règle du jeu. Pendant son absence, demander à un enfant de choisir une forme, de la nommer, de bien la montrer au groupe et de la cacher sur lui. Faire revenir le premier enfant et lui demander quelle forme a disparu. Laisser un temps de réflexion. Si l'enfant ne trouve pas, on l'aidera en posant des questions : « Est-ce le rond qui a disparu ? Est-ce le triangle ? » Faire sortir un autre enfant. Penser à faire réfléchir les enfants sur les causes des erreurs. Faire expliciter les stratégies utilisées, les comparer, faire repérer les plus efficaces.

Reprendre le jeu en petit groupe. Quand un groupe devient performant, on complexifie le jeu en introduisant la notion de taille (grand, petit) puis de taille et de couleur, avec plus ou moins de formes.

On peut proposer des variantes à ce jeu :

- Quand un enfant sort, on ajoute une ou plusieurs formes qu'il devra identifier.
- On fait observer la position des formes les unes par rapport aux autres et quand un enfant sort, on change la position d'une forme qu'il devra rectifier.

Séance n° 12

On montre un agrandissement de photographie prise par l'enseignant ou un dessin représentant quelques formes. On observe, on retourne le dessin ou la photographie. Parmi les formes disponibles, il faut retrouver et prendre toutes les formes observées. On vérifie en retournant le dessin ou la photographie. On peut complexifier en demandant de reproduire la disposition des formes observées sur la photographie ou le dessin, en ajoutant plus ou moins de formes, de taille et de couleur différentes.

Séance n° 13

On observe un dessin composé de formes (une maison, une voiture, etc.). On retourne la carte. En choisissant les formes adéquates parmi d'autres, il faut essayer de reconstituer le dessin. On vérifie à l'aide de la carte.

Un ou deux enfants peuvent être nommés « vérificateurs ». Ce sont eux qui détiennent la carte modèle et qui guident celui qui joue (« Mets le triangle au-dessus du rectangle pour faire le toit. »).

On peut complexifier si l'enfant qui joue n'a pas vu le modèle et exécute la partie seulement guidé par ceux qui détiennent la carte.

Ces différentes activités peuvent ensuite être proposées en autonomie à certains groupes.

Penser à demander au groupe, en fin d'activité, « Qu'avons-nous appris ? »

Résultat attendu

Plus les enfants joueront fréquemment, plus ils mettront en place des stratégies efficaces.

Évaluation

Elle se fera par observation des enfants au cours des différents jeux proposés. En cas de doute, proposer une des activités en individuel.

:: Conseils

Le travail ne sera complexifié que si un groupe a réussi à plusieurs reprises l'exercice proposé. Si un enfant ne réussit pas du tout, s'assurer qu'il maîtrise bien le nom des formes. Lui proposer de jouer avec des objets qu'il connaît pour ne pas le décourager. Reprendre un travail de reconnaissance des formes simples.

:: Prolongement

Le principe du jeu de Kim peut être repris avec toutes sortes d'objets. Il est transférable dans d'autres domaines d'activité (par exemple dire quelle est l'étiquette-mot qui manque dans une activité de lecture, dire quel est l'élément qui manque dans une activité scientifique, etc.).

:: Ouverture transdisciplinaire

Jeu de Kim : *Kim* est le titre d'un livre écrit par Rudyard Kippling. Dans ce livre Kim, un jeune orphelin rencontre M. Lurgan, qui est une sorte d'agent secret. Il considère que Kim pourrait faire également un bon agent. Il lui enseigne alors à remarquer les petits détails et à s'en souvenir. Il devra s'exercer beaucoup. M. Lurgan présente, par exemple, à Kim un plateau couvert de bijoux divers, il le montre pendant une minute, puis le couvre d'un tissu et demande à Kim combien il y avait de pierres, et de quelle sorte, etc. Son sens de l'observation permet à Kim de devenir un excellent agent.

Le jeu de Kim que nous proposons sous diverses formes vient de ce roman. C'est un excellent exercice pour apprendre à observer.

Séances n°s 14, 15, 16 et 17 Puzzles et tangrams

:: **Objectif** : Réaliser des puzzles et des tangrams.

:: **Concepts** : Repérage et assemblage de formes.

:: **Compétences** : Savoir reproduire un assemblage d'objets de formes simples.
Savoir différencier des objets en fonction des caractéristiques liées à leur forme.

:: **Conditions préalables** : Pour définir le nombre de pièces de puzzle qu'on va présenter au départ, penser à se renseigner auprès des collègues de moyenne section, si c'est possible, pour savoir ce qui a été proposé aux enfants l'année précédente.
Pour la séance n° 16, chaque enfant aura été invité à réaliser un dessin (format A4) et à le colorier entièrement.

:: Préparation de la classe

- **Organisation de la classe**
  Groupe de 6 à 8 enfants, assis 2 par 2, face à leurs tables.
- **Matériel**
  Pour la séance n° 14 : puzzles à disposition dans l'école ou à commander dans un catalogue de matériel éducatif (de 10 à 30 pièces environ). Il en existe de toutes sortes, qu'on peut mettre en lien avec d'autres domaines d'activité (exemple : reproductions d'œuvres d'art, assemblages géométriques, thématique commune, etc.). Il faut que le modèle apparaisse sur le support sur lequel on va poser les pièces du puzzle.
  Pour la séance n° 15 : puzzles de la classe ou réalisés par l'enseignant : images ou (et) photographies (format A4) collées sur du carton fort, plastifiées si possible puis découpées en morceaux (de 10 à 12).On aura pris soin de réaliser une photocopie, en couleur si possible, de chaque image ou (et) photographie. Prévoir des supports cartonnés, format A4, sur lesquels on aura tracé les contours des pièces des puzzles réalisés.
  Pour la séance n° 16 : dessins des enfants (format A4). Même procédure que pour la séance n° 15.
  Pour la séance n° 17 : 4 tangrams, collés sur du carton fort, plastifiés et découpés en respectant les formes initiales. Des fiches modèles représentant des figures simples composées de parties ou de la totalité des pièces du tangram.

:: Déroulement de l'activité

- **Durée** : de 20 à 30 minutes environ par séance. Chaque séance, selon les compétences des enfants, pourra être proposée plusieurs fois.
- **Modalités de travail** : groupe de 6 à 8 enfants. Selon le contenu des séances et les compétences des élèves, ils peuvent travailler à 2, à plusieurs (3 ou 4) ou individuellement. Les groupes peuvent être formés en fonction des compétences de chacun. Ainsi, les phases seront plus ou moins longues selon les groupes.

→ Description de l'activité

L'objectif est de partir de puzzles simples et d'organiser la complexification des tâches.
Séance n° 14. Proposer des puzzles simples à complexes (en fonction du nombre de pièces et de la complexité du modèle). Selon le nombre de pièces et la complexité du modèle, on peut proposer aux enfants de travailler à 2, à 3 ou à 4. On travaille avec le modèle **sur** le support. Il s'agit de poser les pièces sur le modèle. C'est l'enseignant qui détermine le niveau et organise la progression en fonction des résultats. Il incite les enfants à échanger entre eux, à mettre au point

des stratégies communes (par exemple : commencer par les coins, puis par les côtés. S'intéresser à la forme des pièces, etc.).

Séance n° 15. Le support ne représente plus le modèle mais les **contours** des pièces du puzzle. Un modèle est disponible, face aux enfants.

On peut ensuite complexifier la tâche en supprimant le modèle. Les enfants ne peuvent plus se fier qu'aux contours des formes sur le support. Le modèle est proposé en fin de tâche pour la validation.

On peut ensuite proposer un modèle avec un **support vierge.** Les enfants doivent alors retrouver les pièces et les positionner correctement sur le support, en repérant leur place sur le modèle.

L'enseignant encadre le groupe. Il aide chacun à progresser en complexifiant les tâches au fur et à mesure des réussites.

Séance n° 16. Chaque enfant a exécuté un dessin (voir conditions préalables). On aura vérifié que tout le dessin est bien colorié. On ne doit plus avoir de parties blanches.

Procéder comme décrit dans la rubrique « Matériel ». Le découpage des morceaux du dessin est réalisé par l'adulte, devant l'enfant (10 à 12 morceaux).

L'enfant essaie alors de reconstituer son dessin, sur le modèle, sous le modèle, sans le modèle. Il échange ensuite avec le dessin d'un camarade et poursuit l'activité.

Séance n° 17. Proposer aux enfants les morceaux d'un tangram (voir rubrique « Matériel »). Les laisser manipuler librement. Ils travaillent par 2. Leur demander de nommer les différentes formes disponibles. Réunir devant eux les pièces du tangram pour former un carré. Demander aux enfants de nommer la forme obtenue. Leur demander de l'observer attentivement en expliquant bien la tâche suivante : « Quand vous aurez bien observé, je mélangerai les morceaux et vous essaierez de reconstituer le carré. »

Laisser les enfants travailler. Proposer ensuite, individuellement ou à 2, selon les compétences, des modèles de figures simples, utilisant quelques pièces du tangram. Les enfants doivent retrouver les pièces correspondantes et les poser **sur** le modèle ou **à côté** du modèle. Proposer enfin des modèles de figures ou de silhouettes (chat, bonhomme) utilisant toutes les pièces du tangram. Même exercice que le précédent.

Résultats attendus

Voir la rubrique « Conseils ».

Évaluation

- Réaliser un puzzle simple en temps limité.
- Découper puis coller les morceaux d'un puzzle (de 8 à 12 pièces selon compétences) sur un support indiquant le contour des pièces (avec ou sans modèle).

Découper puis coller les morceaux d'un puzzle sur un support vierge (avec modèle).

Découper puis coller les morceaux d'un tangram pour reconstituer une figure (simple ou complexe).

:: Conseils

Quand un enfant est en difficulté, il faut toujours simplifier la tâche, dans un premier temps (moins de pièces, modèle plus simple, positionnement des pièces sur le modèle, etc.). Dès qu'il a mis en place des compétences, on l'encourage à passer à un niveau supérieur.

Séance n° 16 : si des enfants ont vraiment peu de compétences en dessin ou ont réalisé un dessin peu exploitable, on peut leur proposer un **coloriage simple**.

L'exercice décrit au début de la séance n° 14 est très difficile. Si des enfants se trouvent en difficulté, leur donner un modèle.

Pour les enfants les plus experts, on peut, à tout moment, complexifier la tâche en leur demandant de travailler en temps limité (à l'aide d'un sablier ou d'un minuteur).

Les exercices proposés nécessitent dans un premier temps l'accompagnement du maître. Ils peuvent ensuite être mis à disposition des enfants (à l'accueil, quand on a fini un travail, etc.).

Séances n°s 18 et 19 Jeux de constructions

:: Objectifs : Manipuler des objets de formes et de dimensions variées. Reproduire un assemblage d'objets.

:: Concept : Constructions d'après modèles.

:: Compétence : Reproduire une construction d'après un modèle réel puis représenté.

:: Condition préalable : Les jeux de construction utilisés auront toujours été, dans un premier temps, proposés librement aux enfants.

:: Préparation de la classe

- **Organisation de la classe**
  Les enfants sont par 2, assis l'un à côté de l'autre, face à leur table.
- **Matériel**
  Jeux de construction disponibles dans l'école (type Lego, Kapla, cubes, etc.). S'assurer que les pièces sélectionnées sont en double, appareil photo numérique.
  Agrandissement de photographies de constructions réalisées par l'enseignant ou (et) par les enfants.

:: Déroulement de l'activité

- **Durée** : 30 minutes environ par séance. Prévoir plusieurs séances.
- **Modalités de travail** : en atelier, de 4 à 6 enfants.

→ Description de l'activité

Séance n° 18

- **Phase 1.** Laisser aux enfants un temps de jeu libre avec le matériel sélectionné, en indiquant qu'ensuite on leur proposera un jeu.
- **Phase 2.** Demander aux enfants de se mettre par 2 et partager sous leurs yeux les éléments du jeu en 2 collections semblables en expliquant ce qu'on fait : « Je partage le matériel pour qu'on ait exactement la même chose, vous et moi. » Énoncer la règle du jeu : « Je vais construire quelque chose sous vos yeux. Vous devrez ensuite essayer de réaliser la même construction, exactement la même. » Réaliser une construction très simple, n'utilisant pas tous les éléments disponibles, en verbalisant ce qu'on fait. Inviter ensuite les enfants à se mettre au travail en s'assurant qu'ils ont bien compris la règle. Quand ils ont fini, à leur tour, valider avec eux. Leur demander d'expliciter leurs stratégies. En cas d'erreurs, faire rechercher la cause, aider au besoin en montrant ce qui ne va pas. Laisser les enfants corriger.

Reprendre le jeu en le complexifiant au fur et à mesure (plus d'éléments). Faire observer, décrire, compter les éléments avant de se mettre au travail.

On peut alors demander aux enfants de jouer seuls. Ils devront ou non, selon leurs compétences, se partager le matériel puis l'un réalisera une construction que l'autre devra reproduire. On appelle l'adulte pour la validation. Puis on échange les rôles.

Séance n° 19. Proposer aux enfants une nouvelle activité. Ils sont toujours par 2. Cette fois, on leur fournit une fiche (agrandissement photo d'une construction simple). Ils ont à leur disposition des éléments du jeu (en plus grand nombre que nécessaire). Leur demander de trouver la règle du jeu puis l'énoncer : « Il faut essayer de reproduire la même construction que celle de la fiche, vous allez travailler ensemble. » Faire expliciter le lien avec l'activité précédente. Demander aux enfants si cela leur paraît plus difficile. Pourquoi ?

Faire décrire ce qu'on voit, faire repérer, compter les éléments. Laisser ensuite les enfants travailler. S'intéresser aux échanges qu'ils ont, aux questions qu'ils se posent, aux stratégies qu'ils utilisent. La validation est l'occasion de revenir sur tout cela.
On pourra ensuite proposer des fiches plus complexes (plus d'éléments, problèmes d'orientation, éléments non visibles).

Résultats attendus

Il est possible que des enfants ne réussissent pas, dans un premier temps, à travailler ensemble, chacun voulant s'approprier l'activité. Il conviendra alors de faire expliciter ce qui est demandé et ce que signifie travailler « ensemble ». On pourra former des duos d'affinités ou désignés par le maître en fonction des compétences de chacun. On pourra faire travailler ensemble des enfants de compétence égale mais aussi les mettre en tutorat. Dans ce cas, un enfant expert travaille avec un enfant peu expert.

Évaluation

Réaliser seul une construction d'après une fiche modèle.

:: Conseils

L'étayage de l'adulte sera plus ou moins important selon les compétences des enfants. Si des enfants échouent à la phase 2, revenir avec eux à la phase 1.
Ici encore nous travaillons le passage de l'espace vécu à l'espace représenté en incluant un retour à l'espace vécu à partir de l'espace représenté par la photographie.

:: Prolongement

On pourra proposer aux enfants de créer leurs propres fiches, en photographiant leurs réalisations. Ils pourront alors soit reprendre leurs fiches, soit les proposer à leurs camarades. On pourra demander aux enfants de retrouver, parmi d'autres, la fiche qui a permis de réaliser la construction observée, de trouver l'intrus ou les intrus dans des constructions, de corriger les erreurs d'une construction en se servant de la fiche modèle.

Séquence : Comparer et mesurer des grandeurs

Séances n°s 20 et 21 Le gâteau au yaourt

:: Objectifs : Manipuler et comparer des objets selon leur contenance.

:: Concepts : Notion de quantité et de mesure référence.

:: Compétence : Utiliser une mesure référence pour doser des quantités dans la réalisation d'un gâteau.

:: Conditions préalables : Même si la dominante de cette activité concerne ici l'utilisation d'une mesure référence, le lien avec le domaine « le langage au cœur des apprentissages » est évident (oral/écrit). La recette du gâteau au yaourt étant très facile à réaliser, on la présentera en début d'année scolaire. Plus tard, on pourra introduire des recettes nécessitant des pesées.

:: Préparation de la classe

- **Organisation de la classe**

  Séance n° 20 : groupe face au tableau.
  Séance n° 21 : groupe autour de tables. L'affiche recette doit être visible. Les autres enfants sont en autonomie. Les groupes tournent.
- **Matériel**

  Séance n° 20 : 1 grande affiche reproduisant la recette du gâteau au yaourt, un verre doseur, une balance ménagère, une cuillère à soupe, une cuillère à café, un pot de yaourt.
  Séance n° 21 : pour chaque groupe il faut : 1 saladier, 4 cuillères à soupe, 1 yaourt, de la farine, du sucre, 3 œufs, de l'huile, 1 sachet de sucre vanillé, 1 sachet de levure, un moule à cake (on peut en emprunter aux parents).
  Livres de recettes de cuisine à montrer aux enfants (présentation/vocabulaire).

:: Déroulement de l'activité

- **Durée** : 30 minutes environ par séance.
- **Modalités de travail** : séance n° 20 : tout le groupe classe.

  Séance n° 21 : un groupe de 8 enfants, en présence de l'adulte.

→ Description de l'activité

Séance n° 20. À l'occasion d'une fête ou d'un anniversaire, proposer aux enfants de réaliser eux-mêmes les gâteaux. Réunir le groupe classe face au tableau.
La phase d'expression orale est capitale. Demander aux enfants : « Comment faire un gâteau ? Qui a déjà vu quelqu'un confectionner un gâteau ? »
Amener les enfants à évoquer la nécessité d'utiliser une recette. Demander alors ce qu'indique une recette. Il faut arriver à l'idée qu'on y trouve les ingrédients nécessaires et les étapes de la réalisation. Si le terme « ingrédient » n'est pas connu, on pourra l'introduire à cette occasion.
Demander ensuite : « Quels ingrédients faut-il pour faire un gâteau ? » Collectivement, les enfants seront capables de nommer la farine, le sucre, les œufs. Demander : « Quand on a tous les ingrédients, que faut-il faire ? » Certains enfants répondront sans doute qu'il faut tout mélanger.
Les amener à réfléchir à ce qu'ils ont vu faire. « Est-ce comme cela qu'on fait ? Est-ce qu'on met tous les œufs, toute la farine, tout le sucre ? Est-ce qu'on met tout en même temps ? »

La réflexion collective doit conduire à l'idée de succession des actions et surtout à l'idée de **quantité**. « Combien doit-on mettre de farine ? Comment le savoir ? » C'est indiqué sur la recette. « Comment met-on la bonne quantité ? » Laisser les enfants proposer eux-mêmes les solutions qu'ils connaissent : cuillerées (à soupe, à café), verre doseur, balance. Montrer ces objets qu'on aura pris soin de préparer, les faire nommer, observer. D'autres séances seront consacrées à des pesées. On introduira alors aussi une balance de Roberval.
Pour cette séance, montrer le pot de yaourt et expliquer aux enfants que dans la recette de gâteau que l'on va réaliser, c'est le pot vide du yaourt qui servira à mesurer les quantités, pour que ce soit facile. Afficher la recette. Les enfants sont invités à la regarder silencieusement pendant quelques instants.

Le gâteau au yaourt

Ingrédients :

- 1 pot de yaourt
- 3 pots de farine
- 2 pots de sucre
- ½ pot d'huile
- 3 œufs
- 1 sachet de sucre vanillé
- 1 sachet de levure

La recette :

Verser 1 yaourt dans un saladier.
Garder le pot vide comme mesure.
Verser 3 pots de farine.
Mélanger.
Verser 2 pots de sucre.
Verser ½ pot d'huile.
Mélanger.
Ajouter 3 œufs.
Mélanger.
Mettre 1 sachet de levure.
Mettre un sachet de sucre vanillé.
Mélanger le tout.
Verser la pâte dans un moule.
Mettre au four 45 minutes (thermostat 7).

La recette est lue par l'adulte. Il montre au fur et à mesure ce qu'il lit. On peut choisir d'ajouter ou non des illustrations (ingrédients/pots. Dans ce cas, utiliser l'écriture chiffrée : exemple : 2 + dessin d'un pot).
S'assurer ensuite de la bonne compréhension de la recette en posant des questions : « Combien faut-il de yaourt ? de farine ? », etc. « Que va-t-on mettre en premier ? Ensuite ? », etc. S'assurer de la compréhension du terme « ajouter ». Revenir sur le demi-pot d'huile. « Qu'est-ce que ça veut dire ? Comment est-ce écrit ? »
Expliquer que le travail se fera par groupes de 8, avec l'adulte. Proposer aux enfants la liste des groupes ou les répartir par affinités.
Séance n° 21. Un seul groupe travaille avec l'adulte, les autres groupes sont en autonomie. Veiller à ce que chacun soit actif pendant la réalisation de la recette. Les faire travailler par 2 (un qui tient le pot pendant que l'autre le remplit par exemple). C'est l'occasion de consolider le vocabulaire, l'habileté des gestes (le pot doit être rempli **à ras bord**), de vérifier si tout est bien compris. Assurer un va-et-vient permanent avec la recette affichée. Insister sur la notion de précision de la mesure : le pot doit être rempli à ras bord, ni trop rempli, ni pas assez rempli.
On peut faire passer deux groupes un jour et les autres groupes le lendemain, les gâteaux se conservant bien (recouvrir d'un film protecteur).

Conseils

Très ludique, cette activité pluridisciplinaire emportera l'adhésion de tous. Tout le monde voulant participer, il est essentiel de bien répartir les tâches au sein des groupes. Ne pas tout faire en même temps. Pendant que deux enfants s'occupent de la farine, par exemple, les autres regardent. Ainsi le groupe suit la recette au fur et à mesure.

Évaluation

Elle peut se situer plus tard, en demandant aux groupes, à une autre occasion, de réaliser seuls, à l'aide de la recette, un gâteau au yaourt. Dans ce cas, l'adulte supervise mais intervient le moins possible.
Elle peut relever d'un travail écrit : dessiner toutes les étapes de la réalisation d'un gâteau au yaourt.

:: Conseil

Si des enfants sont malhabiles pour le remplissage des pots, on pourra proposer un atelier de manipulation : remplir des pots variés avec du sable, ou autre, à l'aide de cuillères ou d'autres objets.

:: Ouverture transdisciplinaire

On pourra proposer à la classe la recette de la pâte à sel. La confection de pâte à sel permet de nombreuses applications : réalisations libres (exactement comme avec de la pâte à modeler) ou dirigées (en lien avec les arts plastiques par exemple). On peut utiliser aussi des gabarits, des emporte-pièces pour fabriquer des formes qui pourront ensuite être intégrées dans des jeux (identifier au toucher différentes formes connues par exemple). Si on ne cuit pas la pâte et qu'on en conserve l'humidité en la plaçant dans un sac en plastique fermé, elle peut être utilisée plusieurs fois. Quand on la cuit, elle durcit. Elle peut ensuite être peinte et vernie.

:: Prolongement

On pourra bien sûr travailler les pesées, en introduisant une balance de Roberval (balance à plateaux) et en faisant comparer des poids : le plus lourd, le plus léger, poids égal.

Chapitre 4

Approche des quantités et des nombres

:: Continuité des apprentissages en maternelle

:: Repères pratiques

:: Séances 1 à 19

Marilyn Buisson
Éric Greff
André Mul
Marie-Anne Viaud

Continuité des apprentissages en maternelle

	1re année	2e année	3e année	Grande section
Appréhender des quantités				
Sait comparer des quantités en utilisant des procédures non numériques ou numériques				
• quantités très différentes	éventuellement	éventuellement	prioritaire	
• quantités proches			prioritaire	à consolider
Sait réaliser des collections d'objets de même quantité				
• petites quantités	éventuellement	éventuellement	prioritaire	
• grandes quantités			prioritaire	à consolider
Sait résoudre des problèmes portant sur les quantités				
• « autant que »			éventuellement	prioritaire
Dénombrer des quantités				
Reconnaître globalement et exprimer de très petites quantités	éventuellement	éventuellement	prioritaire	à consolider
Connaître la comptine numérique				
• jusqu'à 3	prioritaire			
• jusqu'à 5		prioritaire		
• jusqu'à 10			prioritaire	
• jusqu'à 30				prioritaire
Dénombrer une quantité en utilisant la suite orale des nombres connus				
• moins de 10	éventuellement	prioritaire	prioritaire	à consolider
• plus de 10			éventuellement	prioritaire
Associer le nom des nombres connus avec leur écriture chiffrée		éventuellement	prioritaire	prioritaire

- compétences à travailler prioritairement
- compétences à consolider
- compétences pouvant éventuellement être mises en place

Repères pratiques

1. Les axes forts du domaine d'activités

« Les études récentes en sciences cognitives soulignent que, dès son plus jeune âge, l'enfant manifeste des compétences précoces relatives aux quantités et à leur expression par des nombres (exprimés oralement). Elles mettent également en évidence que, dans la conquête de l'outil numérique, l'acquisition de la chaîne numérique verbale (la suite orale des nombres) et son usage dans les processus de quantification jouent un rôle déterminant. Pour l'essentiel, la chaîne numérique orale comme les diverses procédures de quantification (reconnaissance immédiate de très petites quantités, comptage un par un, estimation) s'acquièrent entre 2 et 6 ans, c'est-à-dire pendant la période de scolarité maternelle qui joue donc un rôle décisif [...] »
Le concept de construction du nombre est essentiel à l'école maternelle. Il doit permettre de mettre en rapport les différentes représentations des quantités (quantité, écriture chiffrée, constellation). L'aspect cardinal et ordinal du nombre doit être abordé.
« Dans le domaine numérique tout particulièrement, l'enseignant doit être attentif aux progrès et aux difficultés de chacun, car les connaissances des enfants évoluent selon des rythmes très différenciés. »

2. Les spécificités de la section

En grande section on consolidera les compétences précédemment acquises à travers des activités où l'utilisation des nombres constitue un moyen approprié pour résoudre un problème. Le nombre devient un outil de contrôle des quantités : pour en garder la mémoire, pour s'assurer qu'une distribution ou qu'un partage est équitable, pour décider qui en a le plus, pour rapporter juste ce qu'il faut, pour construire une collection qui a autant d'objets qu'une collection de référence, etc.
La connaissance de la comptine orale jusqu'à 30 semble être un objectif correct. Il s'agira non seulement de mémoriser la suite orale, mais d'en acquérir une réelle maîtrise qui la rend opératoire pour résoudre des problèmes : comptage en avant et en arrière, comptage à partir d'un autre nombre que 1 *(surcomptage)*, récitation de la suite d'un nombre donné jusqu'à un autre nombre fixé à l'avance *(mémorisation à court terme)*, etc.
Bien entendu, on travaillera l'aspect cardinal (dénombrement de collections importantes) et ordinal du nombre (pour repérer des positions, mémoriser le rang d'une personne ou d'un objet dans un alignement et pour résoudre des problèmes portant sur les positions sur une bande numérotée).
Pour l'aspect cardinal, l'enseignant veille à faire dénombrer des collections mobiles (faciles à déplacer, pour séparer les objets « déjà comptés » de ceux qui restent à compter), puis des collections fixes (nécessitant un marquage réel ou mental). Il introduira également des collections représentées.
Pour l'aspect ordinal, les jeux sur piste (type jeu de l'oie) permettent une première mise en relation des mots-nombres avec leur « image chiffrée ».
Les enfants utiliseront activement la bande numérique et la suite écrite des nombres afin de pouvoir retrouver l'écriture chiffrée d'un nombre oralisé et, inversement, d'énoncer oralement un nombre donné par son écriture chiffrée.
Les prémices du calcul, c'est-à-dire de l'utilisation implicite des opérations additives et soustractives, seront abordés afin de déterminer, par exemple, le nombre d'objets que contiendra une collection après une augmentation ou une diminution. On pourra également trouver le nombre d'objets qu'il faut ajouter ou enlever à une collection pour obtenir la quantité désirée ou encore le nombre d'objets que contenait une collection avant qu'elle n'augmente ou qu'elle ne diminue.

Le calcul permet également, pour l'aspect ordinal du nombre, de déterminer la position qui sera atteinte après un déplacement sur une piste graduée ou l'amplitude du déplacement nécessaire pour passer d'une position à une autre.
L'apprentissage essentiel consiste à comprendre que ces problèmes peuvent être résolus grâce aux nombres.

Les priorités pour l'enseignant de grande section par référence au tableau de compétences.
La bonne connaissance de la comptine numérique (jusqu'à trente) et la mise en rapport des différentes représentations du nombre à travers notamment l'utilisation des jeux sont les activités essentielles de la grande section.
L'aspect ordinal du nombre sera renforcé, notamment avec l'utilisation de jeux de déplacement sur des pistes en fonction d'un lancer de dé (jeu de l'oie, par exemple).
L'utilisation effective de la bande numérique en tant qu'élément permettant de mémoriser ou de dire le nombre est un point essentiel de la grande section.
La résolution de problèmes numériques se complexifie.
La notion de calcul est abordée avec de petites quantités. L'anticipation et la mémorisation des nombres ou des rangs sont encouragées.
La représentation et la mémorisation du nombre par son écriture chiffrée sont institutionnalisées.

3. Éléments didactiques et pédagogiques

Lors des jeux de « autant que », il est très important de ritualiser les phrases : « Il y a juste autant de couteaux que d'assiettes, pas un de plus, pas un de moins. », « Tu dois aller chercher autant de gobelets que d'assiettes, juste assez, pas un de plus, pas un de moins, en une seule fois. »
Dans toutes ces activités, la taille des collections, le fait de pouvoir agir ou non sur les objets (par exemple de pouvoir les déplacer), le fait d'avoir à anticiper la réponse à cause de l'éloignement ou de la dissimulation des objets , etc., sont des variables importantes que l'enseignant peut modifier pour amener les enfants à faire évoluer leurs procédures de résolution.
Une bande numérique doit être affichée dans la classe afin de pouvoir exercer les activités mentionnées ci-dessus.
La présence du 0 sur cette bande numérique fait débat. « 0 » désigne l'absence de quantité : « Il n'y a pas d'absent aujourd'hui, il y a zéro absent »... et l'on met la pince à linge sur le 0.
En revanche, lorsque l'on s'aide de la comptine numérique, on commence par « un » et il faut commencer également par « 1 » sur la bande numérique. Si le 0 est présent sur la bande numérique, il doit être clairement distinct des autres chiffres.

0	1	2	3	4	5	6	7	8	9

Séquence : Dénombrer des quantités et leur associer une écriture chiffrée

Séances n°s 1, 2 et 3 — Des boîtes et des jetons pour dénombrer

:: Objectifs : Dénombrer, contrôler des quantités. Connaître l'écriture des nombres.

:: Concepts : Construction du nombre. Représentations du nombre.

:: Compétences : Dénombrer des quantités et les associer à leur écriture chiffrée.

:: Conditions préalables : Il faut connaître le champ numérique de chaque enfant, c'est-à-dire jusqu'où chacun sait réciter la comptine numérique. Cela passe par une évaluation individuelle (la comptine est « stable » jusqu'où l'enfant peut compter deux fois sans erreur).

:: Préparation de la classe

- **Organisation de la classe**
  Les enfants sont assis face à une table, et face au tableau.
- **Matériel**
  Des jetons de même couleur ou d'autres éléments (marrons, fèves, cailloux, etc.) en quantité importante (60 environ).
  1 grande boîte pour les contenir.
  11 petites boîtes (ou sachets), portant chacune une étiquette, de 0 à 10.
  1 bande numérique.
  Si nécessaire, pour aider ceux qui peinent dans la lecture des nombres, prévoir des « tableaux des nombres » à disposition : fiches cartonnées et plastifiées (peuvent ainsi servir d'une année à l'autre et dans de multiples situations) sur lesquelles sont écrits les nombres de 1 à 30. Ainsi, en récitant la comptine, les enfants peuvent trouver l'écriture d'un nombre.

:: Déroulement de l'activité

- **Durée** : 40 minutes environ.
- **Modalités de travail** : l'activité sera présentée collectivement puis reprise en petits groupes (6 enfants).

→ Description de l'activité

Séance n° 1.

- **Phase 1.** Placer sur la table la grande boîte contenant les jetons.

Placer les 11 petites boîtes, dans l'ordre de 0 à 10, vides.
Demander aux enfants d'observer silencieusement.
Faire ensuite décrire ce qu'ils ont observé : « Dans la grande boîte, il y a beaucoup de jetons. »
Les petites boîtes sont vides mais elles portent une étiquette indiquant un nombre.
Poser alors des questions : « Vous me dites qu'il y a beaucoup de jetons dans la grande boîte. Combien y en a-t-il ? Comment le savoir exactement ? »
L'adulte dénombre les jetons avec les enfants. Il veille à bien les poser au fur et à mesure sur la table. Si les enfants ne savent plus compter, l'adulte continue seul.
Il y en a 60. Écrire ce nombre au tableau.

- **Phase 2.** Demander aux enfants de chercher, silencieusement, quelle activité on va pouvoir mener avec tout cela. Quand la règle a été trouvée, donner une consigne précise :

« Il va falloir mettre dans les petites boîtes le nombre de jetons indiqué sur l'étiquette. »

Envoyer des enfants travailler devant les autres, en précisant bien qu'ensuite tout le monde pourra jouer, en groupe. Les enfants qui sont appelés sont invités à expliquer ce qu'ils font : lire le nombre, dénombrer en utilisant la comptine. Faire vérifier par un autre enfant. Le groupe qui observe est nommé « contrôleur ». Il peut participer en validant ce que font les enfants ou en relevant les erreurs et en aidant à leur correction. S'intéresser au statut du 0.

Séance n° 2. Même travail mais cette fois les boîtes ne sont pas rangées dans l'ordre des nombres. Dans la phase précédente, les enfants pouvaient s'aider en suivant la comptine numérique même s'ils ne savaient pas bien lire les nombres. Cette fois, ce n'est plus possible. Donner à ceux qui peinent un « tableau des nombres ». Même déroulement que précédemment.

Séance n° 3. Proposer aux enfants le déroulement suivant : « Vous allez fermer les yeux. Je vais mettre des jetons dans les boîtes. Ensuite vous vérifierez si j'ai bien fait. »

Remplir les boîtes en commettant des erreurs sur certaines (trop ou pas assez).

L'activité peut alors commencer ; un enfant est invité à proposer un nombre, à rechercher la boîte correspondante et à vérifier son contenu. Il doit poser le contenu sur la table pour que les autres puissent vérifier. Si c'est exact, on repose la boîte. S'il y a une erreur, on enlève la boîte. Voir dans « Prolongement » ce qu'on peut faire avec ces boîtes.

Évaluation

Sur une feuille sont dessinées les boîtes étiquetées (dans le désordre) et leur contenu, certains étant inexacts. L'enfant doit entourer les boîtes exactes et barrer les autres.

:: Conseils

La dernière phase de l'activité va provoquer le rire des enfants, à chaque fois qu'il y a une erreur. Il faut l'accepter et jouer avec eux.

Reprendre ensuite les différentes phases en petits groupes.

Si des enfants peinent dans le champ numérique proposé (de 0 à 10) on pourra former des groupes de besoin et réduire pour ceux-là le champ (de 0 à 5), puis l'augmenter au fur et à mesure.

Si, au contraire, des enfants sont très à l'aise, on pourra changer de champ (de 10 à 20).

Des activités de dénombrement doivent être menées quotidiennement : comptage des enfants, des présents, des absents, du matériel, etc.

Le zéro est connu des enfants, par exemple quand il n'y a pas d'absent lors du dénombrement matinal. Cependant, lors d'activité de dénombrement de quantités il n'est pas utilisé car on ne dénombre pas une quantité qui n'existe pas. Le concept de zéro servira donc uniquement à signifier l'absence d'éléments.

:: Prolongement

À la fin de la séance n° 3, on peut reprendre les boîtes contenant des erreurs et les faire corriger. Y en a-t-il trop ou pas assez ? Que faut-il faire ? (Ajouter ou enlever.) On rejoint alors la notion de résolution de problèmes portant sur les quantités.

Séance n° 4 Le jeu de la marchande

:: Objectifs : Dénombrer, contrôler des quantités. Connaître l'écriture des nombres.

:: Concepts : Construction du nombre. Représentations du nombre.

:: Compétences : Dénombrer des quantités et les associer à leur écriture chiffrée.

:: Conditions préalables : Comme pour les séances précédentes, pour former les groupes il faut connaître le champ numérique de chaque enfant.

:: Préparation de la classe

- **Organisation de la classe**
  Les 8 enfants concernés sont installés face à face, de chaque côté d'un groupe de tables.
- **Matériel**
  Si possible images de légumes et de fruits reproduits en quantité et découpés un par un (exemple : 30 pommes de terre, 30 carottes, 30 poireaux. Idem pour pommes, oranges, bananes, fraises). Penser que l'ATSEM peut aider à la préparation matérielle. Si le jeu est plastifié, il pourra servir d'une année à l'autre.

Sinon on peut utiliser des éléments réels (exemple : des marrons, des châtaignes, des cailloux, des feuilles, des crayons, des ciseaux, etc.)
4 paniers ou sacs.
Des boîtes pour contenir chaque série d'éléments. Des étiquettes indiquent leur contenu.
Des cartes indiquant des listes d'objets à rapporter (nombre écrit + dessin de l'objet).
Exemples :
- 4 pommes de terre ;
- 6 carottes ;
- 3 pommes ;
- 8 fraises.

:: Déroulement de l'activité

- **Durée** : 30 minutes environ.
- **Modalités de travail** : travail en groupe de 8 enfants, de compétences équivalentes, en présence de l'adulte lors de la 2e phase.

→ Description de l'activité

- **Phase 1.** Présenter l'activité au groupe : « C'est le jeu de la marchande. Pour l'instant, vous pouvez jouer comme vous voulez, il y a 4 marchands et 4 clients. Puis je vous expliquerai la suite du jeu. » Au bout de 5 minutes, on échange les rôles, les marchands deviennent les clients.
- **Phase 2.** Regrouper les enfants et leur expliquer l'activité : « Nous allons jouer au jeu de la marchande. Il y aura 4 marchands et 4 clients, puis on changera de rôle. Les clients vont avoir une liste de ce qu'ils doivent aller chercher (montrer une liste). Ils devront lire cette liste au fur et à mesure au marchand qui, lui, devra mettre dans le panier ce qui est demandé. Quand ils sont sûrs d'avoir fini, le client et le marchand vont ensemble vérifier puis viennent me voir pour que je vérifie à mon tour. »

Nommer les paires de marchand/client et commencer.
L'adulte supervise l'activité pour vérifier si tout est bien compris. En cas de difficulté de lecture, il propose le recours au tableau des nombres.
Quand une partie est terminée, on change les rôles.
Quand l'adulte valide, il peut proposer aux enfants de compter l'ensemble du contenu du panier et de chercher sur le tableau des nombres l'écriture correspondante.

Évaluation

Elle se fait par observation pendant l'activité. Elle peut prendre, un peu plus tard, une forme individuelle, sur papier : soit l'enfant doit dessiner les éléments proposés par une liste, soit il doit les découper et les coller, soit il doit seulement les coller (les éléments sont déjà découpés), selon ses compétences. On peut aussi lui demander de retrouver et d'écrire la liste correspondant à un panier déjà rempli.

:: Conseils

La première phase est indispensable pour que les enfants s'approprient le matériel. Il pourra d'ailleurs être proposé en jeu libre à certains moments (accueil par exemple).
Le champ numérique sera choisi en fonction des compétences des groupes. Éviter toutefois un champ trop élevé. (Attention de prévoir le matériel en quantité suffisante.)

:: Prolongements

Le jeu de la marchande peut se complexifier en introduisant la notion de paiement, de simple à complexe : 1 pièce par élément acheté ou 1 pièce pour 2 éléments achetés, etc.
On peut demander aux enfants de constituer leurs propres listes en utilisant l'écriture des nombres et les dessins des éléments.

:: Ouverture transdisciplinaire

On peut faire le lien avec le domaine de l'écrit en proposant l'écriture des mots à la place des dessins des éléments.

:: Définition

Dans les activités de dénombrement, c'est l'aspect **cardinal** du nombre, c'est-à-dire le nombre mémoire de quantité qui est abordé.

Séances n°s 5 et 6 Le jeu du sapin pour dénombrer

:: **Objectifs** : Dénombrer une quantité importante, en s'organisant et en utilisant la suite orale des nombres connus. Comparer des quantités en utilisant des procédures numériques.

:: **Concepts** : Construction du nombre. Représentations du nombre.

:: **Compétences** : Comparer des quantités. Savoir s'organiser pour dénombrer une quantité importante.

:: **Conditions préalables** : Les enfants sont habitués, chaque matin, pendant les rituels, à vérifier le nombre des présents et des absents. Un enfant vient dénombrer les présents en touchant un à un ses camarades. Le groupe valide ou intervient pour aider en cas d'erreurs.

:: Préparation de la classe

- **Organisation de la classe**

Séance n° 5 : le groupe classe face au tableau. Une table est disposée à proximité. **Séance n° 6** : en groupes de 6, autour de tables.

- **Matériel**

Attention, ce type d'activité demande une importante préparation matérielle. Penser à demander le concours des ATSEM. Si le matériel est solide et plastifié, il pourra servir pendant des années. S'y prendre à l'avance, cette activité étant bien sûr recommandée au mois de décembre.
1 grande affiche cartonnée (utiliser de la cartoline) et si possible plastifiée, représentant un sapin vert.
5 affiches, à l'identique, plus petites (format : une feuille de cartoline).
De nombreuses décorations de noël, découpées dans des feuilles cartonnées de couleurs (sauf vert, couleur peu visible sur le sapin vert) : des boules, des bougies, des étoiles (si elles sont plastifiées), des guirlandes. Pour ces dernières, il en existe des vraiment pas chères dans le commerce, qu'on peut acheter avec la coopérative de classe. On les découpera en morceaux d'environ 8 cm.
De la pâte à fixer (un petit morceau de pâte derrière chaque décoration, y compris derrière chaque guirlande).
Des boîtes ou barquettes pour contenir chaque série de décorations (penser à récupérer des barquettes de cantine. Elles sont peu encombrantes et très utiles).

:: Déroulement de l'activité

- **Durée** : séance n° 5 : 20 minutes environ. Séance n° 6 : 20 minutes environ.
- **Modalités de travail** : l'activité est d'abord proposée au groupe classe puis en petits groupes de 6.

→ Description de l'activité

Séance n° 5. Installer au tableau l'affiche représentant le grand sapin. Poser sur la table les boîtes contenant les différentes décorations. Laisser les enfants observer, réagir. Faire ensuite nommer, décrire ce qu'ils voient : il y a un grand sapin et beaucoup de décorations, des boules, des bougies, des étoiles et des guirlandes.
Poser la question suivante : « Que pouvons-nous faire avec ce sapin et toutes ces décorations ? »
Les enfants vont bien sûr proposer de décorer le sapin.
Inviter chaque enfant à choisir **une seule décoration** et à l'accrocher sur le sapin.
Laisser les enfants admirer le résultat, commenter leur réalisation collective.
Poser la question suivante : « À votre avis, combien y a-t-il de décorations, en tout, sur le sapin ? »
Si les réponses sont du type : « Il y en a beaucoup », « Il y en a plein », demander : « Oui, mais combien exactement, comment le savoir ? »

Des enfants proposeront peut-être la réponse : « Il doit y en avoir 30 parce que nous sommes 30 aujourd'hui » (cela suppose qu'on a bien compté les enfants présents, lors des rituels). Si cette réponse est proposée, on demandera aux enfants d'expliquer leur procédure. Sinon on guidera les enfants par le questionnement : « Combien chacun a-t-il mis de décorations sur le sapin ? » Une seule décoration chacun. « Combien êtes-vous d'enfants aujourd'hui ? » : il s'agit d'amener les enfants à comprendre que s'il y a 30 enfants, il y a 30 décorations.
Pour aider à cette compréhension, on proposera de redonner à chacun une seule décoration et de compter en même temps.
Comment vérifier sur le sapin ? Il faut les compter. Faire mettre en évidence le fait que, quand la quantité est importante, on ne peut pas compter « avec les yeux », il faut toucher les éléments un par un.
Un enfant est chargé de cette tâche pendant que les autres l'aident à compter.
Très vite l'enfant va se perdre dans le dénombrement, en raison du grand nombre d'éléments à compter. Il va en oublier ou au contraire compter deux fois le même élément. Faire rechercher par le groupe la cause des erreurs. Comment y remédier ?
Faire mettre en évidence la nécessité de « ranger » les décorations pour faciliter le travail de comptage. Comment ranger ? Les enfants vont proposer de ranger « en ligne » ou en « colonne », s'ils connaissent les termes. (Sinon ils diront sans doute « debout » ou « couché ». Accepter, tout en donnant les bons termes.)
Faire réorganiser les décorations et recompter. Demander quelles sont les décorations les plus nombreuses, les moins nombreuses.
Séance n° 6. Proposer aux enfants de travailler maintenant en groupes. Dans la formation de ces groupes, on veillera à mélanger des enfants experts et des enfants peu experts pour que ces derniers profitent de l'expérience des premiers. Chaque groupe va pouvoir décorer son sapin comme il le veut. Mais au signal, il faudra compter toutes les décorations du sapin. Attention, il faut se souvenir de ce qui a été fait au tableau pour éviter les erreurs.
L'adulte circule dans les groupes. Il observe mais n'intervient pas. Quand un groupe a trouvé le résultat et l'a validé (on n'appelle l'adulte qu'après deux vérifications, c'est-à-dire après un recomptage), il vient vérifier en recomptant devant les enfants.
On peut proposer aux groupes d'écrire le nombre trouvé sur une ardoise, pour ne pas l'oublier, à l'aide d'un tableau de nombres ou de la bande numérique.
Cet exercice pourra être proposé plusieurs fois, en espaçant les séances pour vérifier que les enfants n'ont pas oublié ce qu'ils ont appris. Les groupes pourront alors changer. On mettra ensemble les enfants peu experts, en présence de l'adulte.

Résultats attendus

- Séance n° 5 : les enfants apprennent à s'organiser pour dénombrer des quantités importantes. L'aspect très ludique de cette activité est motivant.
- Séance n° 6 : les enfants réinvestissent ce qu'ils ont appris précédemment.

Évaluation

Sur feuille. Demander aux enfants de décorer un sapin en dessinant des boules, des étoiles, etc., en précisant bien qu'il faudra ensuite les compter et écrire le nombre trouvé.

:: Conseil

L'adulte peut bien sûr proposer cette activité aux enfants fragiles en limitant le nombre des décorations pour travailler dans un champ numérique restreint.

:: Ouverture transdisciplinaire

On pourra faire le lien avec « l'éducation du regard et du geste » en proposant de décorer les sapins en portant, cette fois, un regard esthétique sur l'installation.

Séances n°s 7 et 8 Le jeu du sapin pour mémoriser

:: Objectifs : Dénombrer, contrôler des quantités. Connaître l'écriture des nombres. Mémoriser des nombres.

:: Concepts : Construction du nombre. Représentations du nombre.

:: Compétences : Associer une quantité à son écriture chiffrée. Mémoriser des quantités. Dénombrer, en s'organisant, des quantités importantes.

:: Conditions préalables : Cette séance s'inscrit dans le prolongement de la séance n° 4.

:: Préparation de la classe

- **Organisation de la classe**
  Séance n° 7 : les enfants sont assis face au tableau.
  Séance n° 8 : les enfants sont debout, par groupes de 6, autour de tables.
- **Matériel**
  Même matériel que dans la séance n° 4.
  Pour la séance n° 7 : petites fiches cartonnées . Sur chacune d'elles est dessinée une décoration. Il y a une fiche avec une boule, une avec une étoile, etc.
  Des post-it. Sur chacun d'eux est inscrit un nombre de 1 à 10. On peut ajouter aussi le 0.
  Pour la séance n° 8 : petites fiches listes indiquant les décorations et leur nombre. Prévoir plusieurs fiches, de niveaux différents (de facile, champ numérique très bas, à difficile).

:: Déroulement de l'activité

- **Durée** : séance n° 7 : 20 minutes environ. Séance n° 8 : 15 minutes environ. Prévoir plusieurs séances.
- **Modalités de travail** : l'activité sera proposée collectivement puis reprise en groupes de 6 enfants.

→ Description de l'activité

Séance n° 7. Installer au tableau l'affiche représentant le sapin de noël.
Les boîtes contenant les décorations sont éloignées du tableau, vers le fond de la classe.
Afficher également au tableau les fiches cartonnées représentant les décorations et accrocher sous chacune d'elles un post-it. Commencer dans un champ numérique bas. Exemple : les fiches indiqueront 2 guirlandes, 4 boules, 5 étoiles, 3 bougies.
Demander aux enfants de réfléchir en silence pour essayer de trouver la règle du jeu. Elle sera facilement trouvée : « Il faut décorer le sapin en respectant ce qui est écrit sur les cartes. Par exemple, un enfant devra aller chercher 2 guirlandes et il viendra les accrocher sur le sapin. »
L'adulte précisera les consignes : « Attention. Les décorations ne sont pas à côté du tableau. Il faudra bien se souvenir du nombre de décorations qu'il faut prendre, parce que l'on n'aura droit qu'à un seul voyage. Pensez bien aussi à la façon dont vous allez accrocher les décorations parce qu'à la fin de la partie, il faudra compter toutes les décorations du sapin. »
Nommer les enfants qui vont aller chercher les décorations. Leur faire rappeler la tâche et les conditions d'exécution. Rappeler aux autres enfants leur rôle de vérificateurs. Ils peuvent intervenir pour valider le travail de leurs camarades ou pour signaler les erreurs, rechercher leur cause et proposer des solutions.
Quand toutes les décorations sont accrochées, demander s'il va être possible de tout compter. En référence à la séance précédente, la réponse sera oui si les décorations ont été « rangées » sur le sapin, non si elles sont en désordre. Dans ce cas, demander leur réorganisation.
Inviter les enfants à essayer de compter « avec les yeux » l'ensemble des décorations. Leur demander de garder le silence quand ils ont trouvé une réponse pour laisser du temps à tout le monde.

Leur demander ensuite leurs réponses. Demander ce qui est difficile, pourquoi. Faire valider en faisant dénombrer les décorations par un enfant.
Proposer une autre partie en changeant les post-it.
Séance n° 8. Répartir les enfants en groupes de besoin. Mettre ensemble les plus experts et ensemble les moins experts. Cela permettra de travailler dans des champs numériques différents, en tenant compte des compétences de chacun.
Chaque groupe est réparti autour de tables sur lesquelles est posée une affiche représentant le sapin. Les décorations sont éloignées des groupes (voire même dans une autre pièce).
L'adulte distribue à chaque groupe une fiche liste de ce qu'il va falloir mettre sur le sapin, par exemple : 4 guirlandes, 7 bougies, 5 étoiles, 8 boules.
Rappeler aux enfants les règles du travail de groupe : s'organiser, se mettre d'accord pour se répartir les tâches, vérifier, valider ensemble.
Les groupes se mettent au travail. Quand ils sont sûrs d'avoir fini, ils appellent l'adulte pour la première validation. Celui-ci propose alors la deuxième partie de l'exercice : compter tout ce qu'il y a sur le sapin, sans rien oublier ni compter deux fois. Il faut ensuite écrire le nombre trouvé, à l'aide ou non d'un tableau des nombres ou de la bande numérique.
Quand une partie est réussie par un groupe, on lui donne une nouvelle liste (champ un peu plus élevé).
Plusieurs séances sont conseillées. Les groupes ne sont pas figés, ils peuvent changer.

Résultats attendus

Lors de la séance n° 8, certains enfants auront sans doute besoin d'une intervention de l'adulte pour gérer le fonctionnement du groupe. C'est souvent le cas avec le groupe des enfants les plus fragiles dont certains restent en retrait et ne participent pas, ou bien qui ne sont pas capables de se partager les tâches. Ainsi, on risque de voir deux fois les mêmes décorations parce que chacun a travaillé dans son coin, sans s'occuper des autres. L'adulte aidera alors à mettre en évidence les problèmes et la recherche de solutions. Il est conseillé de recourir régulièrement au travail de groupe pour en améliorer les compétences.

Évaluation

Sur feuille. Un sapin est décoré, il faut entourer les cartes qui ont permis de le décorer.
Un sapin est dessiné. Des cartes indiquent comment le décorer. Il faut dessiner les décorations puis les compter toutes ensemble et indiquer le nombre trouvé.
Des cartes indiquant comment décorer son sapin sont installées dans une autre pièce. Il faut aller les observer et revenir dans la classe décorer son sapin.

:: Conseils

Le maître encadrera plus particulièrement le groupe des enfants les plus fragiles. Il aidera le groupe à s'organiser, guidera l'activité, veillera à ce que chacun participe.

:: Prolongement

On peut transformer ce jeu en jeu de société, à l'aide de dés. Chaque équipe a un sapin vierge. On lance le dé et on pose le nombre de décorations indiqué. Au signal, on s'arrête. L'équipe qui a le plus de décorations a gagné.

Séquence : Décomposer, manipuler des nombres et résoudre des problèmes liés aux quantités

Séances n°s 9, 10, 11, 12 et 13 — Le jeu de la valise pour décomposer

:: **Objectifs** : Décomposer des nombres. Manipuler la notion de paire. Découvrir des techniques additives.

:: **Concepts** : Construction du nombre. Notion de paire. Représentations du nombre.

:: **Compétences** : Résoudre des problèmes portant sur les quantités : décomposer des nombres, comprendre la notion de paire, commencer à utiliser des techniques additives.

:: **Conditions préalables** : Les enfants doivent bien maîtriser la numération de 1 à 10. Cette activité se situera **après** les activités du type jeu de la marchande ou jeu du sapin.

:: Préparation de la classe

- **Organisation de la classe**

  Séances de travail en grand groupe : le groupe classe est assis sur des bancs, face au tableau.

  Séances de travail en petit groupe : les enfants sont réunis autour d'un groupe de tables.

- **Matériel**

  1 grande affiche représentant une valise, si possible plastifiée.

  Des images ou photographies de vêtements qu'on aura découpées dans des catalogues, par exemple, et photocopiées en une douzaine d'exemplaires (si possible en couleur). Il y aura par exemple : des tee-shirts, des pyjamas, des culottes, des pantalons, des pulls, des robes, des paires de chaussettes et des paires de chaussures.

  Ces images seront si possible plastifiées puis découpées.

  Accrocher derrière chaque élément un peu de gomme à fixer.

  Ranger ces images par catégories dans des barquettes ou dans des boîtes.

  Ce matériel, peu onéreux, pourra être préparé avec le concours de l'ATSEM.

  Il servira pour le travail en grand groupe et en petit groupe.

  Pour ce dernier, prévoir des ardoises, des craies et des chiffons.

  Catalogues de vente par correspondance, par exemple.

:: Déroulement de l'activité

- **Durée** : 30 minutes environ par séance.
- **Modalités de travail : séances n°s 9 et 11 :** le groupe classe complet.

Séances n°s 10, 12 et 13 : groupe de 8 enfants, en présence du maître. Les groupes tournent.

→ Description de l'activité

Séance n° 9. Le groupe classe est réuni, face au tableau. Installer l'affiche.

Présenter l'activité : « C'est le jeu de la valise. Que met-on dans une valise, quand on part en voyage ? » Des vêtements. Montrer les barquettes et leurs contenus, faire nommer les vêtements, afficher un élément de chaque au tableau.

S'intéresser aux chaussettes et aux chaussures. « Doit-on afficher 1 seule chaussette et 1 seule chaussure ? » Non, elles vont par 2. « Comment dit-on quand on parle de 2 chaussettes ou de 2 chaussures ? » On dit une paire. Faire mettre en évidence que les 2 éléments d'une paire sont semblables, de même couleur, de même motif par exemple.

Donner la consigne : « Nous allons jouer tous ensemble au jeu de la valise. Sous chaque vêtement affiché au tableau, je vais écrire un nombre. Il faudra venir mettre dans la valise le bon nombre de vêtements. Essayons. »
Le champ numérique ne dépassera pas 10. La partie sera rapide, ne présentant pas de difficulté majeure, sauf la notion de paire. On veillera, dans un premier temps, à n'indiquer qu'une paire de chaque.
Repérer si les enfants réinvestissent bien les acquis (installation des éléments en ligne, par exemple, pour en faciliter le dénombrement. Intervenir si besoin).
Inviter ensuite les enfants à essayer de « compter avec les yeux » tout ce qu'il y a dans la valise. Puis demander à un enfant de venir vérifier le résultat en dénombrant avec le doigt. Attention à la paire. On compte « 1 » mais on touche « 2 choses ensemble ».
Séance n° 10. Reprise de l'activité en petit groupe. Travail spécifique sur la notion de paire.
Séance n° 11. Groupe classe, affiche « valise » au tableau.
Présentation d'une nouvelle consigne : « Nous allons jouer au jeu de la valise. Attention, la règle a changé. Il faut toujours aller chercher le bon nombre de vêtements mais, cette fois, il faut y aller à 2. Il faut s'organiser, se partager les quantités. Les boîtes contenant les vêtements sont posées plus loin. Tout le monde va participer. Il y a ceux qui vont chercher les vêtements et les vérificateurs qui vont dire s'ils ont bien fait et s'ils auraient pu faire autrement. Essayons. »
Le travail sera proposé dans un champ numérique bas. S'assurer de la bonne compréhension de la consigne.
Désigner 2 enfants. Exemple : « Elliott et César vous allez chercher les pantalons. Combien en faut-il ? » Il en faut 4. Laisser les 2 enfants travailler. Inciter les autres à réfléchir : « Comment faire pour prendre 4 pantalons, à 2 ? »
Au retour des enfants, leur demander de verbaliser. Exemple de réponse attendue : « Moi j'en ai pris 2 et Elliott en a pris 2. » Pendant que les 2 enfants affichent les vêtements, interroger le groupe : « Est-ce vrai ? » Les enfants vont se servir de leurs doigts pour vérifier. Inciter ceux qui ne participent pas à faire de même.
Quand tout le monde est tombé d'accord et qu'on a vérifié en comptant les éléments affichés, demander : « Est-ce qu'ils auraient pu faire autrement ? Aidez-vous de vos doigts pour chercher. » Réponses attendues : « Elliott pouvait en prendre 3 et César 1. » Faire vérifier par le groupe. « Elliott pouvait en prendre 1 et César 3. » Faire valider et faire prendre conscience que c'est la même chose que la proposition précédente. « Elliott pouvait ne rien prendre, en prendre 0 et César en prendre 4. » Faire vérifier et valider.
Demander au groupe de récapituler les différentes possibilités.
Continuer la partie. Le déroulement reste identique. Les enfants vont s'apercevoir que plus le nombre est grand, plus il y a de possibilités. On peut les écrire au tableau au fur et à mesure.
On ne s'intéressera aux paires qu'en fin de partie, la notion étant plus difficile.
Séance n° 12. Reprise de l'activité, en petit groupe. Former les groupes en fonction des compétences de chacun. Ainsi, on pourra travailler dans un champ plus ou moins élevé. Ne pas aller au-delà de 12 cependant.
Séance n° 13. Petit groupe de 8. Chacun a une ardoise et une craie.
Donner la consigne : « Je vais dire un nombre et vous, vous allez écrire sur votre ardoise toutes les possibilités que vous connaissez pour le construire, à l'aide de 2 autres nombres. » Commencer dans un champ très bas et l'augmenter au fur et à mesure, selon les compétences des groupes.
Proposer ensuite l'activité inverse : « Je vais vous donner 2 nombres, par exemple 2 et 3 et vous allez écrire combien cela fait. »
Par la fréquence des exercices, on conduira les enfants à l'**intériorisation** et à la **mémorisation**. On amènera les enfants à mettre en évidence cette notion de mémorisation. Dès qu'on voit qu'un enfant répond très rapidement, sans le recours aux doigts ou autre, on l'encouragera à expliquer comment il a fait. Réponse attendue : « Je le sais dans ma tête. C'est toujours pareil. » Consacrer un moment de dialogue avec le groupe pour affiner cette notion.

Évaluation

La séance n° 13 tient lieu d'évaluation.
On peut proposer la même activité sur feuille pour garder une trace écrite.

:: Conseils

Les enfants les plus fragiles auront besoin de plus de temps avant d'aborder la séance n° 13.
Encourager les enfants fragiles à se servir de leurs doigts. Lors de la séance n° 13, on pourra leur proposer de dessiner des éléments (croix par exemple) plutôt que d'écrire directement des nombres. Auprès de ces enfants la verbalisation est très importante ainsi que le guidage du maître. Il aide à « mettre en mots », à s'intéresser aux résultats des autres, à rechercher les causes des erreurs.

:: Prolongement

Toutes les occasions de recourir à la technique additive seront utilisées (exemple : aller chercher le matériel pour 2 groupes, connaissant le nombre d'enfants de chaque groupe).
Par la fréquence des exercices (séance n° 13), on conduira les enfants à l'**intériorisation** et à la **mémorisation.** On amènera les enfants à mettre en évidence cette notion de mémorisation.

Séances n°s 14, 15, 16, 17 et 18

Le jeu des boîtes pour résoudre des problèmes

:: **Objectif** : Trouver le résultat d'une augmentation ou d'une diminution de quantité.

:: **Concept** : Résolution de problèmes en utilisant le comptage.

:: **Compétence** : Résoudre des problèmes portant sur les quantités (après ajout ou retrait d'une quantité à une autre).

:: **Conditions préalables** : Les enfants doivent bien maîtriser le champ numérique dans lequel on travaille.

Ils auront pris l'habitude de réaliser, avec l'adulte, des « collections ». Ils éprouvent beaucoup de plaisir à participer à ce type de recherche.

:: Préparation de la classe

- Organisation de la classe

Séances n°s 14 et 16 : tout le groupe classe est assis sur des bancs autour d'une table.
Séances n°s 15, 17 et 18 : groupe de 6 à 8, assis, chacun à une table.

- Matériel

2 boîtes, dont 1 « boîte à collection » et 1 boîte vide. 1 collection d'objets (cailloux, marrons, fèves, jetons, bouchons, etc. 30 éléments environ, ou plus). Ardoises, craies, chiffons.

:: Déroulement de l'activité

- **Durée :** 30 minutes environ pour les séances n°s 14 et 16. Ensuite 15 minutes par séance en groupe. À renouveler très régulièrement.
- **Modalités de travail** : séance n°s 14 et 16 : tout le groupe classe, en présence de l'adulte.

Séance n°s 15, 17, 18 : un groupe de 6 à 8 enfants, en présence de l'adulte. Former les groupes en fonction des compétences diagnostiquées. Les groupes tournent. Les autres sont en autonomie.

→ Description de l'activité

Prendre une des « boîtes à collection » de la classe. En janvier, ce peut être, par exemple, une collection de fèves (celles qu'on trouve dans les galettes des rois).

Demander à un enfant de venir dénombrer la collection, aidé par ses camarades. Il doit poser sur la table chaque élément compté. Si la collection est très importante, ce sera l'occasion de fréquenter des grands nombres, avec l'aide de l'adulte. La boîte sera ensuite étiquetée. L'étiquette indiquera la nature de la collection et le nombre d'éléments contenus.

À un autre moment, faire recompter la collection, afin que certains enfants intègrent bien la permanence du nombre d'éléments.

Séance n° 14. Présentation collective de l'activité. Prendre la boîte à collection et montrer la boîte vide. Expliquer la règle du jeu : « Un enfant va venir mettre des fèves dans la boîte vide, puis un autre viendra, à son tour, mettre des fèves dans la boîte. Je fermerai la boîte et il faudra trouver combien il y a de fèves dedans. Essayons. » L'exercice sera d'abord proposé dans un champ numérique bas, pas au-delà de 6.

Désigner un enfant : « Tu vas prendre des fèves dans la boîte à collection, attention tu ne dois pas en prendre plus de 3, et tu vas les mettre dans la boîte vide. Tu compteras à voix haute pour qu'on suive bien ce que tu fais. »

Avant d'aller plus loin, demander au groupe ce que veut dire « pas plus de 3 ». Faire verbaliser : on peut en mettre 1, 2 ou 3 mais pas 4. On peut aussi ne rien mettre (0).

Quand l'enfant a terminé, en désigner un autre : « À ton tour. Tu vas prendre aussi des fèves dans la boîte, pas plus de 2, et tu vas les mettre aussi dans l'autre boîte. »
Fermer ensuite la boîte. Pour le plaisir du jeu, on pourra demander à un enfant de venir la secouer pour bien mélanger.
Demander : « Combien y a-t-il de fèves maintenant dans la boîte ? Vous réfléchissez en silence. Levez le doigt quand vous pensez avoir trouvé la réponse. »
Laisser un temps de réflexion aux enfants. Observer ce qu'ils font. La plupart d'entre eux se servent de leurs doigts. Interroger ensuite plusieurs enfants. Les réponses peuvent être variées. « Comment savoir qui a raison ? » Il faut vérifier. Inviter un enfant à ouvrir la boîte et à sortir les fèves une à une, en les dénombrant et en les posant à la vue de tous.
La phase de verbalisation est ici primordiale. L'enseignant(e) guide les enfants par le questionnement. Il ne donne pas les réponses. Demander : « Qu'est-ce qui est difficile dans ce jeu ? » C'est qu'on ne voit pas ce qu'il faut compter.
Interroger ceux qui ont réussi : « Comment as-tu fait ? Sais tu nous l'expliquer ? » Réponses attendues : « J'ai mis 3 sur mes doigts, et après j'ai mis encore 2 sur mes doigts. Et j'ai compté, ça fait 5. » Faire reprendre la procédure par le groupe pour la valider.
Autre réponse attendue : « Moi, j'ai compté dans ma tête. » Demander à l'enfant d'expliquer ce qu'il veut dire. Il n'a pas utilisé ses doigts. Attention, tous les enfants n'en sont pas encore capables.
Quand plusieurs enfants ont fait partager leurs stratégies, demander au groupe de trouver des mots pour dire ce qu'il fallait faire pour réussir. Réponses attendues : « Mettre ensemble », « réunir », « ajouter ».
On retiendra ce dernier mot et on le fera expliquer. On demandera aux enfants de donner des exemples utilisant le mot « ajouter ». On demandera : « Que se passe-t-il quand on ajoute quelque chose ? » Il y en a plus. On fera alors mettre en évidence que quand il s'agit de nombres, le nombre trouvé sera plus grand.
Reprendre à plusieurs reprises l'exercice, en faisant toujours verbaliser. S'intéresser aux erreurs. Faire rechercher leurs causes par le groupe.
Séance n° 15. Reprise de l'exercice en groupe (6 à 8 enfants). Chacun est muni d'une ardoise, d'une craie et d'un chiffon. Quand deux quantités ont été réunies, les enfants sont invités à utiliser leur ardoise. Ils peuvent écrire un nombre ou représenter les quantités cachées. L'objectif est bien sûr que chacun soit capable de recourir à l'écriture chiffrée mais cela prendra plus de temps à certains qu'à d'autres. Donner des tableaux de nombres pour encourager l'écriture chiffrée. Faire toujours verbaliser, expliciter les procédures de chacun.
Quand un groupe est performant, on augmente le champ numérique, jusqu'à 10.
Pour les enfants les plus performants, on passera à 11 ou 12 éléments pour amener certains enfants à trouver d'autres stratégies que le comptage sur les doigts. Comment faire ? Dessiner sur l'ardoise, mais si on n'a pas d'ardoise ? Réponse attendue : « Moi, je savais qu'il y en avait 7 dans la boîte, alors je n'ai pas recompté. Quand on en a ajouté 4, j'ai seulement compté 8, 9, 10, 11 en m'aidant de mes doigts. » Cette technique dite « surcomptage » ne sera pas acquise par tous. Laisser les enfants se l'approprier à leur rythme. Demander à ceux qui ont compris d'expliciter, à chaque occasion, leur procédure. Le mot « surcomptage » peut être utilisé.
Séance n° 16. En grand groupe. Expliquer la nouvelle règle : « Un enfant va mettre des fèves dans la boîte vide mais cette fois, un autre enfant va venir prendre une partie de cette collection, ce qu'il veut. Je fermerai la boîte et il faudra trouver combien il y a de fèves à l'intérieur. Essayons. »
De nouveau, la phase de verbalisation est capitale. En faisant expliciter leurs procédures aux enfants, on fera apparaître l'idée qu'il fallait cette fois faire le contraire, **enlever** au lieu d'**ajouter**. Le terme **ôter** pourra être proposé. Amener les enfants à mettre en évidence le fait que le nombre trouvé est plus petit que le nombre de départ, qu'il y en a moins dans la boîte.
Séance n° 17. Mêmes exercices, en petits groupes.
Séance n° 18. Alterner les deux types d'exercices au cours d'une même séance. On pourra accélérer le rythme, encourageant les enfants à prendre de la vitesse et à privilégier rapidement l'opération à effectuer.

Évaluation

Elle se situe tout au long du travail en groupe. L'adulte peut suivre au plus près la progression de chacun.

Des évaluations écrites peuvent être proposées sous forme de petits problèmes à résoudre.

Conseil

Plus ces exercices seront proposés fréquemment, plus les enfants deviendront habiles. On peut leur consacrer, à certaines périodes, une dizaine de minutes tous les jours, en petit groupe ou en grand groupe.

Certains enfants sont encore malhabiles pour calculer à l'aide de leurs doigts. Multiplier pour eux les jeux de doigts et les comptines à gestes qui améliorent la motricité fine.

Ouverture transdisciplinaire

L'idée de collection peut être utilisée dans le **domaine artistique** : réaliser des collections en portant un regard esthétique sur les objets. À cet âge, les enfants sont encore attirés par l'accumulation des objets. On peut les conduire à un autre type de regard porté sur ces objets, à faire des choix esthétiques par exemple.

Définitions

Les procédures des enfants peuvent utiliser le **comptage** ou le **surcomptage.** Dans le premier cas, l'enfant recompte toute la quantité en partant de 1, dans le second il compte à partir d'un nombre déjà connu. Le surcomptage est une procédure plus évoluée que le comptage.

Séance n° 19 Jeu de dés et de déplacements sur pistes

Objectif : Utiliser le dé ordinaire à points.

Compétence : Se servir d'un dé à points pour prendre autant que la quantité indiquée par le dé, pour se déplacer sur une piste.

Condition préalable : Connaître les constellations du dé.

Préparation de la classe

- **Organisation de la classe**
  Pour la présentation collective, les enfants sont assis sur des bancs, autour d'une table. Pour le déroulement d'une partie, les joueurs sont assis face à face, de chaque côté d'une table.
- **Matériel**
  Pour 2 joueurs : 2 à 3 dés à points ordinaires.
  1 dé de 2 couleurs (rouge et bleu).
  Des jetons (ou cailloux ou autres).

Déroulement de l'activité

- **Durée :** 20 minutes environ.
- **Modalités de travail :** on peut présenter l'activité collectivement mais elle se déroulera entre 2 joueurs. On peut aussi essayer à 4 joueurs. Dans ce cas, 2 enfants jouent ensemble contre les 2 autres.

→ Description de l'activité

Le groupe classe est réuni. Présenter le matériel : il y a des jetons. Il y a 2 dés à points et 1 dé de 2 couleurs. Vérifier que les enfants connaissent bien les constellations du dé.
Présenter la règle du jeu : « Il y a plein de jetons au milieu. Chacun doit prendre 12 jetons. Puis, il faut d'abord lancer les 2 dés à points et trouver combien cela fait de points en tout. Ensuite il faut lancer le dé de couleur. Si c'est rouge, on prend au milieu autant de jetons qu'on a de points. Si c'est bleu on rend au milieu autant de jetons qu'on a de points. Quand la partie est terminée (au signal du maître ou d'un minuteur), on compte ses jetons. Celui qui en a le plus a gagné. »
S'assurer de la bonne compréhension de la règle. Le maître peut faire un début de partie avec un enfant compétent pour aider à la compréhension.
Si cette partie explicative a lieu en grand groupe, la suite se fera en petit groupe, en présence de l'adulte, dans un premier temps.
Prendre un groupe de 4 à 6 enfants. Attention, chaque duo doit avoir le matériel décrit.
Distribuer le matériel à chaque duo. Faire rappeler brièvement la consigne puis les laisser engager une partie. Intervenir le moins possible.

Résultats attendus

Certains enfants, pour réussir, auront besoin de toucher les points du dé pour compter. D'autres, qui ont mémorisé les constellations du dé, se serviront de leurs doigts. Les plus experts travailleront mentalement.

Évaluation

Le maître peut renseigner une fiche d'observation des élèves portant par exemple sur : la mémorisation des constellations, la technique de comptage des points, la capacité à respecter la règle (prendre ou rendre), le dénombrement final.

Conseils

Avec les enfants les plus fragiles, on pourra commencer avec **1 seul dé à points.**
Avec les enfants les plus experts on pourra passer à **3 dés à points.**

On peut ensuite mettre ce jeu à disposition librement (au moment de l'accueil, quand on a fini un travail, etc.).
Dans les jeux de piste, c'est l'aspect **ordinal** du nombre, c'est-à-dire le nombre mémoire de position qui est abordé.

:: Prolongement

On pourra, parallèlement, proposer d'utiliser le dé pour se déplacer sur une piste, non numérique ou numérique. On utilisera, par exemple, le jeu des petits chevaux et le jeu de l'oie.
Pour le jeu de l'oie, on commencera par se déplacer simplement sur la piste, en avançant du nombre de cases indiqué par le dé. Le premier arrivé gagne.
On introduira ensuite seulement la règle du jeu de l'oie.

Chapitre 5

Exploration du monde de la matière et des objets

:: Continuité des apprentissages en maternelle

:: Repères pratiques

:: Séances 1 à 14

Valérie Bouquillon
Didier Malafosse

Continuité des apprentissages en maternelle

	1re année	2e année	3e année	Grande section
Enrichir et développer les aptitudes sensorielles				
Décrire, comparer et classer des perceptions élémentaires	prioritairement	prioritairement	à consolider	à consolider
Associer à des perceptions déterminées les organes des sens qui correspondent	éventuellement	prioritairement	à consolider	à consolider
Agir sur le monde de la matière				
Reconnaître et désigner des objets	prioritairement	prioritairement	à consolider	
Reconnaître et désigner des qualités associées à des objets	éventuellement	prioritairement	prioritairement	à consolider
Reconnaître et désigner des matières	éventuellement	éventuellement	prioritairement	prioritairement
Reconnaître et désigner des qualités associées à des matières			éventuellement	prioritairement
Trier des objets d'après :				
• leur usage	éventuellement	prioritairement	prioritairement	à consolider
• la matière qui les constitue		éventuellement	prioritairement	prioritairement
• leurs qualités		éventuellement	éventuellement	prioritairement
Comparer et classer des objets d'après leurs qualités		éventuellement	éventuellement	prioritairement
Découvrir les propriétés de matières usuelles				
Choisir des outils et des matériaux adaptés à une situation, à des actions spécifiques :				
• plier, couper, coller	prioritairement	prioritairement	prioritairement	à consolider
• assembler	éventuellement	prioritairement	prioritairement	prioritairement
• actionner		éventuellement	prioritairement	prioritairement
Réaliser des jeux de construction, construire des maquettes		éventuellement	prioritairement	prioritairement
Appréhender un système et ses éléments				
Utiliser des appareils alimentés par des piles :				
• jouets		éventuellement	prioritairement	à consolider
• lampes de poche	éventuellement	prioritairement	à consolider	à consolider
• magnétophones			éventuellement	prioritairement
Utiliser des objets programmables				éventuellement
Utiliser des procédés empiriques pour faire fonctionner des mécanismes simples			éventuellement	prioritairement

- compétences à travailler prioritairement
- compétences à consolider
- compétences pouvant éventuellement être mises en place

Repères pratiques

1. Les axes forts du domaine d'activités

En maternelle, le très jeune enfant perçoit le monde qui l'entoure par l'entremise de la (des) fonction(s) qu'il associe plus ou moins consciemment aux objets (la cuillère pour manger, le feutre pour colorier, nounours pour jouer, etc.), et non au travers de la matière qui constitue ces objets. Une exception, cependant : l'eau et le vent (l'air en mouvement) qui, en tant que fluides, n'ont pas de forme propre. Ces deux matériaux (mais aussi certaines nourritures) ne sont donc pas assimilables par l'enfant à des objets, voire à de la matière (au moins pour le vent). Quant à la conservation de la matière, c'est une propriété qui n'a aucun sens à cet âge. Elle est même contredite à tout bout de champ. Par exemple, au moment des repas, la nourriture est engloutie dans le ventre ; l'eau de la baignoire disparaît après le bain ; quant au magicien, il est capable de faire apparaître un lapin, avec sa baguette magique. Pour le très jeune enfant, qui ne conçoit le monde qu'au travers des objets qui l'entourent, le concept de matière et sa propriété de conservation n'ont donc pas de sens, et ne peuvent se construire que sur le long terme, c'est-à-dire sur toute la scolarité de l'élève. Dans cette construction, le rôle éminent que doit jouer l'école maternelle est fixé avec précision et des explicitations par le programme de la maternelle (voir *BO* hors série du 12 avril 2007) qui précise clairement trois axes forts sur lesquels doivent s'appuyer les activités du domaine du monde de la matière et des objets : la découverte sensorielle du monde de la matière, son exploration par la manipulation, ainsi que la découverte et la manipulation réflexive des objets.

2. Les spécificités de la section

Voici deux séquences, l'une sur la lumière et les ombres, l'autre sur quelques objets intéressants (les aimants, la lampe électrique et le système roue-essieu). Conformes au tableau de compétences, elles permettent de développer pouvoir d'abstraction, sens de l'orientation, compétences langagières, capacités de schématisation, toutes ces aptitudes n'étant qu'embryonnaires en petite et en moyenne section.

A La lumière et les ombres

Ni matière, ni objet, la lumière et les ombres sont à la fois immatérielles et tout à fait observables. Ce paradoxe fait de ce sujet d'étude un merveilleux terrain de jeu : jeu avec l'ombre de son corps, jeu d'ombres chinoises devant un projecteur, avec son corps ou avec des marionnettes. Pendant qu'il joue, l'enfant se situe dans l'espace qui l'entoure, mais en se décentrant. En effet, ce n'est plus lui ni l'objet qu'il manipule qui sont au centre de ses préoccupations, mais les ombres qui en découlent. Il doit donc observer sa position par rapport à la source de lumière et par rapport à l'écran sur lequel il voit l'ombre. Il affine ainsi sa perception de l'espace. Il s'oriente.

La séquence proposée se déroule en deux temps : d'abord en intérieur, sur le thème du théâtre d'ombres, puis dans la cour, pour étudier les propriétés des ombres, et la relation spatiale entre la source de lumière (le soleil), l'obstacle (le corps de l'enfant) et son ombre sur le sol.

B Quelques objets intéressants

Cette séquence se décompose en deux parties. D'abord la découverte par la manipulation des aimants. C'est l'occasion de découvrir le magnétisme, propriété de la matière qui ne concerne que quelques rares substances : les métaux ferreux. On est ici à la frontière de deux mondes, celui des objets (les aimants) et celui de la matière (les métaux ferreux). Ensuite la découverte de la lampe torche, qui sous son aspect commun, cache un côté technique certain : pour qu'elle fonctionne, il faut une lampe (ampoule dans le langage commun) et une ou plusieurs piles bien placées. Toutes les séances proposées s'intéressent à cet aspect technologique, sans aborder les notions électriques réservées aux classes ultérieures. Enfin, on propose aux élèves de construire un engin rudimentaire mais qui roule.

3. Éléments didactiques et pédagogiques

Le programme de la maternelle donne toutes les indications nécessaires.
Les quatorze séances sont décrites en détail, mais vous pouvez développer les séquences en vous inspirant des pistes suggérées en « prolongement ». Voici, séance par séance, les compétences à développer.

	SÉQUENCE	LA LUMIÈRE ET LES OMBRES								QUELQUES OBJETS TECHNIQUES SIMPLES					
	SÉANCE	1	2	3	4	5	6	7	8	9	10	11	12	13	14
DOMAINE DE COMPÉTENCE	COMPÉTENCE														
LANGAGE EN ACTION	Dire ce qu'on fait dans une activité	X	X	X	X	X	X	X	X	X	X	X	X	X	X
ÉDUQUER LE REGARD ET LE GESTE	Adapter son geste aux contraintes matérielles									X	X	X	X	X	X
	Réaliser une composition en plan ou en volume selon un désir d'expression			X	X	X									
EXPLORER PAR LES SENS ET LA MANIPULATION LE MONDE DE LA MATIÈRE ET DES OBJETS	Reconnaître et désigner des matières et des objets	X	X	X	X	X				X	X	X			
	Trier des objets d'après la matière qui les constitue									X	X	X			
	Choisir des outils et des matériaux adaptés à une situation, etc.			X	X	X									
	Utiliser des appareils alimentés par des piles												X	X	
	Utiliser des procédés empiriques pour faire fonctionner des mécanismes simples												X	X	X
SE REPÉRER DANS L'ESPACE	Repérer des objets ou des déplacements dans l'espace par rapport à soi	X	X				X	X	X						
	Décrire des positions ou des déplacements à l'aide d'indicateurs spatiaux	X	X				X	X	X						
	Savoir reproduire l'organisation dans l'espace d'un ensemble limité d'objets						X	X	X						

Chaque séance est conçue pour une durée d'environ 45 minutes, introduction, activités expérimentales, phases langagières, rangement et bilan compris, ce qui équivaut souvent à quinze minutes de manipulations effectives. En général, les séances sont structurées sur le modèle d'un aller-retour entre activité expérimentale en petits groupes et phase de verbalisation en groupe classe se concluant par un bilan des expériences. L'organisation proposée est prévue pour une réalisation satisfaisante dans tous les contextes scolaires, souvent avec tout le groupe classe, mais rien ne vous empêche de l'adapter pour profiter des avantages de votre école (classe à faible effectif, dédoublée, disponibilité d'ATSEM, etc.).

Séquence : Découvrir la lumière et les ombres en se livrant à une exploration manipulatoire et sensorielle

Séances nos 1 et 2 Jouer avec les ombres en salle

:: **Objectifs** : Découvrir que l'on peut arrêter la lumière avec son corps et le principe du théâtre d'ombres.
Établir le lien entre la forme d'un objet et la forme de son ombre.

:: **Concepts** : La propagation rectiligne de la lumière. La notion d'ombre.

:: **Condition préalable** : Aucune condition préalable pour ces premières séances.

:: **Préparation de la classe** (séances n° 1 et n° 2)

- **Organisation de la classe**
En classe entière ou, mieux, en demi-classe. Choisir une salle pouvant être obscurcie et disposant de beaucoup d'espace pour que les enfants puissent se déplacer sans être gênés par du mobilier. Installer un projecteur de diapositives (ou, à défaut, un rétroprojecteur) pour éclairer un grand drap blanc étendu verticalement au milieu de la salle et servant d'écran. Enfin, délimiter au sol une zone de chaque côté de l'écran pour y faire asseoir une demi-classe, à divers moments de la séquence sur le théâtre d'ombres.
- **Matériel**
Un projecteur (diapositives ou rétroprojecteur), un grand drap blanc étendu verticalement.
Pour la séance n° 1, il faut en plus une diapositive ou un transparent (selon l'appareil utilisé) présentant un sens évident de lecture : par exemple le logo publicitaire d'une marque déposée bien connue qui, lorsqu'il est présenté à l'envers, doit surprendre même des enfants non lecteurs. Si l'on préfère, on peut projeter une vue de l'entrée de l'école ou un lieu bien connu de tous, dont les enfants doivent pouvoir repérer aisément le « bon » sens. Remarque : il est inutile d'en avoir la version inversée puisqu'il suffit de retourner la diapositive ou le transparent.
Pour la séance n° 2, prévoir des objets nombreux et variés, qui devront être identifiés par leur ombre : poupées, peluches, instruments de musique, outils, règles, disques et ballons, etc. Attention au choix de ces objets qui doit être très soigneusement fait à partir des ressources de l'école, car c'est de lui que dépendent la richesse et la difficulté de la tâche d'identification. Par exemple, on peut choisir des objets semblables mais de tailles différentes, des objets identiques mais de couleurs variées, des objets ressemblants mais soit opaques, soit translucides, etc. L'idéal est d'avoir deux lots identiques d'objets placés dans deux caisses, l'une à disposition de l'élève démonstrateur, l'autre servant de base de recherche pour les élèves identificateurs.

:: **Déroulement de l'activité**

- **Durée** : 50 minutes (séance n° 1). 45 minutes (séance n° 2).

→ **Description de l'activité**

Séance n° 1

- **Phase 1 : préparation (10 min).** La classe est partagée en deux, une moitié étant assise entre le projecteur et le drap, l'autre moitié étant installée symétriquement par rapport au drap. Placé au niveau du drap, tel un arbitre de tennis, l'enseignant(e) peut voir tous les élèves et être vu de tous. L'activité peut donc être présentée : l'appareil va projeter sur l'écran une image qu'il faut observer attentivement. L'image étant projetée, on demande aux enfants de dire ce qu'ils voient et ce qu'ils remarquent. On peut ensuite inverser la vue et demander laquelle des deux vues est la bonne. Le dispositif doit conduire à une perception contrastée entre les deux groupes, car les images vues des deux côtés de l'écran sont inversées. Mais ce qui surprend le plus les enfants est que chacun puisse voir quelque chose, quel que soit le côté de l'écran où l'on se trouve. Le dispositif leur semble même symétrique, mais il n'en est rien car la lumière se propage suivant un sens donné : elle part de l'appareil.

- **Phase 2 : découverte libre/observation des comportements (10 à 15 min).** Après la phase préparatoire qui plaçait les élèves dans la situation de simple observateur (tout en permettant d'avoir une classe calme), il est temps de rendre les élèves acteurs et observateurs. Pour cela, enlever l'image du projecteur et autoriser les enfants à se lever, mais sans sortir de leur zone (marquée au sol). En se levant, les élèves situés du côté du projecteur découvrent qu'ils peuvent faire des ombres sur l'écran, alors que ceux situés de l'autre côté découvrent des ombres qui bougent sur l'écran, sans en être responsables. Il y a donc un « côté acteur » et un « côté spectateur » dans ce dispositif. Après quelques minutes, on autorise les enfants à aller voir ce qui se passe de l'autre côté, mais sans courir et sans faire le moindre bruit. En effet, l'interdiction de parler est primordiale dans cette séquence de théâtre d'ombres qui doit privilégier le sens de la vue. Les enfants jouent alors librement.
- **Phase 3 : verbalisation/structuration (10 à 15 min).** Arrêter le jeu. Regrouper les enfants par terre, du côté spectateur de l'écran, et leur demander de dire ce qu'ils ont fait au cours de l'activité. C'est l'occasion, à partir des récits, d'engager un débat sur les éléments nécessaires à ce nouveau jeu : une source de lumière, un drap (écran qui permet de voir des deux côtés). L'objectif est de faire prendre conscience de la dissymétrie du dispositif qui conduit à deux espaces très différents : un espace acteur, équivalent de la scène du théâtre de marionnettes, et un espace spectateur. Dans cette phase, on veillera à ce que les enfants utilisent convenablement les indicateurs spatiaux, dans leurs discours.
- **Phase 4 : jeu (5 à 10 min).** Pour terminer la séance, on peut envoyer les élèves, à tour de rôle et trois par trois, pour faire les « acteurs », à charge pour les élèves « spectateurs » de reconnaître qui se cache derrière l'écran.

Séance n° 2

- **Phase 1 : préparation (5 à 10 min).** Commencer par faire rappeler les acquis de la séance précédente, puis présenter l'activité du jour : identifier des objets grâce à leur ombre. Il reste à expliquer le dispositif de ce jeu de reconnaissance : tous les objets à identifier sont placés dans une grande caisse située du côté acteurs, mais une caisse identique est placée du côté des spectateurs pour les aider à faire leur choix. À tour de rôle, chaque élève passe du côté acteur et choisit dans la caisse un objet qu'il manipule entre le projecteur et l'écran ; le reste de la classe, situé du côté des spectateurs, ne peut voir directement l'acteur mais doit identifier l'objet, grâce à son ombre ; dès que l'objet est reconnu l'acteur revient à sa place et il est remplacé par l'élève suivant. En outre, il faut préciser que l'acteur a le droit de se placer où il veut, entre la source de lumière et l'écran.
- **Phase 2 : jeu/analyse (15 à 25 min selon l'effectif).** Quand tout le monde a compris les règles du jeu, lancer l'activité qui doit se dérouler sans perte de temps, mais qui doit aussi permettre à l'enseignant(e) de demander, de temps en temps, des explications permettant aux spectateurs de justifier leurs réponses. Dans le cas d'une classe à grand effectif, on peut faire le choix de procéder en deux demi-séances, pour que tout le monde passe, mais sans que la lassitude gagne la classe.
- **Phase 3 : verbalisation/structuration (10 à 15 min).** Quand tout le monde est passé, demarrer la phase de verbalisation. Par un questionnement pertinent et en n'hésitant pas à faire expérimenter les propositions, il faut arriver à la synthèse suivante : dans le théâtre d'ombres, on ne peut pas deviner la couleur des objets opaques (ce n'est pas vrai avec les objets translucides colorés qui se comportent comme des filtres de couleurs) ; on ne peut pas deviner, non plus, la taille des objets car plus on les place près du projecteur, plus ils paraissent gros.

:: Prolongements

1. Dessiner la silhouette d'objets d'écoliers

Faire dessiner sur une feuille de papier la silhouette de divers objets d'écoliers (ciseaux, règle, etc.). Demander à cette occasion de faire colorier en noir tout l'intérieur de la silhouette.

2. Mimer des activités quotidiennes

Envoyer les élèves, à tour de rôle, du côté acteur, pour mimer une activité quotidienne (je me lave les dents, je mange, je dessine sur un cahier, etc.), à charge pour les élèves « spectateurs » de reconnaître l'activité. Pour cela il est nécessaire de prévoir un certain nombre d'accessoires mis à la disposition des acteurs, dans une caisse invisible depuis le côté spectateur.

:: Ouverture transdisciplinaire

Une histoire à mettre en pièce de théâtre

Pour pouvoir monter une petite pièce de théâtre d'ombres, il faut une histoire simple à raconter, bien adaptée à ce type de spectacle et ayant du sens pour les enfants. Les marionnettes doivent être faciles à construire (leur taille n'a pas d'importance, car plus on les approche de la source de lumière, et plus l'ombre est grande). À vous de trouver l'histoire qui plaira à vos élèves et qui ne leur compliquera pas la vie pour la fabrication des marionnettes et pour la mise en scène. Par exemple, on peut imaginer une histoire impliquant des animaux (le poussin qui mange le ver de terre, le gros chat qui mange le poussin, le chien qui mange le chat, le loup qui mange le chien et le chasseur qui chasse le loup). Et si vous manquez d'inspiration, reportez-vous au livre *Docteur Loup* d'Olga Lecaye aux éditions L'École des Loisirs.

L'histoire choisie devra être « travaillée » en parallèle avec le début de la séquence sur ombre et lumière, afin que les séances n°s 1 et 2 puissent être suivies par un atelier de construction de marionnettes (voir séances suivantes).

Séances n°s 3, 4 et 5 Construire des marionnettes de théâtre d'ombres

:: Objectifs : Construire des marionnettes qui vont servir à raconter une historiette grâce au théâtre d'ombres. À travers la fabrication de ces marionnettes, faire émerger quelques caractéristiques des ombres.

:: Concepts : Les différents « types d'ombres » selon l'opacité du matériau (certains matériaux, comme le papier de soie, laissent passer un peu de lumière et se comportent plus comme des filtres colorés que comme des obstacles à la lumière).
Les propriétés des ombres (l'ombre ne dépend ni de la matière, ni de la couleur de l'objet obstacle, mais de son opacité, de son contour, de sa position et de son orientation dans le faisceau lumineux).

:: Conditions préalables : Avoir choisi une histoire à mettre en pièce de théâtre (voir « Ouverture transdiciplinaire » des séances n°s 1 et 2). Avoir identifié les traits « physiques » caractéristiques des divers personnages de la pièce.

:: Préparation de la classe

- **Organisation de la classe**
  Séance n° 3. En classe entière, puis en petits groupes, dans une salle permettant de « bricoler ».
  Séance n° 4. En petits groupes dans la salle de « bricolage », puis en classe entière dans la salle du théâtre d'ombres.
  Séance n° 5. En classe entière, puis en petits groupes, dans la salle « bricolage ».
- **Matériel**
  Séance n° 3. Tout matériel de récupération facile à découper (carton, bristol, journal, papier transparent, papier de soie, morceaux de polystyrène, etc.), à tordre (fil de fer, fil électrique, etc.), à modeler (pâte à modeler, argile, etc.), des accessoires divers (boules de cotillon, cure-dents, piques à brochettes en bois, etc.). De quoi assembler (rubans adhésifs transparent et opaque, pâte adhésive, raphia, ficelle, etc.), de quoi décorer (feutres, crayons, gommettes, etc.) et des outils inoffensifs (petites scies à métaux, ciseaux, etc.).
  Séance n° 4. Les marionnettes déjà commencées et tout le matériel de la séance n° 3. Il faut aussi le projecteur et l'écran pour faire fonctionner le théâtre d'ombres.
  Séance n° 5. Les marionnettes déjà commencées et les grilles d'évaluation.
  Tout le matériel de la séance n° 3 et une lampe de poche par groupe, afin que les élèves puissent tester la qualité de leur marionnette en observant son ombre sur un mur de la salle.

:: Déroulement de l'activité

- **Durée** : 45 minutes pour les séances n°s 3 et 4 ; 50 minutes pour la séance n° 5.

→ Description de l'activité

Séance n° 3

• **Phase 1 : préparation (10 min).** Présenter à tous les élèves le projet de la suite de la séquence : fabriquer des marionnettes pour raconter, avec le théâtre d'ombres, l'histoire sur laquelle la classe travaille parallèlement. Insister sur le fait que les marionnettes doivent être construites de manière à ce que l'on puisse reconnaître les personnages de l'histoire uniquement par leur ombre. Organiser la classe en petits groupes, en demandant à chaque groupe de construire une marionnette de l'histoire. Présenter le matériel et les outils, puis lancer l'activité.

• **Phase 2 : construction/observation des comportements (20 min).** Laisser les enfants choisir librement leurs matériaux, se contenter de les guider dans l'emploi des outils. Quand le travail est suffisamment avancé, ou si la concentration des élèves fléchit, arrêter l'activité manipulatoire.

• **Phase 3 : présentation/critique des marionnettes (10 min).** À ce stade de la séquence, il y a fort à parier que les marionnettes sont à peine ébauchées. Demander néanmoins à chaque groupe de présenter son travail au reste de la classe. L'objectif est de soumettre les diverses productions à la critique collective. Les auteurs doivent justifier leurs choix (matériaux utilisés, formes choisies, accessoires employés, etc.) ; les observateurs disent ce qu'ils en pensent, mais en essayant d'argumenter leur critique. Organiser le débat contradictoire pour qu'il reste productif et dynamique, en n'oubliant pas que la question cruciale est : la marionnette nous fait-elle penser au personnage de la pièce de théâtre (on oublie volontairement la référence aux ombres dans cette première évaluation des productions) ?

• **Phase 4 : rangement (5 min).**

Séance n° 4

• **Phase 1 : construction/observation des comportements (20 min).** Les groupes d'élèves continuent la construction de leur marionnette. Pendant ce temps, circuler pour stimuler la classe (les productions doivent être pratiquement terminées à la fin du temps imparti à cette phase). Ce faisant, il faut rappeler à chaque groupe les critiques faites à sa marionnette pour que les productions s'améliorent sensiblement.

• **Phase 2 : présentation/critique des marionnettes (15 à 20 min).** Pour cette nouvelle phase de critique, on se place dans les conditions réelles du spectacle. Ce n'est donc plus la marionnette qui est évaluée, mais son ombre. La classe doit donc retourner au théâtre d'ombres. Chaque groupe présente sa marionnette dans le faisceau de lumière. L'emplacement est imposé (assis sur une chaise près du drap, du côté « acteur ») pour ne pas faire varier la distance entre la source et l'écran. Les spectateurs, assis par groupes de 3 dans la zone « spectateurs », disposent d'une grille d'évaluation (voir modèle ci-dessous) pour chaque marionnette.

Marionnette :	L'ombre est bien noire ●	L'ombre est trop claire ○	On voit bien les yeux	On voit tous les détails importants	On reconnaît le personnage
Je fais une croix si je suis d'accord					

Les grilles sont récupérées par l'enseignant(e), à la fin de cette phase de présentation.

• **Phase 3 : rangement (5 min).**

Séance n° 5

• **Phase 1 : analyse des grilles d'évaluation des marionnettes (15 à 20 min).** Toute la classe est réunie pour l'évaluation des marionnettes. L'enseignant(e) affiche toutes les grilles concernant une même marionnette. Les différents problèmes sont listés et les enfants recherchent ensemble des solutions adaptées. On retient collectivement un certain nombre de solutions permettant de donner à la marionnette une ombre représentant au mieux le personnage de la pièce de théâtre. Le même travail est réalisé pour chaque marionnette.

• **Phase 2 : construction/observation des comportements (15 min).** Chaque groupe modifie sa marionnette en tenant compte des solutions proposées au cours de la phase précédente. La marionnette modifiée est ensuite testée par le groupe, en utilisant une lampe de poche comme source de lumière et un mur de la salle comme écran. Le rôle de l'enseignant(e) est de remédier à l'hétérogénéité de la classe, en aidant les élèves en difficulté et/ou en favorisant le tutorat si certains élèves ont terminé avant les autres. L'objectif est que toutes les marionnettes soient acceptables à la fin du temps imparti à cette phase.

• **Phase 3 : verbalisation/structuration (5 à 10 min).** Si le niveau et la concentration de la classe le permettent, on peut terminer par une synthèse sur l'importance et l'inutilité de certains aspects des marionnettes liés au phénomène des ombres. Le message à faire passer est le suivant :

l'ombre ne dépend ni de la matière, ni de la couleur de l'objet obstacle, mais de son opacité, de son contour, de sa position et de son orientation dans le faisceau lumineux. Mais attention ! Pour faire passer ce message, ne pas faire un discours qui sont inaccessibles à des enfants de maternelle. Il faut au contraire choisir des exemples de marionnettes pour illustrer les divers aspects du problème en leur demandant si l'ombre est modifiée ou non. La synthèse est donc élaborée collectivement, très concrètement.

- **Phase 4 : rangement (5 min).**

Prolongement

Reconnaître des objets à partir de leur(s) ombre(s)

Après avoir remarqué (par exemple en fin de séance n° 5) que la forme d'une ombre dépend de la forme de l'objet obstacle mais aussi de sa position dans le faisceau de lumière, on peut proposer aux élèves une série de dessins d'ombres et une série d'images d'objets, à charge pour les enfants d'associer à chaque ombre un ou plusieurs objets. Attention, le choix des objets (à trois dimensions) peut rendre l'activité très simple, ou au contraire très compliquée. La validation des réponses doit être effectuée par les élèves qui doivent disposer des objets réels et d'une source de lumière pour faire des ombres.

Ouverture transdisciplinaire

La préparation et la présentation de la pièce de théâtre

Tout le matériel nécessaire à la pièce de théâtre d'ombres étant disponible, il ne reste plus qu'à faire le travail de mise en scène avec les élèves, suivi de quelques répétitions et de la présentation en première à d'autres classes de l'école.

Séances n°s 6, 7 et 8 — Jouer avec les ombres au soleil

:: Objectifs : En jouant avec son ombre, découvrir que l'on peut arrêter la lumière avec son corps. Découvrir quelques propriétés des ombres (l'ombre ne dépend ni de la matière, ni de la couleur du corps (et des vêtements). Améliorer sa perception de l'espace en mettant en relation le soleil, son corps et son ombre. Percevoir le soleil comme une source de lumière.

:: Concepts : La propagation rectiligne de la lumière. La notion d'ombre.

:: Condition préalable : Si possible avoir travaillé sur le théâtre d'ombres, mais ce n'est pas indispensable.

:: Préparation de la classe

- **Organisation de la classe**

  Séance n° 6. En classe entière, par une journée très ensoleillée, dans la cour de l'école, sans aucun matériel.

  Séance n° 7. En classe entière ou, mieux, en demi-classe, par une journée ensoleillée (mais quelques passages nuageux peuvent avoir aussi de l'intérêt), dans la cour de l'école.

  Séance n° 8. Avec la moitié de la classe, dans la cour de l'école, par une journée ensoleillée, mais quelques passages nuageux permettent de mettre en évidence (si cela n'a pas encore été fait) que lorsque le soleil disparaît, les ombres font de même.

- **Matériel**

  Séance n° 7. Divers accessoires (longues baguettes, grandes serviettes ou morceaux de bâche, cerceaux et ballons de diverses tailles, etc.) à manipuler dans la cour, de la craie blanche pour faire des tracés sur le sol.

  Séance n° 8. Les dessins réalisés au cours de la séance précédente. Pour chaque binôme, deux feuilles blanches, un feutre noir et un support rigide à placer sous les feuilles de papier pour pouvoir dessiner sans bureau.

:: Déroulement de l'activité

- **Durée** : 45 minutes (séance n° 6) ; 50 minutes (séance n° 7) ; 40 minutes (séance n° 8).

→ Description de l'activité

Séance n° 6.

- **Phase 1 : préparation (5 min).** À l'occasion d'une journée ensoleillée, profiter d'une fin de récréation pour faire remarquer à un(e) élève qu'il (elle) est suivi(e) par son ombre. Cette remarque suffit pour que toute la classe s'intéresse au phénomène, surtout si l'on a déjà travaillé sur le théâtre d'ombres. On propose alors aux élèves de ne pas rentrer en classe (bien que ce soit l'heure) pour jouer avec les ombres, mais en insistant sur la consigne suivante : « On doit jouer avec les ombres en silence, pour ne pas déranger les classes qui travaillent. »
- **Phase 2 : jeu sans accessoires/observation des comportements (10 à 15 min).** À l'occasion de jeux libres, les élèves continuent à se familiariser avec le phénomène des ombres, tout en prenant conscience de l'importance de leur propre corps dans le phénomène. Ils aiguisent leur sens de l'observation et font de nouvelles découvertes : « Mon ombre me suit partout », « Quand je me baisse, elle devient toute petite », « Mon ombre, elle a plus de bras », « avec mon ombre je touche ton ombre », « J'ai sauté sur son ombre », « Va plus loin ; tu me gênes ; tu caches mon ombre », « J'arrive pas à dépasser mon ombre », « J'ai aussi une ombre sur le mur », « C'est la même, mais elle est cassée », etc. « Oh, mon ombre a disparu », « Moi aussi », « C'est parce que le soleil est parti », « Il est caché par les nuages », etc.

Cette phase libre peut être utilement complétée par une phase guidée. Par exemple, on peut demander aux enfants de faire l'ombre la plus petite possible, la plus grande possible : « on n'y arrive pas, elles sont pas grandes nos ombres », de marcher avec l'ombre devant soi, puis derrière soi, etc.

• **Phase 3 : représentation graphique/vérification du respect de la consigne (10 à 15 min).** Après la phase de jeu, place au dessin. De retour en classe, demander aux enfants qu'ils se dessinent avec leur ombre, dans la cour. Pour cette activité graphique, leur proposer des crayons (ou des feutres) de couleur. Pendant que les enfants dessinent, vérifier qu'ils écrivent leur nom (nécessaire pour suivre l'évolution des enfants au cours de la séquence) et s'assurer qu'ils n'oublient pas la consigne, à savoir dessiner sur la même page son corps et son ombre.

• **Phase 4 : affichage/analyse des dessins (10 min).** Les dessins sont affichés de manière à pouvoir rester exposés pendant plusieurs jours. Les enfants peuvent les examiner et faire des remarques qui seront exploitées au début de la séance suivante. On a ainsi à sa disposition un matériel sur lequel on pourra s'appuyer pour démarrer la séance n° 7.

Séance n° 7

• **Phase 1 : analyse collective des dessins (10 à 15 min).** La séance démarre en classe par l'examen collectif des productions des élèves. À la demande de l'enseignant(e), les enfants s'expriment sur les dessins, avec comme objectif de relever des incohérences (« Est-ce que vous voyez des choses bizarres ? ») à propos de la représentation des ombres. Exemples de productions :

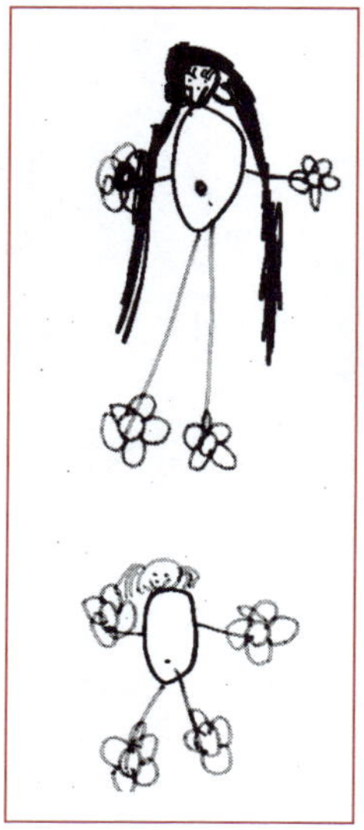

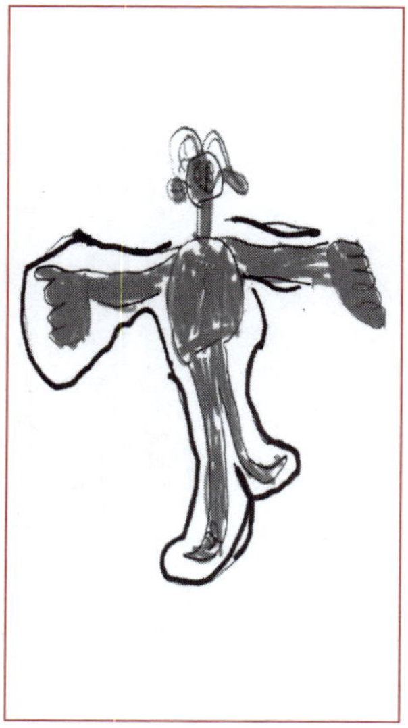

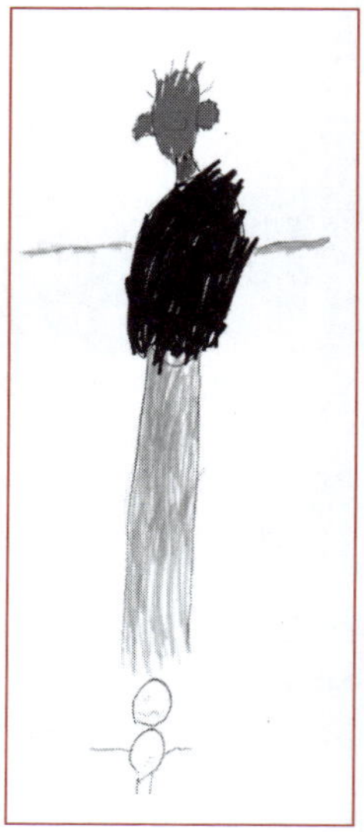

Exemples d'incohérence : des ombres sont dessinées en couleur, ou certains détails vestimentaires sont reproduits sur les ombres. Quelques élèves vont peut-être remarquer que sur certains dessins, l'ombre est séparée du corps de l'enfant. Si ce n'est pas le cas, faire remarquer qu'il y a deux sortes de dessins : ceux où l'ombre est attachée à l'enfant, et ceux où elle ne l'est pas. Des remarques vont certainement être formulées à propos des tailles respectives de l'ombre et du corps. Enfin, il y a fort à parier qu'aucun dessin ne représentera à la fois le corps, l'ombre du corps et la source de lumière, c'est-à-dire le soleil. C'est normal. D'abord parce que la consigne ne précisait pas de représenter le soleil. Ensuite parce que, même après avoir travaillé sur le théâtre d'ombres, les jeunes enfants ont du mal à penser à « lumière » quand on leur parle d'ombres. Ne pas s'appesantir sur le fait que le soleil ne soit (presque) jamais dessiné. Une fois l'analyse terminée, inviter les enfants à sortir pour aller vérifier les problèmes évoqués.

• **Phase 2 : étude de quelques propriétés des ombres (10 min).** Cette phase permet de régler par l'expérience quelques problèmes apparus dans la phase de critique collective des dessins. Les élèves étant dans la cour, il est facile de leur faire vérifier que les ombres de tous les enfants (mais aussi celles des arbres, des poteaux, des immeubles, etc.) sont noires et qu'on ne peut pas distinguer, sur ces ombres, les yeux ou les détails des vêtements comme les boutons ou les poches. Dans un deuxième temps, on se propose de mettre clairement en évidence que « les ombres sont attachées aux pieds ». Pour cela regrouper les élèves en binômes et leur distribuer une seule craie blanche pour deux. Demander aux enfants de se déplacer lentement, deux par deux. Au signal, tous les enfants qui n'ont pas la craie doivent s'immobiliser, les enfants qui ont la craie restant près de leur camarade pour tracer par terre le contour de l'ombre de l'enfant immobile. Une fois le travail terminé, demander aux enfants de conclure. Il devient alors évident pour tous que, quelles que soient la position et l'orientation des enfants, « les ombres sont attachées aux pieds ». On peut répéter l'expérience en permutant les enfants pour que tous fassent le tracé d'une ombre.

- **Phase 3 : jeu avec accessoires/observation des comportements (10 à 15 min).** Au cours de cette seconde phase de jeu, distribuer aux enfants des accessoires avec lesquels on les laisse jouer librement dans un premier temps, tout en leur demandant de s'intéresser à l'ombre de ces objets. Ensuite leur proposer des activités plus guidées. Par exemple : à l'aide d'une serviette, cacher son ombre avec l'ombre de la serviette ; avec une baguette suivre le contour de l'ombre de son partenaire ; avec un cerceau, essayer de faire une ombre bien ronde, ou au contraire une ombre en forme de ballon de rugby ou encore une ombre en forme de trait droit ; essayer de faire la même chose avec les ballons ; mettre l'ombre de sa tête au milieu de l'ombre du cerceau ; etc.
- **Phase 4 : représentation graphique/vérification du respect de la consigne (10 min).** Après cette phase de jeu, place encore au dessin. De retour en classe, demander aux enfants qu'ils se dessinent avec ou sans un accessoire de leur choix, sans oublier, bien sûr, de représenter les ombres. Pour cette activité graphique, leur proposer encore des crayons (ou des feutres) de couleur. Pendant que les enfants dessinent, s'assurer qu'ils n'oublient rien de la consigne. Les dessins sur lesquels figurent les noms des élèves sont relevés. On a ainsi à sa disposition un matériel sur lequel on pourra s'appuyer pour démarrer la séance n° 8.

Séance n° 8

- **Phase 1 : analyse collective des dessins (5 à 10 min).** Après avoir remplacé à l'affichage les dessins de la séance n° 6 par ceux de la séance n° 7, demander aux enfants de les examiner pour trouver des incohérences (« Est-ce que vous voyez encore des choses bizarres ? ») à propos de la représentation des ombres. Exemples de productions :

On constate une évolution positive des dessins avec des ombres noires et pleines, sans détail vestimentaire (noter les progrès de Nabil), mais on retrouve encore quelques-unes des anomalies précédemment repérées, notamment le fait que les ombres ne touchent pas les pieds. Ces anomalies sont d'ailleurs souvent repérées spontanément par la classe. Le nouveau problème que doit faire émerger l'enseignant(e) est celui de la position et de l'orientation de l'ombre de l'enfant, par rapport au soleil. Afin de découvrir la solution de ce double problème, inviter les enfants à sortir dans la cour pour un jeu/observation.

- **Phase 2 : jeu sans accessoires/observation des comportements (10 à 15 min).** Cette phase a pour objectif de faire prendre conscience aux enfants que les ombres sont orientées. La consigne est de se déplacer en marchant ou en courant dans une zone bien délimitée et suffisamment grande de la cour, sans que les ombres se touchent. Ce jeu les oblige à faire attention à la fois à leur ombre et à celles de leurs pairs. Après cette première observation dynamique, leur demander ce qu'ils ont remarqué à propos de toutes les ombres d'enfants. Comme il y a peu de chance qu'ils aient remarqué qu'elles sont toutes parallèles et orientés dans la direction du soleil, un deuxième jeu/observation est nécessaire. Demander aux élèves de se placer en ligne, les uns à côté des autres. Plusieurs cas peuvent se présenter et il est intéressant d'épuiser la situation en demandant aux enfants de s'aligner de manière à ce que leurs ombres ne se touchent pas et soient devant eux, puis derrière eux, puis à leur droite, puis à leur gauche. Au cours de ces diverses situations statiques, il faut leur demander de comparer leurs ombres et de chercher où se trouve le soleil (sans le regarder directement !). Dans tous les cas, ils constatent que les ombres sont parallèles et opposées à la direction du soleil. On peut enfin leur demander de se placer de manière à ne faire qu'une seule ombre bien droite et la plus grande possible, d'abord devant eux, puis derrière eux, cette dernière situation permettant de vérifier qu'ils commencent à s'orienter par rapport au soleil.

• **Phase 3 : représentation graphique/vérification du respect de la consigne (10 à 15 min).** L'objectif est de refaire un dessin représentant sur la même page un enfant, son ombre et le soleil. Pour ce faire, inviter les enfants à se mettre deux par deux et à se dessiner mutuellement, à tour de rôle. Pour cela, il est nécessaire qu'ils disposent d'un support rigide à placer sous les feuilles de papier. Pendant que les enfants dessinent, s'assurer qu'ils n'oublient pas la consigne, à savoir dessiner sur la même feuille de papier le corps du partenaire, son ombre et le soleil.

Exemples de productions :

Évaluation

Séances nos 6, 7 et 8

Les enfants sont-ils capables de retrouver des erreurs sur un dessin représentant une ombre ? Sont-ils capables de deviner à partir de l'observation de leur ombre où se trouve le soleil ?

Prolongements

1. Le mouvement des ombres au cours de la journée

Les ombres des objets immobiles, arbres, poteaux, maisons, changent de longueur et de direction au cours de la journée. C'est dû au mouvement apparent du soleil. Il est intéressant de faire tracer l'ombre de tels objets dans la cour de l'école, pour remarquer à la fois le changement de direction de l'ombre et le changement de position du soleil dans le ciel. On constate que le phénomène se reproduit tous les jours, ce qui permet d'avoir une idée de l'heure : « Le matin le soleil est de ce côté-ci, l'après-midi, il est de ce côté-là. »

2. Photographies d'ombres

Avec un appareil photo numérique basique, apprendre aux enfants à faire des photographies sur lesquelles figurent en entier l'enfant et son ombre. On peut ensuite visualiser ces photographies sur un écran de télévision pour vérifier tout ce qui a été étudié sur les ombres. On peut aussi proposer aux enfants des images d'ombres et des images d'objets, à charge pour eux de les associer.

3. Apprendre à faire des ombres chinoises

Faire des ombres chinoises permet de faire travailler la position des mains et des doigts dans une perspective ludique, tout en se familiarisant avec la notion d'ombres et lumière. Vous trouverez des exemples d'ombres chinoises simples (impératif avec les enfants de maternelle) sur Internet : *http://www.latoilescoute.net/echanger/jouer_et_veiller/orga_veillees/typeveillee/ombres_chinoises/*.

:: Ouverture transdisciplinaire

Étude d'albums sur les ombres et la lumière

Par exemple, l'album *Ombre mon amie* de Quentin Deletaille (collection du Père Castor, Flammarion Éditeur), ou l'album *Il ne faut pas faire pipi sur son ombre* de Jean-Perre Kerloc'h et Fabrice Turrier (éditions Milan).

Séquence : Manipuler et explorer le monde des objets

Séances n°s 9, 10 et 11 Les aimants

Objectifs : Se familiariser avec les propriétés des aimants, en répondant aux trois questions suivantes :
- Que font les aimants ? (séance n° 9)
- Quels sont les objets que les aimants attirent ? (séance n° 10)
- Comment faire bouger un objet sans le toucher, en utilisant un aimant ? (séance n° 11)

Concept : Une propriété de la matière : le magnétisme.

Conditions préalables : Cette séquence peut être menée n'importe quand dans l'année.

Préparation de la classe

- Matériel

Séance n° 9. Pour chaque binôme : une table, une plaque en fer ou une petite baguette plate, une plaque de bois, une petite boîte contenant des aimants de toutes sortes, de formes et de forces variables, des objets en fer, des objets divers (gommes, petits gobelets en plastique, billes, cailloux, craies, pièces de monnaie, dés, boules en bois, petits jouets, etc.), des magnets (petits aimants portant une image ou une publicité, qu'on appose sur le réfrigérateur),
Pour la **séance n° 10**, ajouter au matériel précédent deux autres boîtes pour trier les objets.

Pour la **séance n° 11**. Pour chaque enfant : un petit personnage en plastique que l'on peut trouver dans les œufs-surprises, un petit aimant plat, un aimant plus gros et une boule de pâte collante.

Déroulement de l'activité

- **Durée** : 25 minutes (séance n° 9) ; 45 minutes (séance n° 10) ; 30 minutes (séance n° 11).
- **Modalités de travail** : chaque séance s'effectue en groupe de 10 élèves répartis en binômes.

→ Description de l'activité

Séance n° 9

- **Phase 1 : découverte (15 min).** Dans un premier temps, constituer les binômes et présenter le matériel à disposition sur les tables. Puis demander aux enfants de poser les objets sur les différentes plaques et d'observer. On peut suggérer de lever les plaques pour constater que le phénomène d'aimantation ne concerne pas tous les matériaux (tous les objets ne restent pas accrochés). La curiosité et les manipulations vont faire apparaître rapidement la propriété des aimants.

• **Phase 2 : verbalisation/structuration (5 min).** Inviter les enfants à parler de ce qu'ils ont observé pendant les manipulations. Cette discussion permet de préciser le langage et de rendre compte des découvertes : « Qu'avez-vous constaté ? », « Quels sont les objets qui ne "s'accrochent" pas à la plaque en fer ? », « Quels sont les objets qui restent "accrochés" sur la plaque en fer ? », « Y a-t-il des objets qui restent "accrochés" à la plaque en bois ? ». Pour valider les réponses des enfants, il faut avoir prévu une plaque en fer et une en bois. Cette phase de verbalisation permet de préciser que ce sont les aimants et les « magnets » qui restent accrochés à la plaque en fer. Remarque : les enfants risquent d'employer le terme « coller » (« les objets se collent sur la plaque en fer »). Il faudra alors faire la distinction avec de la « colle ».

• **Phase 3 : rangement (5 min).**

Séance n° 10

• **Phase 1 : verbalisation/structuration (15 min).** Regrouper les enfants pour revenir sur la séance précédente. Il s'agit de rappeler les conclusions après manipulation des aimants. On peut alors passer à la phase suivante.

• **Phase 2 : activité (20 min).** Distribuer deux aimants par binôme. Consigne : « Avec vos aimants, essayez d'attraper un objet dans la caisse. » L'objectif est de faire opérer un tri en deux catégories : les objets attirés (« que l'on peut attraper avec l'aimant ») et les objets qui ne sont pas attirés (« que l'on ne peut pas attraper avec l'aimant »). Les objets ainsi triés sont placés dans deux boîtes distinctes. Pendant que les élèves manipulent les aimants, circuler et observer.

• **Phase 3 : verbalisation/structuration (5 min).** Inviter les enfants à parler de ce qu'ils ont observé. On s'attend à ce qu'ils disent que les aimants attirent les objets en fer mais n'attirent pas les autres objets en bois, en plastique, etc. Cette discussion doit permettre de rendre compte des découvertes et de préciser le langage. C'est l'occasion d'introduire le vocabulaire spécifique « n'attire, n'attire pas ».

• **Phase 4 : rangement (5 min).**

Séance n° 11

Lorsqu'ils ont compris qu'un aimant attire les objets en fer, il est possible de mettre les élèves face à une situation-problème en leur demandant de faire bouger un objet sans le toucher, grâce à un aimant.

• **Phase 1 : déclenchante et verbalisation/structuration (5 min).** Après un rappel des séances précédentes sur la propriété des aimants et sur les objets attirés ou non, mettre en place la situation-problème avec la consigne suivante : « Avec les aimants, essayez de faire bouger votre petit personnage sans le toucher. »

• **Phase 2 : expérimentation (20 min).** Les élèves expérimentent et manipulent les différents objets mis à leur disposition. D'abord, circuler et observer sans intervenir. Laisser les élèves chercher. On s'attend à ce que les élèves disent que le petit personnage en plastique ne peut pas être attiré par l'aimant. Pour relancer l'activité, si besoin, on peut proposer aux élèves de prendre les deux aimants, de les rapprocher et d'observer le phénomène : les deux aimants interagissent : ils s'attirent ou ils se repoussent. C'est l'occasion de préciser le vocabulaire : les aimants « s'attirent » ou « se repoussent ».

Ensuite, l'enseignant peut poser la question : « Comment pourrait-on faire pour que le personnage bouge en utilisant le petit aimant ? » Dans cette phase de recherche expérimentale, l'enseignant apporte son aide, à la demande. Il rebondit sur les « trouvailles » des élèves pour faire évoluer la séance. L'objectif est de faire découvrir à la classe qu'il suffit de coller le petit aimant sur le personnage avec la pâte collante, puis d'utiliser l'autre aimant pour le faire bouger (avancer ou reculer).

• **Phase 3 : rangement (5 min).** Les petits personnages pourront être gardés sur une grande plaque pour pouvoir jouer. Cette activité peut être ensuite proposée pendant le temps de l'accueil en atelier libre.

:: Prolongements

1. À la recherche des objets en fer

Faire la chasse aux objets en fer dans la classe avec un aimant. Cette recherche permet de différencier le fer des autres métaux.

2. Fabriquer des jeux avec des aimants

Voici deux exemples de jeux avec des aimants :

- d'abord un jeu pour la kermesse de l'école : par exemple la pêche aux canards ou la pêche surprise. L'aimant servira d'hameçon (attraction à distance) ;
- un jeu pour la classe : jeu du labyrinthe en faisant déplacer des petits personnages grâce à un aimant placé sur (ou en dessous de) la planche de jeu (attraction à travers la matière).

Séances n°s 12 et 13 Utiliser une lampe torche

:: Objectifs : Découvrir et utiliser correctement une lampe torche. Développer l'habileté de l'utilisateur.

:: Concept : Un objet technique alimenté par des piles : la lampe torche.

:: Condition préalable : Aucune condition préalable n'est requise, cette séquence peut être menée à n'importe quel moment de l'année.

:: Préparation de la classe

- **Matériel**

Des lampes torches (une par enfant), des piles neuves et des ampoules neuves.
Quelques lampes ne fonctionnent pas (« pannes » créées par l'enseignant) :
- les piles sont enlevées ;
- les piles sont usées ;
- les piles sont à l'envers ;
- il n'y a qu'une pile ;
- l'ampoule est enlevée ;
- l'ampoule est mal vissée ;
- l'ampoule est grillée ;
- le boîtier est mal vissé, les piles ne poussent pas le ressort.

:: Déroulement de l'activité

- **Durée** : 45 minutes (séance n° 12) ; 50 minutes (séance n° 13).
- **Modalités de travail** : les deux séances se déroulent par groupe de 6 à 8 élèves (selon le nombre de lampes torches disponibles).

→ Description de l'activité

Séance n° 12

- **Phase 1 : préparation (10 min).** Dans un premier temps, l'enseignant présente la lampe torche aux enfants. C'est l'occasion de vérifier s'ils connaissent le nom et l'usage de cet objet. L'enseignant pose ensuite ces questions : « Qu'est-ce que c'est ? », « Comment s'appelle cet objet ? », « À quoi ça sert ? », « Pourquoi l'utilise-t-on ? »
- **Phase 2 : découverte et manipulation (20 min).** L'enseignant distribue une lampe torche à chaque enfant et demande de l'allumer.

Rôle de l'enseignant : c'est un temps de découverte, de manipulation libre, de tâtonnement. Les enfants essayent de faire fonctionner la lampe sans l'aide de l'adulte. Certains d'entre eux n'y parviennent pas. Il peut s'agir :
- d'une difficulté de manipulation (l'enfant ne parvient pas à pousser le bouton « marche ») ; dans ce cas, l'enseignant doit l'aider ;
- d'une « panne » ; c'est à partir de ces « pannes » que les enfants vont découvrir le fonctionnement de la lampe.

L'enseignant favorise les échanges entre enfants ainsi que le tutorat, afin de résoudre les différents problèmes rencontrés pour faire fonctionner la lampe. Par tâtonnement, essais/erreurs, on s'attend à ce que les enfants constatent :
- qu'il y a une ampoule mais pas de piles ;
- qu'il y a des piles mais pas d'ampoule ;
- que l'ampoule est mal vissée ;
- que l'ampoule est « grillée » ;
- que les piles sont mises à l'envers, etc.

Les différentes manipulations permettent aux enfants d'apprendre à introduire les piles l'une après l'autre « tête en haut », à tourner dans le bon sens pour visser l'ampoule, à pousser pour que le ressort touche les piles, etc.

Rôle de l'enseignant : l'objectif est de laisser les enfants chercher, tâtonner, faire des hypothèses, sans donner trop vite la solution. L'enseignant intervient pour relancer les recherches, inciter les enfants à ouvrir, à démonter, à remonter la lampe pour observer les différents éléments. Il s'agit également de faire préciser une idée intéressante pour obtenir un mot de vocabulaire précis (ampoule, boîtier, ressort).

- **Phase 3 : verbalisation (10 min).** Cette phase permettra de mettre en évidence les conditions nécessaires pour faire fonctionner la lampe. Les enfants prendront conscience qu'il faut :

- une ampoule qui fonctionne et bien vissée ;
- deux piles non usagées et mises dans le bon sens ;
- un ressort qui se pousse quand on ferme le boîtier.

- **Phase 4 : rangement (5 min).**

Séance n° 13

- **Phase 1 : préparation (5 min).** L'enseignant regroupe les enfants pour rappeler la séance précédente. C'est l'occasion de se souvenir et de rappeler comment utiliser la lampe torche. On demande ensuite aux enfants d'énumérer les différents éléments qui la constituent et de rappeler comment les installer dans la lampe pour qu'elle éclaire.
- **Phase 2 : évaluation (10 min).** L'enseignant distribue à chaque enfant une lampe torche démontée et demande de la remonter puis de la faire fonctionner. L'enseignant apportera son aide si besoin.
- **Phase 3 : élaboration de la trace écrite (20 min).** L'enseignant distribue une feuille de format A5 aux enfants et leur donne la consigne suivante : « Dessinez ce que l'on pourrait voir à l'intérieur de la lampe si elle était transparente. » Pendant que les enfants dessinent, l'enseignant circule et observe. Il apporte son aide pour que tous les éléments soient bien représentés (le boîtier, l'ampoule, les deux piles, le ressort).
- **Phase 4 : analyse des dessins (10 min).** L'enseignant affiche tous les dessins au tableau. Ceux-ci sont commentés et analysés collectivement. On retiendra le dessin le plus explicite pour garder une trace écrite.
- **Phase 5 : rangement (5 min).**

Évaluation

Séance n° 12. Elle s'effectue par observation pendant la séance. L'élève sait-il faire fonctionner sa lampe ?

Prolongement

Utiliser d'autres objets alimentés par des piles pour comparer.

Séance n° 14 Fabriquer une voiture qui roule

Objectifs : Découvrir le rôle des roues et de l'essieu dans une voiture, en essayant de fabriquer un véhicule rudimentaire (à au moins un essieu), mais qui roule.
Développer le sens de l'observation des mécanismes et l'habileté manuelle.

Concept : Un mécanisme simple : le système roue-essieu.

Conditions préalables : Les enfants ont déjà eu l'occasion de jouer dans le « coin garage » de la classe avec des objets roulants. Ils ont pu faire rouler ces objets sur différents plans (au sol, avec un garage sur des plans plus ou moins inclinés).

Préparation de la classe

- **Matériel**
Divers objets (disposés de manière bien visible sur quelques tables) pouvant servir à fabriquer :
- des roues (bouchons en liège, en plastique, boules de cotillons, etc.) ;
- des essieux (allumettes, pailles, brochettes en bois, bâtons de sucette, etc.) ;
- des carrosseries (grosses boîtes d'allumettes, boîtes de médicaments, etc.) ;
- des liens (ruban adhésif, pâte collante).

Quelques petites voitures construites avec des pièces de jeu de construction (on en trouve aussi dans les œufs-surprises, etc.). Elles doivent être cachées en début de séance et réservées à l'observation.

Déroulement de l'activité

- **Durée** : 45 minutes.
- **Modalités de travail** : la séance se déroule par groupe de 8 élèves.

→ Description de l'activité

- **Phase 1 : préparation (10 min).** L'enseignant présente aux enfants le matériel disposé sur les tables, puis le projet, à l'aide d'une situation-problème : « Pour le coin garage de la classe, vous allez construire une voiture qui roule. »
- **Phase 2 : recherche (20 min).** L'objectif est de découvrir comment on peut relier les roues à la carrosserie, de manière à ce qu'elles puissent tourner. Les enfants manipulent, tâtonnent et essayent de construire leur voiture. Pendant les manipulations, l'enseignant favorise les échanges, le tutorat, sans donner de solution au problème. Il observe les réactions des enfants et les exploite pour avancer dans les recherches. Il pose les questions suivantes : « Pourquoi la voiture roule-t-elle ? Grâce à quoi ? »

Les enfants ont conscience de la nécessité des roues, mais on s'attend à ce qu'ils proposent les solutions techniques suivantes :
- attacher les roues directement sur la voiture sans essieu ;
- attacher ou coller l'essieu en dessous de la voiture sans qu'il puisse tourner ;
- utiliser des roues n'ayant pas forcément un diamètre identique sur le même essieu.

Le vocabulaire utilisé lors des échanges qui suivent doit être précis.
Pour relancer les recherches, si besoin l'enseignant apporte des voitures et demande aux enfants d'observer :
- comment les roues sont attachées ;
- comment l'essieu est fixé.

Il incite ensuite les enfants à démonter et à remonter la voiture pour mieux comprendre le système.

- **Phase 3 : verbalisation (10 min).** Cette phase doit permettre de mettre en évidence les conditions nécessaires pour faire rouler la voiture. Les enfants doivent prendre conscience :
- qu'il faut un essieu pour lier les roues entre elles ;
- qu'il faut deux roues de même taille de chaque côté de l'essieu ;
- que l'essieu doit pouvoir tourner pour que la voiture roule.
- **Phase 4 : rangement (5 min).** Chaque voiture est rangée avec le nom de l'enfant pour la séance sur la fiche technique (*cf.* le prolongement).

Prolongement

Créer la fiche technique de la voiture (les différents éléments utilisés pour la construction et l'ordre chronologique des actions à effectuer).

Chapitre 6

Monde du vivant, environnement, hygiène, santé et sécurité

:: Continuité des apprentissages en maternelle

:: Repères pratiques

:: Séances 1 à 10

Brigitte Faure-Vialle

Continuité des apprentissages en maternelle

	1re année	2e année	3e année	Grande section
Observer les caractéristiques du vivant				
Sait retrouver l'ordre des étapes de développement d'un animal ou d'un végétal	éventuellement	éventuellement	prioritairement	prioritairement
Sait reconstituer l'image du corps humain, d'un animal ou d'un végétal à partir d'éléments séparés	éventuellement	prioritairement	prioritairement	à consolider
Sait reconnaître les manifestations de la vie animale et végétale, les relier à de grandes fonctions (croissance, nutrition, locomotion, reproduction)	éventuellement	éventuellement	prioritairement	prioritairement
Découvrir différents milieux, se sensibiliser aux problèmes de l'environnement				
Sait repérer quelques caractéristiques des milieux				
• environnement proche	éventuellement	éventuellement	prioritairement	prioritairement
• environnement lointain, moins familier			éventuellement	prioritairement
• environnement marqué par l'activité humaine			éventuellement	prioritairement
Sait adopter une attitude responsable		éventuellement	éventuellement	prioritairement
Découvrir son corps, se sensibiliser aux problèmes d'hygiène, de santé et de sécurité				
Connaît et sait appliquer quelques règles d'hygiène du corps, des locaux et de l'alimentation				
• lavage des mains, des dents	prioritairement	prioritairement	à consolider	à consolider
• rangement, propreté	prioritairement	prioritairement	à consolider	à consolider
• régularité des repas, composition des menus			éventuellement	prioritairement
Sait prendre en compte des risques de la rue et ceux de l'environnement proche ou plus lointain				
• piétons et véhicules	prioritairement	prioritairement	à consolider	à consolider
• objets et comportements dangereux (produits toxiques)	prioritairement	prioritairement	à consolider	à consolider
• risques majeurs				prioritairement
Sait repérer une situation inhabituelle ou de danger, demander de l'aide pour être secouru ou porter secours	éventuellement	éventuellement	prioritairement	prioritairement

Légende :
- compétences à travailler prioritairement
- compétences à consolider
- compétences pouvant éventuellement être mises en place

Repères pratiques

1. Les axes forts du domaine d'activités

Les dix séances proposées pour la grande section de maternelle s'organisent autour des trois parties du programme « Découvrir le monde vivant à l'école maternelle » dont les axes essentiels sont les suivants.

A Partie 1 : observation des caractéristiques du vivant

« Les jeunes enfants ont des rapports privilégiés avec les animaux. Ainsi, ils découvrent rapidement certaines caractéristiques de la vie : un animal naît, grandit, se reproduit et meurt » (extrait du *BO*). Cette première partie met l'accent sur l'observation des animaux (et des plantes) que les élèves apprennent à décrire et à comprendre quant à leur fonctionnement. C'est l'occasion de mettre en place dans la classe des élevages et des cultures, support privilégié de verbalisation et de responsabilisation. De nombreux échanges avec l'adulte vont permettre l'émergence d'un questionnement productif et la construction des connaissances. En grande section, l'enfant peut retrouver l'ordre des étapes de développement d'un végétal ou d'un animal à partir de cinq ou six images séquentielles. De la même manière, il peut reconstituer l'image du corps humain, ou d'un animal ou encore d'un végétal à partir d'éléments séparés, avec cinq ou six images. Les manifestations de la vie animale et végétale peuvent être reliées, en grande section, aux fonctions de croissance, nutrition, reproduction chez les animaux et les végétaux, et de locomotion chez les animaux.

B Partie 2 : découverte de différents milieux, sensibilisation aux problèmes de l'environnement

« Ce n'est que lorsque le milieu proche a été exploré et reconnu qu'il devient possible d'aller à la rencontre de réalités plus complexes (extrait du *BO*). L'axe fort de cette deuxième partie est centré, avec les élèves de grande section sur la découverte d'une part d'un environnement plus lointain, moins familier, toujours à partir de situations concrètes, et d'autre part d'un environnement marqué par l'activité humaine. De plus, développer une attitude responsable reste une priorité, en veillant à s'appuyer sur des situations plus complexes que celles rencontrées en petite ou en moyenne section : respect de la végétation et des hôtes des milieux observés lors des sorties, pratique de quelques gestes qui respectent l'environnement dans la vie de tous les jours, etc.

C Partie 3 : découverte du corps et sensibilisation aux problèmes d'hygiène

« La découverte de son corps dans sa globalité et dans ses différentes parties, leur désignation sont source d'intérêt pour le jeune enfant. Chaque jour et de manière très concrète, dans le respect des habitudes culturelles de chacun, on apprend à satisfaire aux règles élémentaires d'hygiène » (extrait du *BO*). Cette partie met l'accent, en grande section, sur les règles d'hygiène de l'alimentation : régularité des repas, composition des menus, etc. Un deuxième axe fort, dans cette partie, est celui concernant la sécurité dans un environnement plus lointain que celui envisagé en petite ou en moyenne section.

Remarque : Les compétences spécifiques à la découverte du vivant sont déclinées pour chaque séance, mais il est évident que les compétences concernant le langage sont également attendues, que ce soit sur la communication, le langage en situation ou celui d'évocation.

2. Les spécificités de la section

« Les différents aspects de la découverte du vivant ne peuvent être abordés qu'à partir de **mises en situation et d'observation du réel** qui répondent à la curiosité des enfants. En maternelle, l'important est qu'ils repèrent et nomment **ce qu'ils observent**. L'essentiel est de prendre conscience de la **diversité** du monde vivant et des différents milieux tout en identifiant quelques-unes des **caractéristiques communes** aux végétaux, aux animaux et à l'enfant lui-même. » (extrait du *BO*)
L'extrait du programme officiel met l'accent sur quatre points essentiels dont nous allons préciser les spécificités pour la grande section de maternelle.

A Partir du réel

Toutes les séances proposées ici s'appuient le plus possible sur le réel. Il est en effet souhaitable de partir de mises en situation (occasionnelles ou provoquées) où les élèves se sentent personnellement concernés. À partir de ces situations motivantes intégrant le plus possible le vivant, des questions émergent spontanément. La recherche de solutions aux problèmes scientifiques posés se fera le plus possible par l'observation et la comparaison.

B Observer

Observer à l'école primaire est une véritable démarche scientifique à privilégier, l'expérimentation étant difficile à mettre en œuvre pour de jeunes élèves. Pour des enfants de 5 ans, les premières observations sont fondamentales pour les aider à traiter l'ensemble des observations et à trouver ce qui est observable et ce qui est à observer. Le professeur doit privilégier l'observation libre, mais il peut les guider petit à petit pour orienter leur attention sur ce qui est à observer. De plus, l'observation en grande section peut déjà être davantage orientée par le professeur, puisque c'est par l'observation que l'enfant peut trouver une (ou des) réponse(s) à une question ou un problème posés.
L'observation doit être suivie d'une production écrite, souvent un dessin d'observation. Le professeur demande aux élèves de dessiner ce qu'ils voient, c'est-à-dire de quitter peu à peu les dessins affectifs pour prendre davantage en compte les éléments du réel. Lorsque l'enfant grandit, son dessin devient plus précis parce qu'il améliore ses capacités motrices, ainsi que son attention sur les détails à observer. Ainsi, au fil du temps, l'enfant apprend à observer de manière plus rigoureuse (construction d'une grille d'observation), et par conséquent son dessin d'observation sera plus structuré et organisé, et donc moins aléatoire et affectif.

C Prendre conscience de la diversité du vivant et des milieux et identifier les caractéristiques communes aux êtres vivants

Le vivant est caractérisé par sa diversité et également par son unité. Dès le plus jeune âge, on peut familiariser les enfants en diversifiant les élevages d'animaux, les plantations de végétaux, l'étude des milieux, etc. Pour illustrer l'unité du vivant, il est intéressant de comparer les cycles de vie d'animaux différents, de végétaux. L'étude des manifestations de la vie animale et végétale reliée aux grandes fonctions (croissance, nutrition, reproduction, locomotion) est fondamentale pour montrer les caractéristiques communes aux êtres vivants et donc leur unité.

3. Éléments didactiques et pédagogiques

« Pourquoi de la "biologie" à l'école maternelle ? » On sait que le jeune enfant s'intéresse spontanément aux êtres vivants aux animaux surtout. Cependant, le très jeune enfant est animiste, c'est-à-dire que, pour lui, tout est « animé », et donc sa conception du « vivant » est très éloignée de la conception scientifique. Par conséquent, il est nécessaire de sensibiliser les enfants au vivant/non-vivant. De plus, sachant que c'est l'âge de l'intelligence sensorielle et motrice, les activités du professeur seront surtout de type sensori-moteur et donc nécessiteront des supports le plus possible réels (animaux, plantes, etc.). C'est sur ces quelques éléments que s'appuient les séances proposées ci-après, avec des activités d'investigation (motrices ou sensorielles) et de structuration qui permettent, peu à peu, de faire émerger un savoir biologique à partir de la découverte du monde.

Les activités d'investigation sont quasiment identiques dans toutes les sections de maternelle, et sont de deux types :
– les **activités motrices** (observer d'autres êtres vivants et traduire par son corps [expression corporelle] le résultat de l'observation) : ce type d'activités se pratique très bien avec les petites ou moyennes sections ;
– les **activités de soins** aux élevages et aux cultures peuvent être développées surtout en grande section, le professeur restant responsable du maintien en vie des animaux et végétaux.
Les moments structurants peuvent suivre une programmation tout au long de la maternelle. En grande section, les activités de structuration s'appuient prioritairement sur les soins aux animaux et aux végétaux auxquels les élèves peuvent être associés à cet âge. Les enfants de petite et moyenne sections aident simplement le professeur qui reste responsable des cultures et élevages. Il est aussi possible, en grande section, de proposer des activités de tri (vivant/non-vivant) avec de nombreux exemples d'êtres vivants (animaux et végétaux), des éléments plus complexes (comme des plumes d'oiseaux, des coquilles vides d'escargots, etc.), et des êtres vivants plus difficilement identifiables : graines, œufs, fruits, etc.

Un ouvrage de référence est recommandé : Coquide-Cantor M., Giordan A., *L'Enseignement scientifique à l'école maternelle*, Z'Éditions, 1997.

Séquence : Observer les caractéristiques du vivant

Séance n° 1 L'histoire du ver de farine

Objectif : Découvrir la métamorphose à travers l'histoire du ver de farine.

Concept : Le vivant.

Compétences : Savoir retrouver l'ordre des étapes de développement d'un animal. Savoir adopter une attitude responsable.

Conditions préalables : Le professeur s'est procuré des « vers de farine » à l'office pour les insectes et leur environnement (www.insectes.org).
L'élevage est présenté dans un bac transparent, il est à observer chaque jour, pendant six semaines environ.

Préparation de la classe

- **Organisation de la classe**
  Les élèves sont réunis autour d'une table sur laquelle se trouvent l'élevage, les pots contenant les formes de l'élevage, les photographies, les dessins d'observation réalisés au fur et à mesure ainsi que les textes produits en dictée à l'adulte.
- **Matériel**
  Photographies de l'animal à divers stades de développement (larve, nymphe, adulte jeune, adulte plus âgé), dessins et textes produits. Feuilles blanches, colle, feutres, étiquettes avec le nom de chaque forme et sa couleur.

Déroulement de l'activité

- **Durée** : 30 minutes.
- **Modalités de travail** : atelier dirigé de 8 élèves.

→ Description de l'activité

- **Phase 1 : situation de départ.** Au fur et à mesure des observations, les enfants ont distingué cinq formes (« les noirs, les marron, les blancs, les vers et les peaux ») qui ont été isolées ; chacune a été mise dans un pot en verre et prise en photo. De plus, des dessins de chaque forme ont été réalisés par les enfants, accompagnés de dictées à l'adulte. Lorsqu'ils sont placés devant les différentes traces, le professeur pose la question suivante : « Dans toutes les formes, qui sont les bébés ? Que deviennent-ils ? Qui sont les parents ?, etc. »
- **Phase 2 : investigation.** Pour trouver un lien entre toutes les formes, les enfants, avec l'aide de l'enseignant, essaient de faire concorder les différentes traces : pots avec les formes, photographies, dessins et textes produits. Ils se rendent compte que certaines formes changent, sauf « les noirs et les peaux ». Le professeur pose alors la question : « Quelle forme se transforme en quelle autre ? » Par des observations précises, les enfants se mettent d'accord sur les transformations suivantes : « Les vers ou mille-pattes deviennent blancs, et on retrouve une peau ; un blanc devient marron avec des ailes ; le marron devient noir. »
- **Phase 3 : structuration.** Chaque enfant doit écrire l'histoire du ver de farine avec 5 étiquettes (photographie et nom de la forme) à placer dans le bon ordre (et à coller sur sa feuille) : les noirs sont les adultes (les parents), les vers de terre (ou mille-pattes) sont les bébés (ou larves), les blancs sont les nymphes qui se transforment en marrons (qui sont les adultes jeunes). On se met d'accord pour placer les peaux à côté des larves (ce sont les mues de larves).

Résultat attendu

L'important est que les enfants acceptent l'idée que certaines formes se transforment en d'autres au cours du temps (c'est la notion de métamorphose dont le mot n'est pas forcément à donner).

Évaluation

Le professeur veille à ce que chaque enfant ait placé dans le bon ordre chaque forme dans les étapes de développement du ténébrion.

:: Conseil

L'histoire du ver de farine peut être retrouvée sur le site de la main à la pâte.

:: Prolongement

Comparer les étapes de développement avec d'autres exemples d'animaux et de végétaux, ce qui permet de travailler sur l'unité (cycle de vie) et la diversité du vivant (plusieurs exemples), en continuité avec un travail déjà amorcé en petite et moyenne sections.

:: Définitions

Le **développement** désigne la succession des transformations de chaque être vivant au cours du temps et présente différentes phases qui conduisent de l'œuf (appelé aussi cellule-œuf) à l'état adulte : naissance, croissance, métamorphose pour certaines espèces, âge adulte, vieillissement, mort.

La **croissance** d'un organisme indique une augmentation de la masse de matière qui se traduit par une augmentation irréversible de la taille et/ou de la masse corporelle. La croissance est surtout présente de la naissance à l'âge adulte chez les animaux, elle s'arrête aux alentours de la maturité sexuelle qui caractérise la phase adulte. Chez les végétaux, la croissance, pouvant varier avec les saisons, se poursuit pendant toute la durée de vie.

Séance n° 2 Je fabrique un insecte

Objectif : Découvrir la morphologie d'un insecte.

Concept : Le vivant.

Compétence : Savoir reconstituer l'image d'un insecte à partir d'éléments séparés (5 à 6 images en grande section).

Condition préalable : Un élevage d'insectes, par exemple de ténébrions meuniers, est mis en place dans la classe et observé tous les jours.

Préparation de la classe

- **Organisation de la classe**
  Chaque élève dispose d'une boîte en plastique (avec une loupe) dans laquelle se trouve un ténébrion adulte.
- **Matériel**
  Petites boîtes en plastique avec une loupe incorporée dans le couvercle.

Déroulement de l'activité

- **Durée** : 30 minutes.
- **Modalités de travail** : atelier de 8 élèves.

→ Description de l'activité

- **Phase 1 : situation de départ.** L'élevage de ténébrions se trouve sur la table autour de laquelle sont assis les enfants. Le professeur pose la question : « Comment sont les ténébrions ? Observez-les bien et décrivez-les. » Les élèves s'expriment librement sur la morphologie de l'insecte. Le professeur propose alors de les observer encore mieux à l'aide de la petite boîte avec la loupe.
- **Phase 2 : investigation.** Chaque enfant prend une boîte et le professeur demande : « Comment va-t-on s'en servir pour mieux voir le ténébrion ? » Les enfants se mettent d'accord qu'il faut prendre un insecte dans le bac d'élevage et le mettre dans la boîte. Une fois que chacun a sa boîte avec le ténébrion, l'observation devient plus précise et plus guidée : « Comment est son corps ? Y a-t-il plusieurs parties ? Combien a-t-il de pattes ? Et sa tête ? Y a-t-il des antennes ? A-t-il des ailes ? » Au fur et à mesure des réponses des enfants, le professeur dessine sur une affiche au tableau l'insecte, avec le nom des différentes parties. « Vous allez maintenant fabriquer le ténébrion, avec le matériel que je vais poser sur la table. »
- **Phase 3 : structuration.** Lorsque chaque enfant a réalisé le modèle de l'insecte, il le présente aux autres, en le comparant au dessin de l'affiche, pour voir s'il ne s'est pas trompé.

Résultats attendus

Le professeur veille à ce que chaque élève construise un modèle d'insecte correctement, et qu'il le présente à l'oral avec le bon vocabulaire.

Évaluation

La validation sera effectuée par le professeur qui s'assurera de la compréhension du bon vocabulaire précis et de son utilisation correcte lorsque l'enfant observe les insectes.

Ouverture transdisciplinaire

De nombreux exercices de motricité peuvent être l'occasion de faire prendre conscience de la morphologie et des mouvements de différents animaux, insectes compris. Des jeux de mimes peuvent être réalisés (un élève exécute un mouvement et les autres font le même).

Définition

Les **insectes** forment une classe d'invertébrés de l'embranchement des arthropodes. Les insectes sont les animaux les plus nombreux sur terre : 80 % des espèces animales.

Leur corps est composé de trois parties : tête, thorax, abdomen ; il se caractérise par la présence de trois paires de pattes, deux paires d'ailes (chez les ptérygotes seulement) et d'une paire d'antennes (six pattes, quatre ailes et deux antennes).
Cette description morphologique est une généralité, l'évolution ayant fait que, par spécialisation, certains éléments peuvent être atrophiés.

Séance n° 3 Je fais du sport

:: Objectif : Découvrir son corps après un effort intensif.

:: Concept : Le vivant.

:: Compétences : Savoir reconnaître les manifestations de la vie animale. Les relier à de grandes fonctions (respiration, circulation).

:: Préparation de la classe

- **Organisation de la classe**
  La classe se déplace dans la salle de sport.
- **Matériel**
  Divers objets : foulards, balles, cerceaux, etc.
  Feuilles blanches, feutres, étiquettes, colle.
  Des plumes d'oiseaux attachées à un fil.

:: Déroulement de l'activité

- **Durée** : 10 minutes (jeu des déménageurs) ; 20 minutes sur la respiration.
- **Modalités de travail** : en groupe classe.

→ Description de l'activité

- **Phase 1 : situation de départ.** Les enfants jouent au jeu des déménageurs, en deux équipes qui s'affrontent. Chaque équipe doit rapporter le plus vite possible divers objets (foulards, balles, etc.). Après cet effort intense, le professeur leur pose la question suivante : « Comment vous sentez-vous ? Que ressentez-vous ? » Les enfants expriment leur ressenti (« J'ai chaud, soif, je respire vite, fort, mon cœur bat vite... »). L'enseignant leur demande : « Que se passe-t-il quand vous respirez ? » Des propositions sont faites par les enfants qui pensent souvent que respirer, c'est prendre de l'air. Le professeur leur demande : « Et pour mesurer la respiration, comment peut-on faire ? » Des idées sont proposées par les élèves, mais comme il est difficile de compter à haute voix tout en soufflant, tout le monde décide de se mettre par équipe de deux.
- **Phase 2 : investigation.** Avant de mesurer la respiration, le professeur reprend les sensations des élèves lorsqu'ils respirent : « Que se passe-t-il quand vous respirez ? » Les enfants sont invités à s'allonger (au repos) sur des tapis de sol, puis à mettre une main sur le ventre et l'autre sous le nez. Ensuite, par deux, ils s'observent mutuellement, posent la main sur le ventre de l'autre. Une petite « expérience » est réalisée : toujours par deux, l'un observe l'autre qui souffle sur une plume attachée à un fil qu'il tient devant son nez, et un petit objet est posé sur son ventre : « Comment est le ventre de ton camarade lorsqu'il souffle sur la plume ? »

Dans un deuxième temps, après une discussion collective sur la stratégie à adopter pour mesurer la respiration, tout le monde se met d'accord pour compter à chaque fois que le ventre de son camarade se soulève, dans deux situations différentes : après 3 minutes de course, puis après 3 minutes de repos. Le professeur propose de noter sur une feuille de papier un trait à chaque fois que le ventre se soulève. Le problème se pose : « On compte pendant combien de temps ? » On décide alors d'utiliser un sablier de jeu de société.

- **Phase 3 : structuration.** Une fois les comptages effectués par les équipes après les deux situations différentes, la mutualisation des résultats confirme qu'on respire plus vite quand on a couru. De plus, quand on respire, il y a deux temps : l'un où l'on prend de l'air (le ventre est gros), l'autre où l'on souffle (le ventre devient plus petit).

Résultats attendus

Les enfants sont passés du constat de la respiration en un temps, vers une respiration en deux temps (on aspire et on souffle) et une respiration rythmée qui varie selon la situation vécue.

Évaluation (de retour en classe)

Les enfants dessinent sur une feuille blanche partagée en deux colonnes un bonhomme qui prend de l'air, et un autre qui rejette de l'air. Des étiquettes préparées par le professeur sont collées par les enfants à côté du bonhomme correspondant : « Je prends de l'air », « Je rejette de l'air ».

:: Conseils

En maternelle, l'essentiel, dans ce type de séance, est d'aborder le corps dans sa globalité. Si l'enfant prend conscience de ses ressentis et arrive à percevoir quelques manifestations des fonctions respiratoire et circulatoire (séance suivante), c'est important car ces notions sont très peu souvent abordées en maternelle. Il ne s'agit pas bien sûr d'accumuler des connaissances à ce niveau, ces notions seront reprises et étudiées aux cycles 2 et 3.

:: Prolongement

- Où est le cœur et quel bruit fait-il ? Comment bat-il après avoir couru ? Les enfants peuvent percevoir les battements de leur propre cœur et ceux du cœur de leur camarade.
- À quoi servent les muscles ? Pourquoi un athlète a-t-il des muscles très développés ?

Après avoir montré aux enfants que la respiration et le rythme cardiaque augmentaient après un effort physique, il est intéressant de prolonger ces notions sur le rôle des muscles (et des articulations) dans la réalisation des mouvements (idée que les organes ne fonctionnent pas de manière séparée).

:: Définitions

Les organes du corps ne fonctionnent pas de façon séparée, ils travaillent simultanément et en relation les uns avec les autres.

Dans l'**intestin grêle**, au moment de la digestion, les nutriments passent dans le sang. Quand un **muscle** se contracte, le sang lui apporte des nutriments et de l'oxygène, et le débarrasse du gaz carbonique et des autres déchets qu'il produit. Dans les **poumons**, l'oxygène arrive sans interruption. Le sang y rejette le gaz carbonique et emporte l'oxygène vers toutes les parties du corps. Dans les **reins**, de l'urine se forme à chaque instant à partir des déchets filtrés dans le sang. Le **cœur** bat sans arrêt et assure la circulation du sang dans tout le corps.

Séance n° 4 Je ne suis plus un bébé, je vais encore grandir

:: Objectif : Faire prendre conscience à l'enfant de GS qu'il n'est plus un bébé et qu'il va grandir encore.

:: Concept : Le vivant.

:: Compétences : Savoir reconnaître les manifestations de la vie animale. Les relier à de grandes fonctions (croissance).

:: Conditions préalables : L'enfant a déjà pris conscience qu'il grandissait. Cette séance est donc à réaliser plutôt au troisième trimestre.

:: Préparation de la classe

- **Matériel**
  Toises de chaque enfant réalisées sur l'année scolaire.
  Photographies de bébés, d'enfants d'âges différents, d'adolescents et d'adultes.
  Feuilles blanches, feutres.

:: Déroulement de l'activité

- **Durée** : 30 minutes.
- **Modalités de travail** : atelier de 8 élèves, travail collectif puis individuel.

→ Description de l'activité

- **Phase 1 : situation de départ.** Chaque enfant a les toises réalisées depuis le début de l'année et ses contours de pieds : « Observez bien vos toises et contours de pieds et dites ce que vous remarquez. » Les enfants s'expriment sur ce qu'ils observent, comparent, superposent leurs contours de pieds. Tous s'accordent à dire qu'ils ont grandi pendant toute l'année, chacun de manière différente. Le professeur pose la question : « Êtes-vous encore des bébés ? Est-ce que vous allez grandir encore ? »
- **Phase 2 : investigation.** Le professeur étale sur la table des photographies de bébés et de jeunes enfants : « Comment sont les bébés par rapport à vous ? Que font-ils et qu'est-ce qu'ils ne peuvent pas faire par rapport à vous ? » Un temps de langage s'instaure autour des bébés par rapport à eux. Puis le professeur ajoute des photographies d'adultes et pose la question : « Que font les adultes ? Comment sont-ils par rapport à vous ? Quand vous serez plus grands, qu'est-ce que vous aimeriez faire ? » Un deuxième temps de langage s'instaure autour des adultes et eux.
- **Phase 3 : structuration.** Le professeur propose que toutes les remarques faites sur les bébés, eux et les adultes soient classées. Un tableau de classement est réalisé sur une affiche et le professeur note ce que dictent les enfants :

	Bébés	Enfants	Adultes
Aspect			
Alimentation			
Activités			

Résultats attendus

Le professeur veille à ce que chaque enfant arrive à parler de lui : « Quand j'étais bébé... », et puisse se projeter dans l'avenir : « Quand je serai plus grand... »

Évaluation

Les enfants doivent être capables de ranger des photographies de différentes personnes menant des activités à des âges différents, en collant les photographies sur une feuille, avec trois colonnes : passé, présent, futur. Ils doivent se dessiner dans la bonne colonne.

:: Définitions

La croissance chez l'homme se déroule essentiellement au cours de trois étapes :
- la **petite enfance** de 0 à 3 ans : le bébé grandit vite la première année, de 50 cm en moyenne à la naissance à 75 cm à l'âge d'un an. Ensuite, la taille augmente de 8 à 15 cm par an. Le poids augmente lui aussi vite, il double au bout de 6 mois, triple à 1 an. Ensuite, le poids augmente de 2 à 3 kg par an. Pendant cette période, le squelette s'ossifie à partir de points d'ossification, et les dents de lait commencent à pousser vers 6 ou 7 mois ;
– **de l'enfance à l'adolescence** (3 à 10 ans) : on assiste à une poussée de croissance vers 6 ans. Pendant cette étape, les dents de lait sont peu à peu remplacées par des dents définitives ;
- l'**adolescence** : cette période est caractérisée par la puberté qui est une étape du développement humain marquant la transition de l'enfance à l'adolescence. Elle se signale notamment par une croissance rapide et le développement des caractères sexuels primaires et secondaires, avec de profonds changements physiques et comportementaux. L'âge de la puberté varie d'un individu à l'autre (chez le garçon, entre 10 et 15 ans ; chez les filles, entre 9 et 14 ans).

On distingue deux types de facteurs qui influencent la croissance : des facteurs externes à l'organisme (alimentation, dont les vitamines, facteurs psychologiques) et des facteurs internes (hormones, hérédité).

Séquence : Découvrir différents milieux, se sensibiliser aux problèmes de l'environnement

Séance n° 5 J'identifie le paysage avant et après le passage de l'homme

:: **Objectif** : Identifier le paysage avant et après le passage de l'homme.

:: **Concept** : Environnement.

:: **Compétences** : Savoir repérer quelques caractéristiques des milieux, par exemple l'environnement marqué par l'activité humaine.
Savoir adopter une attitude responsable.

:: Préparation de la classe

- **Organisation de la classe**
  Élèves réunis autour de l'ordinateur de la classe.
- **Matériel**
  Appareil photo numérique, ordinateur, feuilles blanches, feutres, crayons de couleur, photographies de paysage.

:: Déroulement de l'activité

- **Durée** : 40 minutes.
- **Modalités de travail** : atelier de 8 élèves qui travaillent collectivement.

→ Description de l'activité

• **Phase 1 : phase déclenchante.** Le professeur a pris des photographies avec son appareil numérique et les montre aux enfants placés devant l'écran de l'ordinateur. Elles représentent des paysages naturels non transformés par l'homme et des paysages marqués par l'activité humaine. Le professeur laisse les élèves s'exprimer librement sur les photographies, en les comparant. Des questions émergent, parmi lesquelles le professeur retient le problème suivant : « Comment l'homme a-t-il transformé le paysage ? »

• **Phase 2 : investigation.** Deux photographies agrandies sont accrochées au mur, l'une représente (si c'est possible) la photographie de l'école, l'autre le même endroit avant la construction. Voici la consigne du professeur : « Quel est le métier de l'homme qui a permis de construire l'école ? Comment était le paysage avant la construction ? » Le métier est nommé (le maçon) et d'autres exemples sont donnés sur les endroits où le métier est exercé et sur les conséquences sur le paysage. Un autre métier peut être recherché, qui montre aussi les transformations sur le paysage (l'industriel, le constructeur de routes, etc.). Individuellement, chaque enfant réalise un dessin montrant un paysage naturel puis un autre dessin avec un paysage transformé par l'homme.

• **Phase 3 : structuration.** Les élèves, avec l'aide du professeur, nomment correctement au moins deux métiers dans lesquels l'homme transforme le paysage, indiquent l'endroit où le métier est exercé et parlent du paysage avant et après le passage de l'homme.

Résultat attendu

Le professeur attend que l'élève prenne conscience que l'homme, par ses actions, transforme le paysage.

Évaluation

Un document est distribué, sur lequel plusieurs paysages sont représentés. Chaque élève doit entourer ceux qui sont transformés par l'homme.

:: Prolongement

Une action environnementale peut être mise en place dans l'école : tri sélectif, aménagement des espaces verts, plantations, etc.

:: Définitions

Le **milieu** ou l'**environnement** comprend l'air, l'eau, le sol, les ressources naturelles, la flore, la faune et les êtres humains. L'environnement peut aussi être défini comme « l'ensemble, à un moment donné, des aspects physiques, chimiques, biologiques et des facteurs sociaux et économiques susceptibles d'avoir un effet direct ou indirect, immédiat ou à terme, sur les êtres vivants et les activités humaines ». D'une façon plus générale, l'environnement est constitué de « l'ensemble des éléments qui, dans la complexité de leurs relations, constitue le cadre, le milieu, les conditions de vie pour l'homme ».

Un **écosystème** est un système biologique formé par un ensemble d'espèces associées (appelées la biocénose), développant un réseau d'interdépendances dans un milieu, le biotope, caractérisé par un ensemble de facteurs physiques, chimiques et biologiques permettant le maintien et le développement de la vie. Selon ces facteurs, les écosystèmes sont constitués d'associations d'espèces plus ou moins complexes. La partie du globe terrestre où se concentre la vie est la biosphère. Elle est le domaine de vie de l'être humain et des autres êtres vivants et regroupe l'ensemble des écosystèmes : forestier, montagneux, aquatique, marin, etc.

L'étude de l'environnement se place actuellement dans la perspective du développement durable, qui est défini comme « un développement qui répond aux besoins du présent sans compromettre la capacité des générations futures à répondre aux leurs ». C'est un mode de croissance qui garantit à la fois, et à long terme, le progrès économique, social et environnemental de la société.

Séquence : Découvrir son corps et se sensibiliser aux problèmes d'hygiène, de santé et de sécurité

Séance n° 6 Je place les aliments dans les sept familles

Objectif : Regrouper les aliments dans les sept familles.

Concepts : Hygiène. Santé.

Compétences : Connaître et savoir appliquer quelques règles d'hygiène de l'alimentation. Savoir adopter une attitude responsable.

Conditions préalables : Avoir travaillé sur la reconnaissance des aliments avec tous ses sens.

Préparation de la classe

- **Organisation de la classe**
  Élèves regroupés autour d'une table sur laquelle l'enseignant a disposé le matériel.
- **Matériel**
  Affiche sur le regroupement des aliments en 7 familles, crayons de couleur, colle. Une feuille par élève sur laquelle est dessiné un pantin ; des étiquettes d'aliments (au moins un par famille).

Déroulement de l'activité

- **Durée** : 40 minutes.
- **Modalités de travail** : atelier de 10 élèves.

→ Description de l'activité

- **Phase 1 : phase de départ.** Le professeur demande aux élèves à quels moments ils mangent pendant la journée et ce qu'ils mangent. Une liste d'aliments est écrite par le professeur au tableau, en 4 groupes selon le moment du repas : petit-déjeuner, repas de midi, du soir et autres (goûters du matin, de l'après-midi ?). Le professeur demande : « Comment savoir si vous mangez bien pour être en bonne santé ? » Un petit débat est engagé et chacun donne son avis. Le professeur propose alors de voir ce que disent les médecins qui travaillent sur l'alimentation.
- **Phase 2 : investigation.** Un grand poster qui représente la classification des aliments en 7 familles (voir ci-dessous, définition de certaines notions) est affiché au tableau. Le professeur donne la consigne : « Que représente cette affiche ? » Les enfants commentent et prennent conscience que les aliments sont regroupés en familles. Le professeur explique qu'il faut que les repas de la journée comportent un aliment de chaque famille. Une autre consigne est alors donnée : « Vous avez chacun un pantin dessiné sur la feuille distribuée ; pour qu'il soit en forme, vous allez le colorier avec les couleurs des 7 familles d'aliments, puis coller les aliments (distribués sous forme d'étiquettes) au bon endroit, sur son corps. »
- **Phase 3 : structuration.** Chaque enfant reprend à l'oral les aliments placés sur le pantin, en expliquant son choix (tous les pantins sont affichés au tableau).

Résultats attendus

Les élèves doivent avoir compris que les aliments sont regroupés en familles et que les repas doivent contenir un aliment pris dans chaque famille (en veillant à ne pas abuser de certains aliments).

Évaluation
À la séance suivante, le professeur va proposer de travailler sur des menus et ainsi il pourra voir si les enfants ont compris ce que disent les nutritionnistes.

:: Conseil
Les enfants ne peuvent pas inventer les familles d'aliments qui doivent leur être données, afin de les faire travailler sur la notion d'alimentation équilibrée, à partir de la règle des médecins nutritionnistes.

:: Prolongement
Le prolongement se fait par un travail sur des menus.

:: Définitions
Notion d'**alimentation équilibrée** :
Les 7 familles d'aliments :
- Famille bleue : lait et produits laitiers.
- Famille blanche : eau.
- Famille rouge : viandes, poissons, jambon, volailles, œufs.
- Famille verte : fruits et légumes.
- Famille marron : pain, céréales, féculents, légumineuses.
- Famille jaune : huiles, beurre, margarines.
- Famille rose : boissons sucrées, bonbons, miel, confiture.

Parmi un certain nombre de règles, un menu équilibré doit être varié et couvrir les besoins qualitatifs, c'est-à-dire apporter toutes les catégories d'aliments. Ceux-ci sont regroupés en 7 familles en fonction de leur composition et de leur origine. Il est recommandé de choisir un aliment dans chaque famille afin de varier les apports et de couvrir les besoins qualitatifs de l'organisme. C'est pourquoi le document des « 7 familles » peut faire découvrir les secrets d'une bonne alimentation aux enfants.
Remarque : Les aliments de la famille rose ne sont pas indispensables, même s'ils procurent beaucoup de plaisir aux gourmands.

Familles d'aliments	Apports en aliments organiques et minéraux	Fréquence dans les menus
Bleue	Calcium, phosphore, vitamines liposolubles, protéines, lipides d'origine animale.	Présents à chaque repas, surtout chez les enfants et les personnes âgées.
Blanche	Sels minéraux et réhydrate l'organisme.	À volonté, indispensable à la vie.
Rouge	Protéines animales, fer.	Apport quotidien à un repas.
Verte	Vitamines hydrosolubles (vitamine C), sels minéraux, oligo-éléments, fibres (cellulose).	Présents à chaque repas.
Marron	Glucides (sucres lents).	Présents à chaque repas.
Jaune	Acides gras essentiels et vitamines liposolubles.	Indispensables mais ne pas en abuser.
Rose	Sucres rapides.	Pas indispensables.

Séance n° 7 Je compare des menus équilibrés

:: Objectif : Composer des menus équilibrés.

:: Concept : Hygiène.

:: Compétences : Connaître et savoir appliquer quelques règles d'hygiène de l'alimentation. Savoir adopter une attitude responsable.

:: Condition préalable : Avoir réalisé la séance n° 6, afin que les élèves aient la notion de familles d'aliments et qu'il faut un aliment de chaque famille, au moins, dans les repas de la journée.

:: Préparation de la classe

- **Organisation de la classe**
  À la cantine de l'école puis dans la classe.
- **Matériel**
  Feutres, un document par élève, avec les sept familles d'aliments et une liste d'aliments.

:: Déroulement de l'activité

- **Durée** : 35 minutes.
- **Modalités de travail** : toute la classe pour la phase de départ puis travail en atelier de 10 élèves pour les phases d'investigation et de structuration.

→ Description de l'activité

- **Phase 1 : phase de départ.** Une visite est organisée à la cantine de l'école et les enfants de toute la classe posent des questions au cuisinier sur la manière dont sont constitués les repas, en tenant compte de la séance précédente (sept familles d'aliments et un aliment de chaque famille au moins pour faire un repas). De retour en classe, le professeur propose : « On va faire un pique-nique à l'école, mais c'est vous qui allez composer le menu : comment ? » Les enfants proposent des solutions.
- **Phase 2 : investigation.** Un document est donné à chaque élève, sur lequel se trouvent les 7 familles d'aliments et une liste d'aliments avec le nom et l'image. Voici la consigne : « Vous allez entourer quelques aliments que vous voulez pour le pique-nique, en tenant compte des sept familles d'aliments et qu'il faut prendre un aliment par famille pour faire un menu, et aussi en tenant compte de ce que vous aimez ! »
- **Phase 3 : structuration.** Les propositions des enfants sont affichées au tableau et chacun commente son menu en justifiant son choix. Le groupe se met d'accord sur la composition d'un pique-nique.

Résultats attendus

Le professeur attend que les enfants s'appuient sur les conseils des nutritionnistes (menu varié avec un aliment de chaque famille), et sortent du « j'aime bien ça/je n'aime pas ».

Évaluation

Si les enfants se régalent, le pique-nique est réussi !

:: Prolongement

Un prolongement peut se faire sur le devenir des aliments dans le corps.

:: Définition

La **santé** n'est pas uniquement l'absence de maladie ou d'infirmité. La définition donnée par l'OMS est fondamentale puisqu'elle permet d'orienter les principaux objectifs visés par l'éducation à la santé : « La santé est l'état de bien-être physique, mental et social. » Les buts de l'éducation à la santé sont donc de privilégier les conditions de maintien du corps en bonne santé afin de le rendre plus fort face aux agressions physiques et mentales. De plus, il est important de favoriser une approche positive centrée sur l'individu, en insistant sur la notion de capital santé individuel que chacun doit préserver. L'éducation à la santé est donc forcément liée à la découverte du fonctionnement du corps.

Séance n° 8 Je découvre un risque majeur : l'éboulement en montagne

:: **Objectifs** : Découvrir un risque naturel : les éboulements en montagne et les méthodes de prévention des risques.

:: **Concepts** : Sécurité et environnement.

:: **Compétences** : Savoir prendre en compte les risques plus lointains, les risques majeurs. Savoir adopter une attitude responsable.

:: Préparation de la classe

- **Organisation de la classe**
  Élèves rassemblés autour d'une table avec le matériel.
- **Matériel**
  Feuilles blanches, feutres, crayons de couleur, matériel pour modéliser un éboulement et tester les causes de l'éboulement (pierres, cailloux, terre, sable, branches, Lego, feutres, plaques, livres, etc.), photographies prises en montagne par l'enseignant(e), photographies d'articles de journaux.

:: Déroulement de l'activité

- **Durée** : 40 minutes.
- **Modalités de travail** : atelier de 10 élèves.

→ Description de l'activité

- **Phase 1 : phase de départ.** Voici la consigne du professeur qui vise à faire exprimer les conceptions initiales des enfants : « Pour vous, qu'est-ce qu'un éboulement en montagne ? »
- **Phase 2 : investigation.** En deux temps :

- Le professeur affiche des photographies représentant des éboulements, et donne la consigne suivante : « Observez bien et décrivez les photographies. » Cette phase d'expression orale vise à utiliser un vocabulaire précis pour décrire les photos. Tout le monde se met d'accord sur une définition de l'éboulement. Puis le professeur demande de réaliser un dessin individuel.
- La question suivante est alors posée par le professeur : « Qu'est-ce qui peut provoquer un éboulement en montagne ? » Les dessins individuels sont affichés, décrits et comparés (chaque enfant décrit son dessin), et les élèves se mettent d'accord sur la chronologie des événements liés à un éboulement. Puis, des hypothèses sont émises par les élèves sur les causes d'un éboulement (le bruit, le tremblement, l'eau, etc.). Celles-ci sont testées (« On crie, on saute, etc. ») par groupe de 3 élèves, avec le matériel proposé par le professeur. Chaque groupe explique ensuite ce qu'il a voulu tester.

- **Phase 3 : structuration.** Une synthèse orale est réalisée avec le groupe de 10 élèves sur la définition de l'éboulement et ses causes. L'enseignant écrit sur une affiche collective : « Un éboulement se produit en montagne lorsque des rochers et des pierres roulent sur une pente et tombent. La pente raide, les cailloux qui se décrochent et glissent dans les couloirs creusés par les pluies, les tremblements de terre sont les causes de l'éboulement. »

Résultats attendus

Le professeur attend une utilisation correcte et précise du vocabulaire, ainsi qu'un début de raisonnement hypothético-déductif.

Évaluation

À la séance suivante, le professeur va proposer de travailler sur la prévention des risques et pourra ainsi constater si les élèves ont compris la notion de risque majeur qui sera réinvestie.

:: Conseils

La modélisation d'un éboulement n'est pas facile pour les enfants. Il est important de leur laisser le temps de manipuler, tâtonner. Il est également nécessaire de leur demander d'expliquer aux autres ce qu'ils souhaitaient faire, ce qu'ils ont réalisé. Des solutions apparaissent petit à petit.

:: Définition

Le **risque majeur** correspond à la situation suivante :
- dans un seul accident : de nombreuses victimes ;
- et/ou des dommages importants pour les biens et/ou l'environnement ;
- l'organisation des secours demande une forte mobilisation des hommes et des systèmes.

Séance n° 9 Je préviens un risque majeur : l'éboulement en montagne

:: Objectif : Découvrir un risque naturel : les éboulements en montagne et les méthodes de prévention des risques.

:: Concepts : Sécurité et environnement.

:: Compétence : Savoir prendre en compte les risques plus lointains, les risques majeurs.

:: Conditions préalables : Savoir ce qu'est un éboulement et comprendre ses causes.

:: Préparation de la classe

- **Organisation matérielle**
  Le matériel est rassemblé sur une table, la modélisation est réalisée collectivement.
- **Matériel**
  Affiche débutée lors de la séance n° 8 (avec la définition de l'éboulement et ses causes), des objets représentant des maisons, des routes, des personnages ou des animaux (Lego, etc.), mais aussi des roches, des cailloux, de la terre et du sable.

:: Déroulement de l'activité

- **Durée** : 40 minutes.
- **Modalités de travail** : atelier de 10 élèves, avec un travail collectif dans les phases de départ et de structuration, et un travail individuel dans la phase d'investigation.

→ Description de l'activité

- **Phase 1 : phase de départ.** Tout le groupe, avec l'aide de l'enseignant(e), réalise un modèle d'éboulement avec des roches, des cailloux, de la terre et du sable avec ce qui est noté sur l'affiche (séance n° 8). En se référant aux dessins des conceptions de certains élèves, le professeur leur demande de placer des maisons, des routes, des personnes, des animaux : « Que va-t-il se passer s'il y a un éboulement et que tu places la maison à tel endroit ? » Chaque enfant explique et tire les conséquences en cas d'éboulement.
- **Phase 2 : investigation.** Voici la consigne du professeur : « Trouvez tout ce qu'on peut faire dans le domaine de la prévention, c'est-à-dire pour éviter les risques liés à un éboulement ; pensez à ce qui existe déjà et à ce qu'on doit faire ou ne pas faire. » Le professeur distribue une feuille sur laquelle est représentée une montagne, chaque enfant dessine ce qu'il pense sur la prévention de l'éboulement. Chacun explique son dessin et les autres commentent.
- **Phase 3 : structuration.** Sur l'affiche élaborée lors de la séance n° 8, les conséquences d'un éboulement et donc la prévention sont écrites par le professeur, sous la dictée des élèves : « Il faut éviter de construire des maisons dans les zones d'éboulement. Sur la route, des panneaux annoncent les chutes de pierres dans les zones à risque ; on voit des filets de protection sur la montagne. »

Résultats attendus

Le professeur attend un vocabulaire correct et bien utilisé par les enfants, ainsi qu'une cohérence entre causes, conséquences et prévention de l'éboulement.

Évaluation

Faire dessiner un éboulement et faire parler les enfants pour évaluer ce qu'ils ont acquis.

:: Prolongement

Expliquer à d'autres enfants qui n'ont pas vécu ces séances ce qu'ils ont compris sur : un éboulement, les causes, les conséquences et la prévention (à partir de photographies et des dessins).

Séance n° 10 Je donne l'alerte

:: Objectif : Apprendre à téléphoner pour alerter.

:: Concepts : Sécurité et environnement.

:: Compétences : Savoir repérer une situation inhabituelle ou de danger. Demander de l'aide pour être secouru ou porter secours.

:: Conditions préalables : Les élèves ont appris à identifier un risque, une situation anormale pour rester en sécurité. Ils ont aussi appris à demander de l'aide à un adulte suivant la situation.

:: Préparation de la classe

- **Organisation de la classe**
  Élèves rassemblés par terre sur des tapis de sol disposés en rond.
- **Matériel**
  Un vrai téléphone (non branché), une affiche vierge, des feutres.

:: Déroulement de l'activité

- **Durée** : 40 minutes.
- **Modalités de travail** : atelier de 8 élèves, travail collectif.

→ Description de l'activité

- **Phase 1 : phase motivante.** 4 à 5 documents photographiques sont présentés aux élèves par l'enseignant. Certains montrent une situation d'accident qui justifie l'appel du 15 (SAMU), d'autres non. Une discussion est engagée collectivement pour justifier le tri, entre les deux types de situation. Le professeur donne alors la consigne : « Vous allez choisir une situation d'accident pour laquelle on va téléphoner au 15. » Une situation d'accident est choisie.
- **Phase 2 : investigation.** Voici la consigne de l'enseignant(e) : « Qu'est-ce que vous allez dire au téléphone, au médecin du SAMU ? » Le professeur écrit au tableau les propositions des élèves. Puis il propose de jouer le médecin et un élève lui téléphone. Grâce aux questions posées par le professeur-médecin, le contenu du message téléphonique est petit à petit corrigé. Un autre enfant joue le rôle de celui qui téléphone au médecin et ainsi de suite.
- **Phase 3 : structuration.** L'affiche de l'alerte est correctement construite par le professeur sous la dictée des enfants, en respectant l'ordre des actions : « Je dis mon prénom, mon nom, je dis où je suis, je donne mon adresse si je suis à la maison, j'explique pourquoi je téléphone, je décris ce que je vois, j'écoute ce qu'on me dit, j'attends qu'on me dise de raccrocher. » Les élèves apprennent aussi à dire : « Je n'ai pas compris, pouvez-vous répéter SVP ? »

Résultat attendu

Le professeur attend que les élèves comprennent la nécessité de téléphoner pour alerter dans une situation qui pose problème et lorsqu'il n'y a pas d'adulte près d'eux.

Évaluation

Le message d'alerte est évaluer selon les critères suivants : bonne utilisation du téléphone, qualité de l'articulation, clarté du message, bonne imitation de la situation (posture, intonation), qualité de l'écoute.

:: Conseil

Il n'est pas souhaitable, dans ce type de séance, de faire mimer aux enfants le danger, leur apprentissage consiste à savoir comment aider l'autre.

:: Prolongements

D'autres situations peuvent être réellement mises en place pour apprendre aux élèves à communiquer à l'aide du téléphone, pour demander par exemple un renseignement à un adulte : un enseignant d'une autre école, une maman, un responsable du service météo, etc. Des dialogues peuvent aussi être instaurés entre deux enfants.

Chapitre 7

Repérages dans l'espace

:: Continuité des apprentissages en maternelle

:: Repères pratiques

:: Séances 1 à 12

Yveline Minne

Continuité des apprentissages en maternelle

	1re année	2e année	3e année	Grande section
Repérage dans l'espace				
Repérer des objets ou des déplacements dans l'espace par rapport à soi	■	■	■	■
Décrire des positions ou des déplacements à l'aide d'indicateurs spatiaux en se référant à des repères stables variés				
• par rapport à des repères fixes	□	■	■	▣
• par rapport à une personne ou un objet fixe orienté			■	■
• les objets ou les personnes les uns par rapport aux autres			□	■
Décrire des espaces moins familiers (espaces verts, terrains de sports, haies, forêt...)		□	■	■
Représentation de l'espace				
Décrire et représenter simplement l'environnement proche (classe, école, quartier, etc.)				
• reconnaître, décrire, commenter des représentations	■	■	■	■
• reconnaître, utiliser des représentations d'espaces connus		□	■	■
• coder, décoder des espaces vécus			□	■
Suivre, décrire et représenter un parcours simple				
• suivre un parcours décrit oralement	■	■	■	■
• décrire un parcours effectué		□	■	■
• représenter un parcours (dessin, maquette, plan)			□	■
Savoir reproduire l'organisation dans l'espace d'un ensemble limité d'objets	□	□	■	■
Des espaces inconnus				
S'intéresser à des espaces inconnus	□	□	■	■

■ compétences à travailler prioritairement
▣ compétences à consolider
□ compétences pouvant éventuellement être mises en place

Repères pratiques

1. Les axes forts du domaine d'activités

« L'exploration et la structuration de l'espace sont des objectifs fondamentaux de l'école maternelle. Ils conditionnent la construction des compétences utiles au développement de l'enfant, qu'il s'agisse de la construction de ses repères (spatiaux et temporels), du développement de son autonomie ou encore de ses apprentissages dans les différents domaines d'activités [...] Se repérer dans différents espaces, s'y déplacer avec ou sans contraintes, représenter des objets localisés, coder un déplacement, utiliser les marques spatiales du langage sont des compétences qui s'acquièrent tout au long de l'école maternelle. »

Le concept d'espace est commun à de nombreuses disciplines telles que l'éducation physique, les arts visuels, la technologie, la lecture, le graphisme, l'écriture, les mathématiques dont la géométrie, et naturellement la géographie. L'espace doit être compris comme un système dont les composantes prennent sens les unes par rapport aux autres : la forme, la distance, l'orientation.

2. Les spécificités de la section

Les activités menées en moyenne section ont eu pour but d'amener progressivement les élèves à la décentration, c'est-à-dire à prendre des repères par rapport à une personne (soi ou une autre) ou un objet fixe orienté. En grande section, elles vont se poursuivre et s'enrichir afin de conforter la décentration et de viser la construction de la latéralité : l'enfant repère progressivement sa droite et sa gauche. Le passage du plan horizontal au plan vertical nécessite une attention toute particulière, il s'agit de faire constater par les élèves la conservation des positions relatives (exemple : de la maquette posée au sol au plan affiché au tableau). Cet apprentissage, en lien avec celui de l'écrit, facilite le repérage d'éléments écrits au tableau et leur transposition sur une feuille : le haut du tableau (notion de verticalité) et le haut de la feuille (notion d'horizontalité par rapport à soi).

Les priorités pour l'enseignant de grande section en référence au tableau de compétences

Les activités proposées permettent à l'élève de verbaliser, **de son point de vue**, des dispositions d'objets ou de personnes plus complexes : décrire un assemblage d'objets en volume de manière à ce que d'autres le reconnaissent ou le reproduisent.

La description de positions dans un espace est souvent difficile car liée à la présence de plusieurs systèmes de repères, celui centré sur l'intéressé, celui centré sur l'objet (ou la personne) observé (exemple : sur une photographie, où est située la balle que l'enfant tient dans la main droite ?). Il convient cependant de sensibiliser les élèves au fait qu'un même objet peut être perçu et décrit de **différents points de vue** en relation avec la position des observateurs : donner des consignes de déplacement à un camarade « robot » ou piloter un objet en liaison avec les technologies de l'information et de la communication peuvent y aider.

La mise en œuvre d'activités (courses au trésor, installation de parcours, etc.), dans des espaces plus larges tels que la cour, le parc voisin, permettent des activités de codage et de décodage. Les élèves **vont utiliser et aussi élaborer** des représentations schématiques de lieux connus pour communiquer des déplacements à d'autres, pour mettre en mémoire en vue d'une utilisation ultérieure. Ils vont les confronter à d'autres représentations comme des photographies, des maquettes.

Certaines activités peuvent se dérouler dans un espace particulier tel que le quadrillage dessiné sur le sol puis sur feuille : l'enfant est amené à s'y déplacer, à positionner des objets par rapport à d'autres déjà installés, à reproduire des configurations, etc., en sachant qu'il s'agit d'un objectif de fin de cycle 2. Signalons l'importance des activités de repérages sur une ligne orientée (avant, après), de déplacements en suivant des directions (monter, descendre) ainsi que des trajectoires (de gauche à droite) utiles pour l'apprentissage de l'écrit.

Dès le début du cycle 2, donc dès la grande section, les élèves découvrent des espaces de plus en plus lointains. À partir d'observations sur le terrain et de la lecture de photographies, l'enseignant les place dans des situations de questionnement sur le monde, vers une première approche de la notion de paysage comme milieu marqué par l'homme.

3. Éléments didactiques et pédagogiques

Le tableau ci-après propose une approche progressive de la notion d'espace :

Compétences	Exemples de situations	Verbalisation
Repérer des objets ou des personnes **par rapport à soi (le plus facile)**.	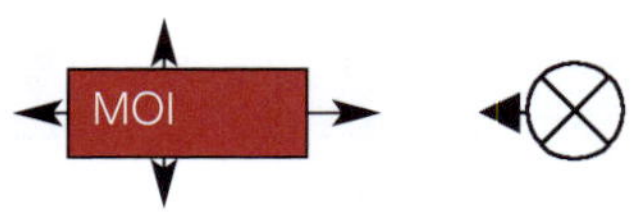	X est devant moi. (Les notions de *gauche* et *droite* sont plus difficiles que celles de *devant*, *derrière* : la construction de la latéralité sera réservée à la grande section.)
Repérer des objets ou des personnes **par rapport à un objet fixe non orienté**.		X est à côté du banc.
Repérer des objets ou des personnes **par rapport à une personne ou un objet orienté**.	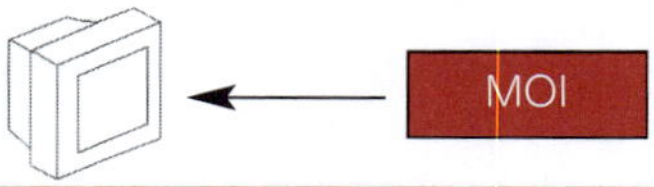	Je suis devant l'écran.
Repérer des objets ou des personnes **les uns par rapport aux autres (le plus difficile : notion de point de vue)**.	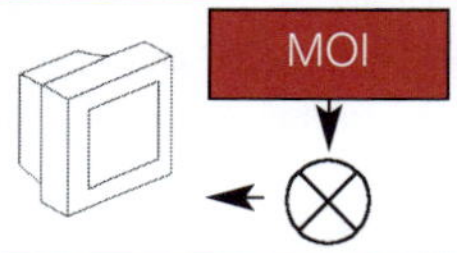	X est devant l'écran.

L'espace est d'abord perçu puis vécu physiquement par les enfants. Cependant, l'expérience spontanée, sans le recours à la verbalisation des actions, ne saurait garantir de réels apprentissages. Il est essentiel de viser la mise en place d'un vocabulaire spatial aussi bien en réception qu'en production. À partir de là, le passage à la représentation est possible. Pour reprendre les propos de C. Berdonneau, lors d'une conférence au CRDP de Rouen en 2006, « plutôt que de submerger les élèves de fiches et autres documents photocopiés, il serait souhaitable, après un travail dans le méso-espace, en salle de jeu ou dans la cour de récréation, d'exploiter en classe des situations faisant appel à de petits personnages (Playmobils) ou des figurines ». On ne peut que recommander l'achat, certes coûteux mais très utile pour l'école maternelle, d'un matériel tel que Gymprojet chez Asco qui facilite la décentration et le passage à la représentation plane. Les activités proposées doivent permettre aux enfants de vivre l'espace, de le décrire verbalement, de le représenter mentalement et de le coder graphiquement. Il est à noter que le passage entre l'espace vécu et l'espace représenté se construit lentement, comme le précisent les Instructions officielles : « La représentation des relations spatiales reste difficile tout au long de l'école maternelle. » Les enfants s'approprient l'espace au travers d'activités variées, ancrées dans de véritables situations de communication : on se déplace pour chercher un trésor, pour demander quelque chose à quelqu'un, on explique à un camarade le trajet à effectuer pour qu'il retrouve un objet, on représente l'organisation d'un espace à l'aide d'éléments, on le décrit, on le dessine pour que quelqu'un puisse se repérer, etc.

C'est aussi par la fréquentation d'ouvrages qui traitent d'autres modes de vie, de pays lointains que les enfants commenceront à se construire des images mentales du monde auquel ils appartiennent. Dès la fin du cycle 1 et surtout au début du cycle 2, en grande section, l'enseignant amènera les élèves à appréhender le paysage comme milieu marqué par les hommes, à décrire et comparer la diversité des modes de vie.

Séquence : Décrire des situations spatiales

Séance n° 1 Lecture d'une œuvre picturale

:: Objectif : Décrire des objets ou des personnages les uns par rapport aux autres à l'aide d'indicateurs spatiaux.

:: Concepts : Espace graphique. Topologie.

:: Compétence : Lire une image pour se représenter l'espace.

:: Conditions préalables : Une reproduction de l'œuvre picturale *Jeux d'enfants* de Bruegel a été proposée aux élèves qui ont pu échanger leurs impressions. Ils se sont attachés à la description des personnages, de leurs habits, des jeux qu'ils reconnaissaient ou non.

:: Préparation de la classe

- **Organisation de la classe**
  Les élèves sont réunis à proximité du tableau sur lequel est fixé la reproduction.
- **Matériel**
  Une feuille blanche d'un format identique à la reproduction. Des rectangles de papier évidés pour isoler les différents groupes d'enfants qui jouent.
  Des gommettes de couleurs en liaison avec celle des habits des personnages de la reproduction.
- **Documents**
  Une reproduction d'une œuvre en grand format évoquant un thème en relation avec la vie quotidienne (jeux, habits, intérieur de maison, etc.), que l'on peut se procurer dans les CRDP et qui permet une analyse topologique : ici, *Jeux d'enfants* de Bruegel, 1560.
  Autres possibilités : un poster, des affiches publicitaires ou de films à la composition spatiale riche.

:: Déroulement de l'activité

- **Durée** : 15 puis 10 minutes.
- **Modalités de travail** : classe entière puis avec des groupes successivement.

→ Description de l'activité

- **Phase 1 collective.** L'enseignant oriente les remarques des élèves vers une observation fine de la composition : situation des personnages, reconnaissance et description de certains jeux, mime d'autres jeux moins connus.
Chacun des groupes de personnages repérés est isolé à l'aide d'une « fenêtre ».
- **Phase 2 en groupe face au tableau.** Les élèves ont pour consigne de fixer successivement, sur la feuille blanche, les différentes fenêtres qui ont été apposées sur les groupes de personnages, en précisant l'endroit par rapport à la feuille. À l'intérieur, ils collent des gommettes dont la couleur correspond aux habits de chacun des personnages en respectant leur position et en justifiant leur choix.

Résultats attendus

Les élèves utilisent des phrases complexes comme « deux enfants jouent au cerceau, celui qui a une robe rouge est devant l'autre » et verbalisent le placement des personnages les uns par rapport aux autres lors de la reconstitution de la reproduction.

Évaluation

Sur le site *www.ac-bordeaux.fr/primaire/64/bayonne/eps/bruegel*, vous pouvez trouver une représentation en noir et blanc du tableau qui peut servir de support à une évaluation sous forme de consigne de coloriage.

:: Conseils

Les ouvrages, aux éditions de la Réunion des musées nationaux, sont intéressants à utiliser dans ce type de séance, en particulier l'album *Aux couleurs de Miro* de S. Girardet, 2001. Ce dernier met en parallèle des tableaux anciens vus par Miro dans des musées et les copies qu'il en a faites à sa façon, tel *Intérieur hollandais* en 1928 : la comparaison incite les élèves à utiliser un vocabulaire spatial précis que l'on peut évaluer en petit groupe.

L'activité de représentation prévue dans la séance préfigure les activités de codage/décodage d'histoires à la manière de Léonni, par exemple : voir l'album *Petit bleu et petit jaune*, École des Loisirs.

:: Prolongement

L'étape suivante consistera à poser la feuille sur une table afin de permettre aux élèves de passer du plan vertical au plan horizontal en lien avec l'apprentissage de l'écriture : le haut du tableau, le haut de la feuille.

:: Ouverture transdisciplinaire

Selon le support choisi au départ, les activités prendront des orientations particulières :

- Le choix d'œuvres anciennes permettra un travail autour du temps qui passe dans la mesure où il permet la comparaison avec la vie d'aujourd'hui. Voir à ce propos la séquence menée à partir des fresques de Hoffbauer dans le manuel *Préparer à l'histoire cycle 2*, collection « Outils pour les cycles » dirigée par M. Loison, maître de conférences, au CRDP Nord-Pas-de-Calais.
- Si la reproduction n'est pas trop dense, on peut imaginer la reconstitution réelle de la scène : se poseront alors le problème du passage du plan à la représentation en trois dimensions ainsi que celui de la prise en compte du point de vue de l'auteur.
- L'observation des personnages peut donner lieu à un travail sur la représentation des mouvements du corps.
- L'activité de reproduction du tableau à l'aide d'éléments simples préfigure les activités de codage/décodage d'histoires ; voir le site de P. Eysseric, IUFM d'Aix-Marseille (www.pieereeysseric.net).

Séance n° 2 Le jeu du photographe

:: Objectif : Retrouver la place du photographe.

:: Concepts : Espace. Point de vue.

:: Compétence : Décrire des positions relatives à l'aide d'indicateurs spatiaux.

:: Préparation de la classe

- Matériel
  L'enseignant a photographié autant d'objets connus des élèves que de groupes sous différents angles et cadrages (exemples : la structure en bois, un banc ou la grenouille poubelle dans la cour, etc.).
  Une fiche par élève avec les objets vus de haut, de face, de dos, de côté pour la dernière activité.

:: Déroulement de l'activité

- **Durée** : 10 puis 30 minutes.
- **Modalités de travail** : par petits groupes successivement puis avec l'ensemble des élèves.

→ Description de l'activité

L'enseignant présente les photographies de la grenouille à un groupe d'élèves à qui il laisse un temps pour se les approprier. Il leur demande ensuite de les décrire puis il légende chacune des photographies sous la dictée : *c'est la grenouille de la cour, on la voit de derrière.* Il procède de la même manière avec chacun des autres groupes.

Lors d'une mise en commun, les élèves observent l'ensemble des photographies qu'ils présentent successivement ; les propositions sont confrontées.

Résultats attendus

Les élèves utilisent un vocabulaire topologique précis, ils se repèrent dans l'espace mais en tenant compte du point de vue d'un autre : ils prennent conscience qu'un même objet peut être perçu de différentes façons selon la position des observateurs.

Évaluation

Les élèves ont pour consigne de colorier en jaune les objets qui sont vus de face, en rouge ceux qui sont vus de côté, en vert ceux qui sont vus de derrière.

:: Conseils

Les angles de vue, avantages et limites

La vue au sol (point de vue du promeneur ou du peintre) : elle révèle beaucoup de détails sur le premier plan, les volumes, les tailles respectives mais elle réduit l'espace perçu.

La vue oblique (d'un point élevé ou d'un avion) : elle élargit l'espace, la lecture du paysage est facilitée.

La vue verticale : elle fait apparaître l'organisation d'un espace, les lignes comme les routes, les cours d'eau qui le structurent, mais elle écrase et supprime les volumes ; c'est plus l'image d'un espace que d'un paysage.

La vue satellitaire : ce n'est pas une photographie mais l'image codée d'un espace qui regroupe un grand nombre d'informations.

:: Prolongements

Si l'école est équipée d'un ou de plusieurs appareils photographies numériques, il est intéressant de demander aux différents groupes d'élèves de prendre des photographies sous différents angles

d'un même objet, de suivre le même cheminement, c'est-à-dire les imprimer, les légender. À partir de ces productions, différentes activités sont envisageables :
- lors d'un regroupement, présentation des photographies : les autres élèves doivent deviner l'endroit où s'était placé le photographe par rapport à l'objet (l'utilisation d'un viseur en carton peut se révéler utile pour la validation) ;
- création d'un jeu de cartes type jeu des 7 familles ;
- réalisation d'un album référent avec les photographies légendées.

Séquence : Suivre, décrire, représenter un parcours simple

Séance n° 3

Représenter un parcours en miniature

:: **Objectif** : Représenter un parcours en miniature.

:: **Concepts** : Espace. Orientation.

:: **Compétences** : Suivre, décrire, représenter un parcours simple.

:: **Conditions préalables** : Dans le domaine de l'éducation physique et sportive, les élèves expérimentent des parcours de motricité qui leur permettent de sauter, grimper, enjamber, ramper, etc. Ils ont eu l'occasion, à plusieurs reprises, de verbaliser les actions possibles, de rencontrer les mots à l'écrit. Ils ont l'habitude de manipuler le matériel lors du rangement.

:: Préparation de la classe

- **Matériel**
  Matériel de motricité de l'école. Des objets miniaturisés qui favorisent le passage de la réalité à la maquette : le matériel *gymprojet Edra, qui est la reproduction à l'échelle 1/5 de la gamme edrasystème* chez Asco, est très intéressant si l'on possède le matériel de motricité correspondant. À défaut, tout objet pouvant représenter la réalité en accord avec les élèves (objets en carton, éléments de récupération, petits jouets, etc.).
  Un support rigide pour recevoir la maquette des parcours réalisés.
  Des étiquettes cartonnées, petit et grand modèles, en forme de chevalet pour pouvoir les poser, avec des verbes d'action : *sauter*, *grimper*, *ramper*, etc.

:: Déroulement de l'activité

- **Durée** : 40 minutes.
- **Modalités de travail** : avec la classe dont un groupe sera extrait pendant un moment.

→ Description de l'activité

En salle de motricité, les élèves réalisent un parcours conçu par l'enseignant. Après un moment d'évolution, l'enseignant propose à un groupe de représenter le parcours sur le support, à l'aide du matériel miniature mis à sa disposition, de le compléter à l'aide des petites étiquettes comportant les verbes d'action. Avec l'accord de l'enseignant, ils vont disposer sur le terrain les grandes étiquettes. Les élèves évoluent ensuite sur le parcours en respectant les consignes données.

Résultats attendus

Les élèves du groupe s'organisent en autonomie pour reconstituer le parcours, se mettent d'accord sur les actions à mener. Ils le décrivent à l'enseignant : ils nomment les éléments, miment les actions à l'aide d'une figurine.

Évaluation

La maquette correspond bien à la réalité et les élèves verbalisent à l'aide d'un vocabulaire précis le déplacement d'une figurine sur le parcours ainsi reconstitué. (Cette séance sera à reprendre avec chacun des groupes.)

:: Prolongements

D'autres séances calquées sur celle-ci dont le dispositif devient de plus en plus contraignant :

- en salle de motricité avec le parcours installé, aide à la mémoire ;
- en classe, à partir de représentations du parcours qui peuvent être des dessins ou des photographies ;
- en classe, sans aide mais en gardant à disposition le matériel en modèle réduit qui a été utilisé ;
- avec certains élèves, sans soutien visuel, même si cet exercice demeure difficile.

Séance n° 4 Inventer des parcours

:: **Objectif** : Inventer un parcours simple en miniature.

:: **Concepts** : Espace. Point de vue.

:: **Compétences** : Suivre, décrire, représenter un parcours simple.

:: **Conditions préalables** : Les élèves, par groupes de 4 à 5, ont eu l'occasion, à tour de rôle, de représenter un parcours en modèle réduit, de manipuler un petit personnage et de verbaliser les actions.

:: Préparation de la classe

- Matériel
  Le même que pour la séance n° 3.

:: Déroulement de l'activité

- **Durée** : 10 minutes en classe puis 30 minutes en salle de motricité.
- **Modalités de travail** : avec un groupe puis avec la classe.

→ Description de l'activité

- **Phase 1 : préparation. En classe.** L'enseignant met à la disposition d'un groupe d'élèves du matériel de motricité miniature. Il donne pour consigne la réalisation d'un parcours qui permettra de passer « dans, sous, sur » quelque chose. Après un temps de recherche en autonomie, il demande de verbaliser les déplacements du personnage en veillant à l'utilisation d'un vocabulaire précis, ce qui permet de vérifier l'adéquation avec la consigne donnée : il faut passer sous le banc, sauter dans les cerceaux, les étiquettes avec les verbes d'action seront posées à côté des éléments concernés. Ce moment d'échanges a aussi pour but de réguler si nécessaire l'installation programmée en termes de sécurité, de faisabilité.
- **Phase 2 : en salle de motricité**. Le groupe apporte sa réalisation. L'enseignant fractionne le parcours selon le type de matériel utilisé, attribue une partie à chacun des groupes de 4 à 5 élèves ; il signale au sol, par un repère, le « départ » de chacune des parties du parcours. Les enfants réunissent le matériel, installent les éléments à partir de la maquette, posent les grandes étiquettes à l'endroit prévu.

Résultats attendus

Dans le groupe, les élèves inventent, recherchent, anticipent, collaborent, finalisent un projet.
Avec l'aide de l'enseignant, les autres s'organisent, décodent la maquette, installent, expérimentent, remanient si nécessaire.

Évaluation

Les auteurs du parcours observent leurs camarades et relèvent les erreurs éventuelles.

:: Conseils

La séance développée ci-dessus est intéressante à mettre en œuvre dans la mesure où elle fait appel à des attitudes et des compétences différentes :
- les élèves réalisent le parcours ou une partie du parcours qu'ils ont vécu en miniature : l'accent est alors mis sur le respect chronologique des éléments de motricité, sur leur orientation si l'on situe la reproduction dans l'espace de la salle de motricité, sur la verbalisation des actions observées ;
- les élèves élaborent en miniature des parcours de motricité qu'ils devront vivre dans la réalité : l'accent est alors porté sur l'anticipation de leurs capacités motrices, des actions prévues, la possibilité d'utilisation du système. On se trouve alors dans une démarche scientifique.

Séance n° 5 Dessiner des parcours

:: **Objectif** : Coder un parcours.

:: **Concepts** : Espace. Plan.

:: **Compétences** : Suivre, décrire, représenter un parcours simple.

:: **Conditions préalables** : L'ensemble des élèves a vécu les deux types d'activités : coder, décoder un parcours.

:: Préparation de la classe

- **Matériel**
  Le même que pour les séances n°s 3 et 4.

:: Déroulement de l'activité

- **Durée** : 20 minutes.
- **Modalités de travail** : alternance de regroupements face au tableau et d'activités en atelier.

→ Description de l'activité

- **Phase 1 : déballage oral collectif.** Les élèves ont relevé à plusieurs reprises les difficultés rencontrées lors du déplacement de la maquette sur le terrain. « Que faire pour remplacer la maquette ? »
Après un moment d'échanges pendant lequel sont confrontées, justifiées, validées ou non différentes solutions, l'idée du dessin est retenue.
- **Phase 2 : activité individuelle sur table.** Après un rappel du parcours, la consigne est donnée à chacun des groupes de dessiner la partie du parcours qu'il vient d'installer et de vivre.
- **Phase 3 : regroupement.** Les dessins sont affichés, commentés, comparés.

Résultats attendus

Les élèves se rendent compte d'un problème de lisibilité, de non-compréhension parfois. Ils prennent conscience de la nécessité d'un codage commun : un dessin simple pour représenter les éléments, des signes pour les déplacements.

Quelques exemples :

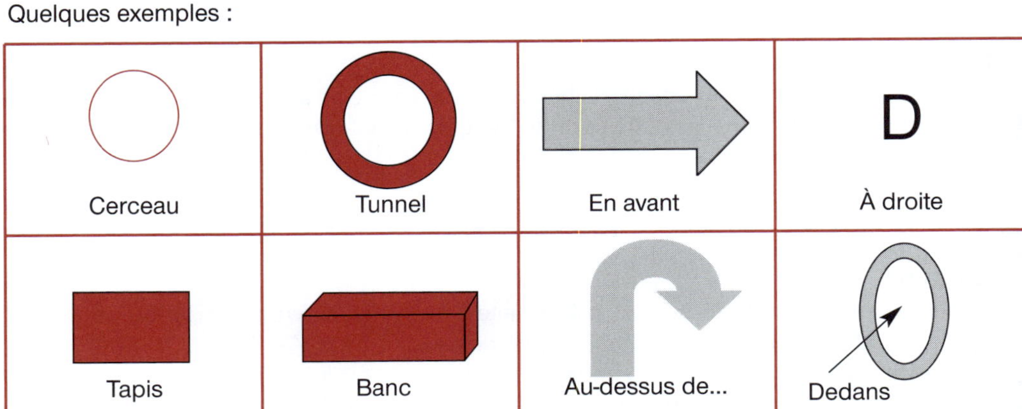

:: Prolongements

Les étapes suivantes consisteront à :

- utiliser les étiquettes en guise de consigne lors des parcours ;
- enrichir le capital si nécessaire ;
- représenter un parcours dans l'espace graphique.

Séquence : Décrire et représenter simplement l'environnement proche, son école

Séance n° 6 Visitons notre école

:: Objectif : Repérer les différents espaces de l'école.

:: Concepts : Espace. Orientation.

:: Compétences : Décrire des positions à l'aide d'indicateurs spatiaux et représenter simplement son environnement.

:: Conditions préalables : Les enfants ont vécu, les années précédentes, différentes activités (voir les ouvrages concernant les classes des petite et moyenne sections) qui leur ont permis de connaître chacun des espaces au travers de jeux de déplacement, de recherches d'objets.

:: Préparation de la classe

- **Organisation de la classe**
  Les élèves se déplacent dans l'école en compagnie de l'enseignant et d'un autre adulte si possible.
- **Matériel**
  Des crayons.
  Des fiches cartonnées qui représenteront chacun des espaces de l'école.

:: Déroulement de l'activité

- **Durée** : 45 minutes.
- **Modalités de travail** : l'ensemble des élèves.

→ Description de l'activité

- **Phase 1.** L'enseignant organise un déplacement à l'intérieur des locaux : de la salle de classe jusqu'à la porte de sortie de l'école. Il demande aux enfants de verbaliser au passage les différents espaces ainsi que les directions prises : on va tout droit, on tourne à droite, on passe devant la classe des moyens, etc. Les enfants ont la possibilité également d'entrer dans les différentes classes de manière à emprunter les portes de communication, à bien situer les différents lieux les uns par rapport aux autres, de l'intérieur : de ce côté-là, c'est la classe de... ; de l'autre côté, c'est la classe de... Chacun des espaces sera représenté par un symbole ou un élément représentatif, selon la proposition des élèves, sur une étiquette cartonnée.
- **Phase 2.** L'enseignant rassemble les élèves à l'extérieur des bâtiments, dans la cour, dans la rue, etc., afin de retrouver les différents endroits. Si l'école est grande ou si des classes se trouvent à l'étage, il sera peut-être nécessaire de mettre des repères de couleur sur les fenêtres de chacune des classes pour pouvoir les identifier plus rapidement.

Résultats attendus

Les élèves se construisent progressivement une bonne représentation interne de l'école, ils doivent progressivement maîtriser les notions d'intérieur, extérieur, de positions relatives telles que *au-dessus de*, *à gauche de*, *à droite de*, etc.

Évaluation

Lors des déplacements imposés par les différentes activités de la journée, l'enseignant demande à certains d'imaginer le chemin à parcourir pour se rendre à la salle de jeux, de le verbaliser, et à d'autres de choisir les étiquettes cartonnées successives : le choix sera validé ou non par le vécu.

:: Conseils

Cette séquence se situe en début d'année scolaire. Les enfants qui arrivent en grande section connaissent bien leur école. Cependant, le changement de classe induit un changement de point de vue. Il est donc important de les aider à prendre de nouveaux repères, avant de pouvoir coder et décoder des espaces proches, de savoir se repérer dans des espaces moins connus. Faire verbaliser les déplacements quotidiens, provoqués par les activités, est important, même si cela pose des problèmes.

Séance n°7 Jeu de piste dans l'école

Objectif : Associer l'école à ses représentations.

Concepts : Espace. Point de vue.

Compétences : Décrire des positions à l'aide d'indicateurs spatiaux et représenter simplement son environnement.

Conditions préalables : Les élèves ont eu l'occasion de verbaliser à de nombreuses reprises les différents déplacements occasionnés par les activités quotidiennes de la classe.

Préparation de la classe

- **Matériel**

  1. Cache en carton en guise de viseur pour aider à repérer l'élément photographié : rectangle percé d'un orifice rond de 5 millimètres de diamètre.
  2. Photographies de l'école : les éléments choisis sont nettement identifiables (une partie d'un banc ou d'une structure, un arbuste, etc.), éviter les vues trop larges ou trop hautes.
  3. Photocopies des photographies de différents lieux de l'école pour les activités en classe.

Déroulement de l'activité

- **Durée** : 30 minutes.
- **Modalités de travail** : la classe répartie en petits groupes de trois élèves pour le déplacement, en groupes plus importants pour les activités en classe.

→ Description de l'activité

- **Phase 1.** En classe, l'enseignant présente les photographies à l'ensemble des élèves, il leur laisse le temps de les regarder, de les commenter, de les décrire.
- **Phase 2.** Il distribue une photographie à chaque petit groupe puis il propose une promenade dans l'école : il va falloir reconnaître l'espace représenté lorsque l'on passera devant et se mettre à la place du photographe. Le cache cartonné servira à la validation. Cette activité peut être menée à plusieurs reprises en échangeant les photographies.

Résultats attendus

Les élèves identifient les représentations des lieux, retrouvent la chronologie pour se rendre à l'endroit choisi. Lors de la mise en commun, ils échangent, confrontent, justifient.

Évaluation

De retour en classe, l'enseignant donne pour consigne à chacun des groupes de reconstituer un déplacement particulier à l'aide des photocopies. Exemple : « Nous voulons aller jouer dans la cour de récréation sous l'arbre. »
En cas de problème, il faudra reprendre les activités de déplacement à l'aide de photographies.

:: Conseils

La manière dont les photographies ont été prises revêt une grande importance dans les activités de déplacement dans la mesure où elle en induit le sens : par exemple, les marches que l'on peut descendre ou monter, l'orientation d'une porte qui indique l'entrée dans un lieu ou la sortie, etc.
Protéger les photographies pour une utilisation intensive.

:: Prolongements

Quelques idées de jeux d'orientation à partir des photographies :
- identification : 3 élèves recherchent les endroits représentés par 3 photographies et y déposent un objet que d'autres iront rechercher par la suite ;
- repérage : par deux, l'un repère l'endroit ; l'autre, qui possède le cache, confirme ou non en justifiant sa réponse ;
- description : un groupe de 2 élèves va déposer un objet à partir d'une photographie, il vient expliquer à un autre binôme l'endroit où il a caché cet objet.

Toutes ces situations peuvent être complexifiées à partir des photographies. Elles peuvent être reproduites dans d'autres espaces.

Séance n° 8 Le plan de l'école

:: Objectif : Réaliser un plan de l'école.

:: Concept : Position relative.

:: Compétences : Décrire des positions à l'aide d'indicateurs spatiaux et représenter simplement son environnement.

:: Conditions préalables : Les élèves ont appris à se repérer dans l'école à l'aide de déplacements, à nommer, décrire et dessiner les espaces repérés.

:: Préparation de la classe

- **Matériel**
  Une grande feuille support pour le plan de l'école avec quelques repères : la porte d'entrée, un arbre, un banc, etc.
  Des gabarits sur papier épais, découpés selon la forme, la taille respective de chacun des lieux de l'école (afin de résoudre le problème d'échelle).

:: Déroulement de l'activité

- **Durée** : 20 minutes.
- **Modalités de travail** : en groupe de 6 à 8 élèves.

→ Description de l'activité

Lors d'une séance en atelier, l'enseignant présente les gabarits de chacun des lieux identifiés ainsi que le support. Il propose aux élèves de reconstituer leur école en y plaçant les différents espaces que l'on identifiera à l'aide des symboles utilisés dans la séance n° 6, que l'on décrira avant de les situer en justifiant son choix : *la classe des moyens est à côté de la nôtre, à droite*.

Résultats attendus

Les élèves commencent par placer leur classe. À partir de là, ils disposent successivement les autres éléments en utilisant un vocabulaire topologique adapté : *à droite de..., à gauche de..., à côté de..., en face de..., derrière..., au-dessus de...*, si l'école possède un étage.

Évaluation

L'enseignant questionne les élèves à l'aide de devinettes : montrer la salle qui se situe devant... ou à droite de...

:: Conseil

Même si certains élèves peuvent avoir conscience de la notion de superficie, par exemple la cour est plus grande que le couloir, le problème de l'échelle ne peut être pris en compte par ceux-ci : il faut y remédier par la mise à disposition d'éléments prédécoupés qui respectent les dimensions et les formes des différents espaces ainsi que l'échelle.

:: Prolongements

Le plan de l'école peut servir de support à de nombreuses activités de codage-décodage :
- indiquer sur le plan les éléments représentés sur des photographies ;
- représenter le déplacement vécu ;
- anticiper le parcours d'un point à un autre ;
- organiser une course au trésor qu'une autre classe de l'école ou celle des correspondants vivra.

Toutes ces situations peuvent être reprises en variant le niveau de difficulté des photographies : notions de hauteur et d'angle de vue.

Séquence : Décrire des paysages moins familiers, sa ville, son village

Séance n° 9 Découvrons notre environnement

:: **Objectifs** : Explorer, décrire, représenter son milieu de vie.

:: **Concepts** : Espace. Point de vue.

:: **Compétence** : Décrire des espaces moins familiers, comme celui autour de son village.

:: **Conditions préalables** : La sortie doit se préparer en amont : repérage par l'enseignant du point de vue qui permettra une exploitation. Le paysage doit être facile à lire, bien délimité par des repères identifiables.
Ont été anticipés tous les problèmes inhérents d'une part à la sécurité (prévoir un nombre d'accompagnateurs suffisant), d'autre part au bien-être des enfants (vêtements appropriés, de l'eau, une trousse de premier secours, etc.). Une réunion est souvent nécessaire afin de bien expliciter aux autres adultes le but de la sortie, de se mettre d'accord sur un lexique commun.

:: Préparation de la classe

- **Organisation de la classe**
Pour la sortie, former des groupes de 4 à 5 élèves encadrés par des adultes.
- **Matériel**
Pour la classe, une affiche qui collectera les représentations lors de la séance préparatoire.
Individuellement, une feuille fixée sur un support rigide qui sera utilisée sur le parcours.
Un rectangle de carton percé d'un orifice de 5 mm en guise de viseur pour deux.
Divers outils scripteurs : crayons de couleur, craies grasses, crayons de bois.
Un appareil photo numérique.
- **Documents pour les enseignants**
Les productions des Espaces naturels régionaux pour des idées d'activités sensorielles.
Un site intéressant : www.ecole-et-nature.org.

:: Déroulement de l'activité

- **Durée** : 20 minutes en classe + la sortie (maximum 1 h) .
- **Modalités de travail** : l'ensemble des élèves puis, pour la sortie, de petits groupes accompagnés d'un adulte.

→ Description de l'activité

- **Phase 1 : en classe.** Une première phase pour le lancement du projet. Aller à la découverte de l'endroit où on vit afin de mieux le connaître, de pouvoir le décrire à d'autres dans le cadre d'une exposition. Pour cela il faudra se déplacer à plusieurs reprises afin de bien observer. L'enseignant soumet aux élèves un échéancier qui annonce les moments forts.
- **Phase 2 : une phase de déballage oral.** Par des questions orales ciblées, il recueille les représentations des élèves : où habitent-ils ? Habitent-ils dans une ville ou un village ? Habitent-ils près ou loin de l'école ? Qu'y a-t-il autour du village ? Connaissent-ils un endroit précis dans le village et autour du village? Il garde une trace des réponses.
- **La sortie** (qui peut être différée dans le temps).

Le but est de se déplacer pour aller voir comment est le paysage environnant, de faire un inventaire des différents éléments qui le composent, de le décrire. L'enseignant donne l'occasion aux

élèves de regarder, d'écouter, de poser des questions par une démarche de contact avec la réalité à l'aide d'une approche ludique, sensorielle.
Quelques exemples d'activités :
1. Jeu de la chenille : bander les yeux et faire écouter quelques instants : nommer trois bruits.
2. Un élève sur deux a les yeux bandés ou se retourne, l'autre lui décrit ce qu'il regarde dans le viseur ; le premier se retourne et recherche le point de vue.
3. L'enseignant montre une couleur d'une palette, il demande de trouver un élément du paysage de la même couleur que l'échantillon présenté.

Une mise en commun des perceptions individuelles permet une description du paysage : la forme, la taille, la couleur, l'aspect d'éléments repérés. Chacun des élèves dessine et colorie un élément du paysage qu'il a préféré. L'enseignant en profite pour prendre le paysage en photo sous des angles différents.

Résultats attendus

Les élèves utilisent et/ou acquièrent un vocabulaire spatial de position (*devant*, *à droite*, etc.), directionnel (*aller tout droit*, *à gauche*, etc.), géographique (*des champs*, *une colline*, *des prés*, etc.). Leurs observations structurent le paysage : *« d'abord, tout près, ici ; ensuite, après, là ; au fond, au loin, tout au bout »*. Ils commencent à prendre conscience du rapport taille/distance.

Évaluation

Lors d'une autre sortie, les élèves devront retrouver dans le paysage les éléments pris en photo par l'enseignant et chercher l'endroit d'où elles ont été prises à l'aide d'un viseur fabriqué à partir d'un tube de carton ou d'un cache.

:: Conseils

Dès la fin du cycle 1 et au début du cycle 2, il est important de proposer aux élèves des activités de lecture d'un paysage familier : prendre des indices à partir d'éléments observables pour essayer de comprendre les relations et les interactions entre les différents éléments. On ne découvre pas un espace à travers les seules images, il faut d'abord privilégier l'usage des sens (le visuel, l'olfactif, l'auditif).
Il sera nécessaire de reproduire cette phase d'appropriation sur le terrain. La progression sera identique quel que soit l'espace à investir : selon les ressources de l'environnement proche de l'école, un espace vert, le terrain de sport, le bois, le village, un quartier de la ville, etc.

:: Prolongement

Les dessins seront annotés à partir des commentaires des élèves puis ceux-ci essaieront de les classer afin de reconstituer les grandes unités du paysage.
Par exemple, les éléments :
- construits (maisons, fermes, église, etc.) ;
- végétaux (champs, prairies, forêt, haies, etc.) ;
- de communication (routes, chemins, cours d'eau, etc.).

L'analyse permet de donner du sens à l'image, en mettant en relation les informations repérées dans la description.

Séance n° 10 Lisons des images de paysage

Objectif : Lire le paysage.

Concept : Espace graphique.

Compétence : Décrire des espaces moins familiers comme celui autour de son village.

Conditions préalables : Les élèves ont déjà vécu des activités de lecture de paysages familiers sur le terrain.

Préparation de la classe

- **Organisation de la classe**
  Les élèves sont installés à proximité du tableau de façon à pouvoir interagir avec le support : aller montrer, relier, etc.
- **Matériel**
  Une feuille de papier de la dimension de la reproduction du paysage et dans laquelle ont été prédécoupées des fenêtres qui recouvrent différents éléments constitutifs des espaces géographiques.
- **Documents**
  Une reproduction, format affiche, d'un paysage appartenant à l'environnement habituel des élèves sous forme d'affiche ou qui peut être projetée, constituée d'éléments appartenant aux différentes grandes catégories (le bâti, le végétal, le minéral)
  Des documents iconographiques représentant différents éléments appartenant au paysage environnant.

Déroulement de l'activité

- **Durée** : 30 minutes.
- **Modalités de travail** : activité collective.

→ Description de l'activité

L'enseignant a affiché au tableau la reproduction qu'il a recouverte de la feuille de papier. Il découvre progressivement les différentes fenêtres. Il questionne les élèves sur les hypothèses de sens qui résultent de ce dévoilement progressif, il veille à l'utilisation d'un vocabulaire géographique adéquat. Dès que l'affiche est totalement dévoilée, il incite les élèves à une mise en relation des différents éléments.

Résultats attendus

Cette démarche provoque tout d'abord l'émission d'hypothèses, l'émergence d'images, de représentations. Puis, les élèves vont décrire en utilisant un vocabulaire spécifique : d'un pont de vue topologique (ici, là, à gauche, à droite, au loin, etc.), d'un point de vue lexical (une colline, un champ, un pré, une ferme, etc.).

Évaluation

Regrouper les différents documents iconographiques représentant des éléments constitutifs d'un espace géographique rural.

Remarques

La description d'un espace passe nécessairement par la découverte d'un milieu proche, accessible grâce à des sorties : les élèves sont amenés à utiliser leurs sens sur le terrain dans des situations de questionnement sur le monde qui les entoure. Les observations menées sur le terrain ainsi que l'utilisation de différents types de représentations sont l'occasion de les habituer à travailler sur la relativité des positions et la notion de point de vue, sur l'appréciation du rapport taille, distance.

:: Ouverture transdisciplinaire

- Dans le domaine de l'éducation artistique, si l'on donne une intention d'ordre subjectif ou esthétique lors des moments de description : exemple, à partir de certaines vues aériennes comme celles de Yann Arthus-Bertrand, *le Cœur de Voh* en Nouvelle Calédonie.
- En liaison avec le domaine de la langue, la lecture d'albums qui proposent des illustrations offrant des cadrages différents : *Agathe*, de P. Teulade à L'École des Loisirs, Lutin Poche, 2002, permet ainsi d'aborder la notion d'échelle.

Séquence : S'intéresser à des espaces inconnus

Séance n° 11 À la découverte de la Chine

:: Objectif : Découvrir un autre mode de vie.

:: Concepts : Espace. Le monde.

:: Compétence : S'intéresser à un pays lointain.

:: Conditions préalables : Les enfants ont élaboré des questions qu'ils poseront à une Chinoise, parente d'une élève de la classe. L'enseignant les a transcrites sur une affiche afin de s'en souvenir le jour de la visite ; chacun aura en charge une question. Le contenu de l'intervention a été préparé en amont.

:: Préparation de la classe

- **Organisation de la classe**
  Créer une « ambiance » le jour de la visite. Les échanges seront enregistrés pour soutenir la mémoire.
- **Matériel**
  Des objets représentatifs et/ou traditionnels du pays comme de la vaisselle (baguettes, bols, etc.) ; un instrument de musique, une tunique, un chapeau chinois, etc.
  Un magnétophone de façon à garder en mémoire les échanges ainsi qu'un appareil photo numérique afin de fixer des moments intéressants.
- **Documents**
  Albums, ouvrages documentaires sur la Chine : *Méli-Mélo en Chine*, M. Perrin, Milan Jeunesse. Brochures que l'on peut se procurer dans les agences de voyage.
  Quelques ouvrages sur la différence : *Des enfants comme moi*, Barnabas, Gallimard Jeunesse ; *Enfants d'ailleurs, racontés aux enfants d'ici*, Laffon, De La Martinière Jeunesse.
  CD audio : *Chenese Orchestra Album*, HCDC ou *Chine, rondes, comptines et berceuses*, Terre d'enfance, Nathan.

:: Déroulement de l'activité

- **Durée** : 30 minutes.
- **Modalités de travail** : l'ensemble des élèves.

→ Description de l'activité

- **Phase 1.** L'intervenante « met en scène » sa venue en classe : par le langage (elle se présente en chinois et invite les enfants à faire de même), par l'apport d'objets authentiques ou de photographies en liaison avec le vécu quotidien, en leur apprenant une comptine, en l'écrivant sur une affiche.
- **Phase 2.** Des échanges par rapport au questionnaire établi au préalable.

Résultats attendus

Les élèves repèrent des traits significatifs des modes de vie (nourriture, vêtements, habitat, fêtes), ils s'initient à une langue étrangère orale et écrite différente de la leur.

Évaluation

Elle se fera lors du rappel des réponses dont on gardera une trace sous forme de textes, d'une collection d'objets, de dessins, etc., qui pourront alimenter une exposition au sein de l'école par exemple.

:: Remarques

La venue d'un autochtone n'est pas une condition nécessaire à la réalisation du projet : celui-ci peut être envisagé simplement à l'aide d'ouvrages, de petits films, d'objets apportés en classe à l'occasion de fêtes chinoises [celle de la mi-automne ou fête des enfants (courant septembre) avec ses gâteaux de lune – celle du jour de l'an chinois ou jour du printemps avec la danse du dragon qui se termine par le défilé des lanternes]. C'est ainsi l'occasion de rechercher des informations quant à leur déroulement, de comparer des événements de la vie quotidienne à ceux d'une autre culture.

Séance n° 12 Un autre mode de vie

:: **Objectif** : Se situer dans l'espace.

:: **Concepts** : Espace. Localisation.

:: **Compétence** : Voir séance n° 11.

:: **Conditions préalables** : Les élèves ont reçu la visite d'une personne native du pays ou ils ont été confrontés à des récits de voyage. En moyenne section, ils ont déjà eu l'occasion de s'ouvrir à une autre culture par l'intermédiaire d'images, d'albums, d'animations (voir la séquence menée autour du film *Kirikou* dans le tome 2 dont il reste peut-être des traces sous forme d'affiches, de productions artistiques).

:: Préparation de la classe

- **Organisation de la classe**
  Il est intéressant de disposer d'objets du pays que les élèves pourront manipuler, toucher, sentir, etc.
- **Matériel**
  Un globe terrestre ainsi que des gommettes ou un petit personnage à fixer.
  Une grande affiche.
  Ouvrages documentaires.
  Photographies, images découpées dans des revues ou trouvées sur la Toile (il existe de nombreux sites sur la découverte de la Chine).

:: Déroulement de l'activité

- **Durée** : 15 à 20 minutes puis 15 minutes.
- **Modalités de travail** : en classe entière puis en atelier avec des groupes d'élèves successivement.

→ Description de l'activité

- **Phase 1 : déballage oral.** L'enseignant demande aux enfants de se remémorer la visite de la dame dans la classe : les propos permettent de prendre conscience de ce qui les a marqués. En règle générale, il s'agit surtout d'éléments en nette rupture avec leur quotidien. Il affiche des reproductions iconographiques (dessins, photographies, images, cartes postales ou objets réels) accompagnées de mots.
- **Phase 2 : essai de classification avec un groupe.** L'enseignant demande aux élèves de faire des collections et de les étiqueter : le riz, les gâteaux de lune, les baguettes, les bols, les robes, la soie, le chapeau, la tunique, les chaussures, les toits des maisons, les meubles, les tapis, le panda, le tigre, les signes chinois, l'encre, la monnaie, etc.
- **Phase 3.** On situe la Chine sur le globe terrestre après avoir rappelé comment on peut s'y rendre.

Résultats attendus

Les élèves apprennent progressivement à repérer un pays lointain sur un globe terrestre, à comparer leur environnement quotidien à d'autres modes de vie.

Évaluation

Rechercher dans des documents publicitaires des éléments ayant trait au pays concerné en relation avec le mode de vie afin de compléter un panneau d'exposition.

:: Ouverture transdisciplinaire

Cette rencontre va être à l'origine d'activités riches et variées dans plusieurs domaines.

- **Maîtrise de la langue** : en réception, explorer différents supports tels que des livres documentaires sur des thèmes déterminés, l'habitat, la faune, la végétation, les vêtements, la musique, l'art ; lire des histoires, des contes de la Chine.

- **Éducation musicale** : écoute de sonorités du pays, comptines.
- **Graphisme** : les caractères ou symboles chinois, comparaison avec notre alphabet.

- **Arts visuels** : calligraphie, travail de matériaux en volume pour fabriquer des lanternes ou un dragon.

Chapitre 8

Structuration du temps, découverte d'objets et de réalités du passé

:: Continuité des apprentissages en maternelle

:: Repères pratiques

:: Séances 1 à 11

Marc Loison

Continuité des apprentissages en maternelle

	1re année	2e année	3e année	Grande section
Organisation du temps personnel, acquisition de repères sociaux, représentation du passé proche, chronologie				
Sait se situer dans le temps proche :				
• le présent (à l'oral)	prioritairement	prioritairement	à consolider	
• la journée	prioritairement	prioritairement	à consolider	
• la semaine		éventuellement	prioritairement	
Sait reconnaître le caractère cyclique de certains phénomènes de la journée, de la semaine et de l'année	éventuellement	éventuellement	prioritairement	prioritairement
Sait utiliser une frise				
• journalière			prioritairement	prioritairement
• hebdomadaire			éventuellement	prioritairement
Sait situer les événements les uns par rapport aux autres (antériorité, postériorité, simultanéité)				
• recettes, BD, histoire, etc. (3 étapes)	éventuellement	prioritairement	à consolider	
• fiches techniques (plus de 3 étapes)		éventuellement	prioritairement	prioritairement
• des moments de son temps personnel	éventuellement	prioritairement	prioritairement	prioritairement
• des repères sociaux (fêtes, anniversaires, etc.)		éventuellement	prioritairement	prioritairement
Sait maîtriser la simultanéité			éventuellement	prioritairement
Sait utiliser correctement les marques temporelles et chronologiques (temps social)	prioritairement	prioritairement	prioritairement	prioritairement
Sait comparer les événements en fonction de leur durée	éventuellement	éventuellement	éventuellement	prioritairement
Découverte d'objets et de réalités du passé et constitution d'un premier capital historique				
Sait exprimer et comprendre les oppositions entre présent et passé		éventuellement	prioritairement	prioritairement
Dispose d'un premier capital historique constitué à partir du patrimoine		éventuellement	prioritairement	prioritairement
Dispose d'un premier capital historique constitué par le récit d'événements		éventuellement	prioritairement	prioritairement

compétences à travailler prioritairement
compétences à consolider
compétences pouvant éventuellement être mises en place

Repères pratiques

1. Les axes forts du domaine d'activités

L'école maternelle est le lieu privilégié où l'élève bâtit les fondements de ses futurs apprentissages. Elle a un rôle irremplaçable d'initiation au monde et à la culture. De l'avis de l'inspecteur général de l'Éducation nationale Pierre Giolitto, dès l'école maternelle, de nombreuses activités peuvent préparer les élèves à l'enseignement de l'histoire. L'objectif essentiel, à ce niveau, est de rendre l'élève conscient du temps qu'il vit et de l'amener à distinguer les différentes composantes de ce temps.
Dans la continuité de ce propos, mais aussi des instructions officielles de 1995 et de 2002, les récents programmes d'avril 2007 réaffirment la nécessité d'organiser les activités et les situations d'apprentissage autour de deux grands axes. Le premier concerne l'organisation du temps personnel, l'acquisition de repères sociaux, la représentation du passé proche et la chronologie. Ici, l'organisation temporelle de l'activité de l'élève, en lien très étroit avec le langage, cœur des apprentissages, se structure à partir du temps propre, celui de son énonciation. Cette dernière permet à l'élève de situer le présent au moment où il parle et, de part et d'autre, le passé et le futur. Les marques de l'énonciation sont soit des mots-outils ou des expressions *(maintenant, hier, demain, tout à l'heure, il y a un moment)*, soit des flexions temporelles (présent, temps du passé, temps du futur). Le second axe des activités, quant à lui, porte sur la découverte d'objets et de réalités du passé et la constitution de ce que l'on pourrait appeler un premier capital historique. Dans ce champ d'activités, la structuration progressive de la temporalité est nourrie par le récit ou l'évocation d'événements du passé *(autrefois, il y a longtemps)*, mais aussi par la découverte du patrimoine.

2. Les spécificités de la section

Dans le présent chapitre nous proposons onze séances permettant de répondre aux deux pôles d'activités. En raison des difficultés encore éprouvées par les élèves de la section de grands, huit séances sont consacrées à l'organisation du temps personnel de l'élève. Ainsi, sont successivement ou conjointement construites les compétences à utiliser une frise hebdomadaire (caractérisation et succession des jours de la semaine) ; à situer les événements les uns par rapport aux autres (antériorité, postériorité et simultanéité) ; à comparer des événements en fonction de leur durée (mesurer avec le sablier ou l'horloge ; représenter des durées ; comparer, classer et ranger des événements par importance de durées). Au titre de l'évocation et de la découverte d'objets et de réalités du passé, sont proposées trois séances pour construire la compétence à exprimer et comprendre les oppositions entre présent, passé proche et passé lointain (évocation à partir d'œuvres picturales, comparaison de modes de vie anciens et contemporains, accès au langage d'évocation).

3. Éléments didactiques et pédagogiques

Il ne faut pas oublier que le rôle premier de l'école maternelle est de rythmer le temps de l'élève et de progressivement l'amener à s'extraire de sa vision égocentrique, à se décentrer et à s'approprier des repères temporels cycliques et communs à tous. À l'occasion de chaque activité scolaire, il est important de bien marquer les scansions séparant deux moments identifiés, en les reliant aux systèmes d'organisation du temps propres à la communauté scolaire (emplois du temps) et à ceux qui sont en usage dans notre société (heure, date). Il ne faut pas pour autant négliger la structuration progressive de la temporalité par le récit d'événements et la découverte de réalités du passé en nette rupture avec le milieu des élèves (par exemple l'évocation du château fort, des rois et des reines). Bien que les élèves de la section de grands aient des difficultés à appréhender la profondeur du passé, à distinguer passé proche et passé lointain, l'essentiel reste de leur offrir la possibilité d'aborder « ce qui n'est plus » et de s'en construire les premières représentations.

Séquence : Construire et savoir utiliser une frise hebdomadaire

Séance n°1 Les jours de la semaine

:: Objectifs : Découvrir et caractériser chacun des jours composant la semaine.

:: Concepts : Succession des jours. Marque d'énonciation : aujourd'hui.

:: Compétences : Construire et savoir utiliser une frise hebdomadaire.

:: Conditions préalables

- Savoir nommer les jours de la semaine à la demande du maître dans le désordre.
- Connaître la comptine des jours suivante : « Le lundi est tout gris. Jaune clair est le mardi. Mais voici mercredi rose, on se repose. Jeudi bleu vient à son tour. Vendredi vert le suit toujours. Samedi rouge, dimanche blanc, c'est la joie pour les enfants. »

:: Préparation de la classe

- **Matériel**
  Ensemble d'étiquettes de grand format comportant le nom des jours de la semaine. Frise des jours organisée suivant les couleurs de la comptine précédente. Étiquette mobile « Aujourd'hui ». Un tableau dans la zone de regroupement des élèves. Système de fixation mobile des étiquettes (pâte adhésive, aimants, etc.).

:: Déroulement de l'activité

- **Durée** : 30 minutes.
- **Modalités de travail** : alternance travail collectif - travail individuel.

→ Description de l'activité

- **Phase 1 : activité de découverte collective.** Les étiquettes des jours de la semaine sont accrochées au tableau dans le désordre. Les élèves sont invités à reconnaître les mots. Par référence aux prénoms de la classe, aux différents écrits affichés dans la classe (référentiel de classe), les élèves formulent des hypothèses : « On dirait... », « Ça commence comme...», « Ça ressemble à...». Les propositions sont confirmées ou infirmées par comparaison avec la frise des jours (codes couleurs et mots écrits) élaborée à partir de la comptine.

L'enseignant demande aux élèves de reconnaître le nom du jour présent sur la frise des jours codés et de trouver l'étiquette correspondante. Celle-ci est alors placée sur le tableau en respectant l'organisation linéaire gauche-droite. Le terme *aujourd'hui* est introduit et utilisé dans une phrase du type : « Aujourd'hui nous sommes... ». Parallèlement on place l'étiquette « Aujourd'hui » en regard de l'étiquette du jour présent. L'enseignant fait alors indiquer une activité caractéristique de la journée (commune à l'ensemble de la classe, propre à la journée et revenant systématiquement). Une phrase du type : « Aujourd'hui nous sommes mardi, nous allons à la piscine » est formulée et répétée par plusieurs élèves.

- **Phase 2.** Les étiquettes des autres jours sont disposées par rapport à ces repères (étiquette du jour présent et étiquette « Aujourd'hui »).

Dans le cadre des rituels, on prendra la précaution de construire quotidiennement la succession des jours selon le même schéma : identification de l'étiquette du jour (prise de repères dans l'écrit), la nommer dans une phrase du type : « Aujourd'hui nous sommes.... », la caractériser avec une activité propre à la classe et l'afficher dans l'ordre de la succession.

Exemple 1 : Début de semaine

Lundi	Mardi	Mercredi	Jeudi	Vendredi	Samedi	Dimanche
Aujourd'hui						

Exemple 2 : Fin de semaine

Vendredi	Samedi	Dimanche	Lundi	Mardi	Mercredi	Jeudi
Aujourd'hui						

- **Phase 3 : activité de caractérisation individuelle.** Les élèves sont invités à écrire le nom du jour présent et à dessiner l'activité qui le caractérise.

Par la suite, quand tous les jours auront été passés en revue et caractérisés, les élèves choisiront les dessins pour illustrer la frise de classe.

Résultats attendus

L'élève est capable de situer sur une suite de jours constituant une semaine l'étiquette du jour, en la montrant, en la nommant, en y associant l'étiquette « Aujourd'hui ».

Évaluation

L'élève reconnaît l'étiquette du jour dans un ensemble désorganisé puis dans une suite organisée en la montrant, en la nommant et surtout en justifiant son choix par référence à une activité spécifique de la classe. L'élève met en correspondance sur une suite de jours organisée l'étiquette « Aujourd'hui ». Il énonce oralement une phrase du type : « Aujourd'hui, nous sommes lundi car nous allons à la piscine. »

:: Conseils

Privilégier des activités de désignation. Utiliser la comptine des jours. Fournir une aide visuelle supplémentaire : mot écrit associé au code couleur et au dessin de l'activité.

:: Prolongement

Activités de caractérisation des jours : on montre le dessin d'une activité, les élèves doivent trouver l'étiquette du jour correspondant et inversement.

Séance n° 2 La succession des jours

:: Objectifs : Appréhender l'antériorité, la postériorité. Construire la succession des jours de la semaine.

:: Concepts : Succession des jours. Marques d'énonciation : hier, demain.

:: Compétences : Construire et savoir utiliser une frise hebdomadaire.

:: Conditions préalables : Avoir mis en œuvre les activités de la séance n° 1 dans le cadre des rituels. Par ailleurs, une majorité d'élèves doit maîtriser la notion de jour présent et l'écriture des noms des jours (activité graphique à mettre en place parallèlement).

:: Préparation de la classe

- **Matériel**
Frise chronologique à registres (jours de la semaine, numéro du jour, codes de couleurs, activités de classe, marques temporelles) accrochée sur le tableau ou le mur dans la zone de regroupement. Étiquettes « Aujourd'hui », « Hier », « Demain ».

Lundi	Mardi	Mercredi	Jeudi	Vendredi	Samedi	Dimanche
3	4	5	6	7	8	9
Case grise	Case jaune	Case rose	Case bleue	Case verte	Case rouge	Case blanche
Dessin activité 1	Dessin activité 2	Dessin activité 3	Dessin activité 4	Dessin activité 5	Dessin activité 6	Dessin activité 7
			Aujourd'hui			

:: Déroulement de l'activité

- **Durée** : 30 minutes.
- **Modalités de travail** : alternance travail collectif – travail individuel.

→ Description de l'activité

- **Phase 1 : travail collectif**

1. Les élèves sont invités à répondre à la question : « Quel jour sommes-nous ? » Conjointement l'étiquette « Aujourd'hui » est placée par un élève dans le cinquième registre de la frise à l'endroit adéquat. L'élève effectuant cette tâche doit énoncer oralement : « Aujourd'hui nous sommes jeudi 6 », puis progressivement (au fur et à mesure que les mois seront introduits) « jeudi 13 novembre, jeudi 20 novembre, etc. ». L'identification du jour est justifiée par référence à l'activité caractéristique de classe : « Aujourd'hui, nous sommes le samedi 22 novembre car nous n'avons classe que le matin et nous allons à l'espace moteur. » L'enseignant veille à solliciter les élèves « petits parleurs » et à leur faire répéter la phrase de justification.

2. À l'aide des étiquettes « Hier », « Demain », on introduit des repères d'antériorité et de postériorité.

Lundi	Mardi	Mercredi	Jeudi	Vendredi	Samedi	Dimanche
3	4	5	6	7	8	9
Case grise	Case jaune	Case rose	Case bleue	Case verte	Case rouge	Case blanche
Dessin activité 1	Dessin activité 2	Dessin activité 3	Dessin activité 4	Dessin activité 5	Dessin activité 6	Dessin activité 7
		Hier	Aujourd'hui	Demain		

Par référence aux caractéristiques des jours (activités humaines et sociales) on évoque le jour qui précède : « Hier, c'était mercredi, le jour où l'on ne vient pas à l'école. » On caractérise le jour qui suivra aujourd'hui : « Demain ce sera vendredi, le jour où les mamans viennent raconter des histoires à la bibliothèque. »

Les étiquettes « Hier et Demain » sont introduites et affichées dans le cinquième registre de la frise.

- **Phase 2 : travail individuel.** Séance d'écriture des marqueurs d'énonciation : *aujourd'hui, hier, demain*.

Résultats attendus

L'élève est capable de se repérer dans la suite des jours et de situer les notions d'hier et de demain.

Évaluation

L'élève sait situer les jours demandés sur la frise en y associant les étiquettes « Aujourd'hui », « Hier » et « Demain ». Il est capable d'utiliser les marques temporelles et chronologiques dans des phrases du type : « Hier, nous étions... », « Aujourd'hui nous sommes... », « Demain, nous serons... ».

:: Conseils

Pour lever les derniers obstacles, on pourra là encore avoir recours à la frise « Comptine des jours ». On veillera à utiliser les caractéristiques du registre 4 de la frise (activités de classe) pour matérialiser la notion de passé et de futur proche. Éventuellement on complètera ce registre avec des photographies de situations de classe réellement vécues par les élèves encore en difficulté. Progressivement on veillera à introduire deux activités par jour (une pour le matin et une pour l'après-midi).

:: Prolongement

Jeu de reconnaissance des jours : 7 élèves sont désignés. On donne à chacun d'eux un dessin d'une activité caractéristique. Ils doivent venir se placer dans l'ordre des jours de la gauche vers la droite, devant la classe. Les 3 élèves concernés doivent conjointement se munir des marqueurs d'énonciation : *hier*, *aujourd'hui* et *demain*. Le reste de la classe est chargé de valider.

:: Définitions

Il ne faut pas confondre **énonciation** et **évocation**. Les marques de l'énonciation permettent à l'enfant de situer le présent au moment où il parle et, de part et d'autre, le passé et le futur. Les marques de l'évocation réfèrent au temps réel du récit historique (autrefois, il y a longtemps, date) ou au temps imaginaire de la fiction (il était une fois).

Séance n°3 Histoire de jours

:: Objectif : Remettre en ordre les jours de la semaine par référence à une histoire.

:: Concepts : Succession des jours. Marques d'énonciation : hier, aujourd'hui, demain.

:: Compétences : Construire et savoir utiliser une frise hebdomadaire.

:: Conditions préalables : Comme il s'agit ici d'un travail sur un album de littérature de jeunesse, les élèves doivent avoir pris l'habitude de prendre des indices de manière macrostructurale (indices iconographiques sur la première de couverture), voire microstructurale (indices écrits dans l'album). Par ailleurs, compte tenu du thème abordé, il est préférable en amont, dans le cadre de la maîtrise de la langue, au titre des activités liant récit et temporalité, de raconter aux élèves des histoires mettant en scène des loups. Enfin, dans le cadre des rituels, l'enseignant devra avoir mis en œuvre une observation météorologique continue avec mise en relation signifiant (mot) et signifié (dessin) : soleil, neige, pluie, vent, gelée.

:: Préparation de la classe

- **Matériel**
  Le cas échéant, en l'absence d'album, le maître pourra le fabriquer en mettant en scène la poupée médiatrice de la classe. Pour ce faire il s'appuiera sur le texte fourni ci-dessous qu'il adaptera et complètera par quelques illustrations simples (texte sur la page de gauche, illustration sur la page de droite). Tableau dans la zone de regroupement des élèves, étiquettes des jours de la semaine mobiles, pâte adhésive ou aimants.

Mercredi il neige, la poupée fait des boules de neige.

- **Document**
  Album de jeunesse : Colin Hawkins, *La Semaine de Monsieur Loup*, Albin Michel Jeunesse, 1995.

:: Déroulement de l'activité

- **Durée** : 20 minutes.
- **Modalités de travail** : travail collectif.

→ Description de l'activité

- **Phase 1 : découverte de l'album.** Dans un premier temps on demande aux élèves de relever des indices sur la première de couverture. Par comparaison avec les mots du référentiel, le nom du héros est facilement reconnu, la thématique du loup ayant été préalablement abordée avec les élèves. L'enseignant confirme en indiquant le titre complet de l'album.

Il fait alors réagir les élèves notamment sur le terme *semaine*. Ils sont invités à formuler des hypothèses : cet album raconte les activités du loup les jours de la semaine.

Pour confirmer l'hypothèse, l'enseignant ne raconte pas l'histoire mais présente une à une les pages de l'album. À charge pour les élèves de découvrir les activités du loup (ou de la poupée médiatrice) par le truchement de l'écrit.

La semaine de monsieur Loup.
Mercredi, il neige, monsieur Loup fait des boules de neige. Lundi, il pleut, monsieur Loup saute dans les flaques d'eau. Samedi et dimanche il fait très chaud, monsieur Loup va à la plage. Mardi le vent souffle, monsieur Loup joue au cerf-volant. Vendredi le soleil brille, monsieur Loup fait du jogging. Jeudi il gèle, monsieur Loup fait du patin à glace.

À chaque fois qu'une nouvelle page est présentée, les élèves sont sollicités pour reconnaître l'écrit : nom du héros (répété sur chaque page), nom des jours et éléments météorologiques que l'on peut identifier grâce à la frise hebdomadaire et aux relevés quotidiens affichés de manière permanente dans la classe.
Une fois que le jour et le temps météo sont identifiés par les élèves, ces derniers sont invités à découvrir les activités du loup ou de la poupée en formulant des hypothèses par référence aux éléments météorologiques reconnus. Pour confirmer ou infirmer les hypothèses on a recours à l'illustration de la page en regard du texte jusque-là masquée.

- **Phase 2 : remise en ordre des jours de la semaine.** L'enseignant effectue une lecture magistrale de la totalité de l'histoire. À chaque fois qu'un jour est prononcé, on demande à un élève de prendre l'étiquette du jour correspondante et de l'afficher au tableau. Les jours de la semaine sont ainsi placés au tableau de gauche à droite suivant l'ordre dans lequel ils apparaissent. On demande aux élèves d'observer l'ordre obtenu. Ces derniers, éventuellement par comparaison avec la frise des jours, doivent découvrir que l'ordre des jours n'est pas respecté. On procède alors à la mise en ordre chronologique des étiquettes.

Résultats attendus

Utiliser des éléments graphiques et iconographiques pour identifier les jours de la semaine et les activités.

:: Conseil

Ici c'est surtout l'aspect méthodologique qui prévaut, on insistera donc plus particulièrement sur l'utilisation des référentiels de classe (frise des jours de la semaine, relevés météorologiques) pour confirmer ou infirmer les hypothèses.

:: Ouverture transdisciplinaire

Avec les élèves éprouvant encore des difficultés, dans le cadre d'ateliers de maîtrise du langage, on pourra mettre en œuvre des activités de décodage de l'écrit.

Séance n° 4 La frise hebdomadaire

Objectif : Situer les activités de la classe sur une frise hebdomadaire.

Concept : Emploi du temps de la semaine (matin et après-midi).

Compétences : Construire et savoir utiliser une frise hebdomadaire.

Conditions préalables : Dans le cadre des activités recommandées dans la séance n° 2, avoir introduit au moins deux activités par jour de classe (une pour le matin, une pour l'après-midi).

Préparation de la classe

- **Matériel**
  - Travail de recherche (emploi du temps de la classe) : étiquettes des jours, étiquettes des activités (prévoir un espace pour faire le dessin correspondant).
  - Évaluation (emploi du temps d'une classe voisine) : vignettes représentant les activités du matin et de l'après-midi (pour chaque jour d'école), étiquettes des jours de la semaine organisées de la manière suivante :

Jeudi	
Matin	
Après-midi	

Tableau dans la zone de regroupement des élèves.

Déroulement de l'activité

- **Durée** : 40 minutes.
- **Modalités de travail** : alternance travail collectif – travail en ateliers.

→ Description de l'activité

- **Phase 1 : travail collectif.** À l'oral, en prenant appui sur la frise de la semaine, les élèves énoncent les activités marquantes de chaque jour. L'enseignant procède alors au relevé des informations au tableau. Celles-ci sont reportées dans des colonnes sans tenir compte de l'ordre chronologique (matin et après-midi), de la manière suivante :

Lundi	Mardi ....
Informatique	Lecture de contes
Piscine	Cinéma
Chorale	....

L'enseignant effectue ensuite une lecture magistrale du relevé d'informations afin de faire découvrir aux élèves que les activités du matin et de l'après-midi sont mélangées et qu'il y a des jours sans école.

- **Phase 2 : travail par ateliers.** On distribue dans chaque atelier un jeu d'étiquettes reprenant l'ensemble des activités évoquées lors de la phase collective ainsi qu'un embryon de tableau du type suivant.

Lundi	Mardi	Mercredi	Jeudi	Vendredi	Samedi	Dimanche

Dans un premier temps les étiquettes des activités sont réparties entre les élèves à l'intérieur de chaque atelier. Après identification et lecture de chacune d'entre elles, avec l'aide ou après vérification de l'enseignant, les dessins correspondants sont effectués en regard du mot.

On donne alors la consigne suivante : « Placez correctement les étiquettes dans le tableau de telle manière que l'on voie les activités du matin et de l'après-midi. »
L'objectif est ici de faire découvrir aux élèves qu'il y a lieu de séparer les informations par le biais de la création de lignes.

Résultat attendu
Organiser les caractéristiques sociales des jours de la semaine dans un tableau à double entrée.

Évaluation
Au titre de l'évaluation finale des acquis de cette séquence d'apprentissage qui, rappelons-le, doit s'inscrire dans la durée, on peut proposer aux élèves d'élaborer l'emploi du temps d'une autre classe de l'école. Dans un premier temps, les élèves rencontrent par petits groupes, dans le cadre du décloisonnement, l'enseignant de l'autre classe et lui posent toutes les questions utiles pour appréhender les activités mises en place les jours de la semaine. On se limitera à une activité par demi-journée. Les informations recueillies sont notées sur une affiche par le biais d'une dictée à l'adulte. Dans un deuxième temps, les élèves sont tous munis de vignettes représentant les activités des jours d'école et d'étiquettes portant le nom de chaque jour ainsi que deux cases pour figurer le matin et l'après-midi. L'enseignant lit les informations de l'affiche dans le désordre (exemple : jeudi matin piscine). Suivant les indications, les élèves placent les vignettes sur les étiquettes des jours dans les cases correspondantes. Ils procèdent ensuite à la remise en ordre des étiquettes complétées.

:: Conseil

Le tableau comporte des vignettes déjà placées dans certaines cases : on relit et on complète la suite avec un guidage de l'enseignant.

:: Ouverture transdisciplinaire

Activités autour du tableau à double entrée : le lien avec les mathématiques est ici évident. On pourra par ailleurs organiser les relevés météorologiques à la fin de chaque mois dans un tableau de ce type.

:: Remarque

L'école maternelle a pour objectif de rythmer le temps de l'élève et de lui faire acquérir des repères sociaux. Pour cela, ne pas perdre de vue que l'objet de l'histoire est l'humanité et son sujet l'homme et qu'il convient donc de rattacher constamment la structuration du temps aux enfants et à leurs activités si l'on ne veut pas que les apprentissages soient désincarnés, vides de sens.

Séquence : Situer les événements les uns par rapport aux autres

Séance n° 5 Antériorité, postériorité et simultanéité

:: **Objectifs** : Percevoir et restituer l'antériorité, la postériorité et la simultanéité.

:: **Concepts** : Antériorité, postériorité, simultanéité.

:: **Compétence** : Situer les événements les uns par rapport aux autres.

:: **Conditions préalables** : Séance filée à reproduire autant de fois que nécessaire dans l'année. Avoir mis en œuvre de nombreuses activités de rangements chronologiques simples ne portant que sur l'antériorité et la postériorité.

:: Préparation de la classe

- **Matériel**
  5 images séquentielles racontant l'histoire du Petit Chaperon rouge (1 jeu par élève).
  1 bande de papier par élève.
  Tableau, pâte adhésive, aimants.
- **Document**
  Album : Charles Perrault, « Le Petit Chaperon rouge », *Le Trésor des contes*, Paris, France Loisirs, 1991, p. 44-48.

:: Déroulement de l'activité

- **Durée** : 30 minutes.
- **Modalités de travail** : alternance phase collective – ateliers.

→ Description de l'activité

- **Phase 1 : collective.** L'enseignant raconte l'histoire originelle du Petit Chaperon rouge. Il insiste sur le passage : « Le Petit Chaperon rouge cueille des fleurs. Pendant ce temps le loup va chez sa grand-mère. » Éventuellement, si l'enseignant estime que cette formulation est trop complexe, il pourra privilégier la tournure suivante : « Le Petit Chaperon rouge cueille des fleurs, en même temps que le loup va chez sa grand-mère. » L'enseignant fait expliciter cette phrase. Il demande ensuite à plusieurs élèves de raconter l'histoire en respectant la chronologie.
- **Phase 2 : ateliers.** Les élèves disposent chacun des 5[1] images séquentielles suivantes :

On demande aux élèves d'ordonner les images dans l'espace « bande » de gauche à droite ou de haut en bas en respectant la chronologie. L'organisation de droite à gauche ou de bas en haut est acceptée car il s'agit d'une inversion d'origine. On attend des élèves qu'ils montrent sur l'espace bande la simultanéité des deux actions : « Le Petit Chaperon rouge cueille des fleurs. Pendant ce temps le loup va chez sa grand-mère. » Toute organisation, superposition d'images ou images placées l'une au-dessus de l'autre ou formant une unité bien identifiée par rapport aux autres images est acceptée.

1. Extraites de l'évaluation nationale, ministère de l'Éducation nationale, DP&D.

Résultats attendus
Percevoir la simultanéité et la représenter spatialement.

Évaluation différenciée
- Élèves en difficulté ne maîtrisant pas la simultanéité : savoir organiser chronologiquement 5 photographies d'activités de la matinée de classe. Il ne doit pas y avoir d'inversion entre la photographie qui représente les ateliers antérieurs à la récréation et celle représentant les ateliers postérieurs à la récréation.
- Élèves maîtrisant la simultanéité : savoir organiser chronologiquement, tout en respectant la simultanéité, des photographies représentant les activités de la matinée de classe (rituels, passage aux toilettes, 4 photographies de différents ateliers, récréation, 3 photographies de différents ateliers).

:: Conseils

- **Piste 1. Chronologie des actions d'une séance d'APS.** Faire raconter le déplacement et la séance d'APS. Accrocher au tableau dans le désordre 5 photographies représentant le déplacement et la séance. Faire ordonner individuellement les photographies. Faire argumenter en utilisant les connecteurs temporels (*avant*, *après*, *ensuite*, *enfin*, etc.).
- **Piste 2. Perception de la succession et de la simultanéité d'actions vécues lors d'une séance d'APS organisée en ateliers.** Faire raconter la séance en n'omettant pas le trajet, le passage au vestiaire et l'échauffement. Accrocher les photographies des différents moments au tableau dans le désordre. Les faire remettre dans l'ordre chronologique. Faire expliciter l'ordre retenu et poser des questions à propos des ateliers du type : « Que fait Pierre en même temps que Paul ? », « Que fait Jean pendant que Louis lance le ballon ? » → Situation-problème : comment organiser spatialement la simultanéité ? Recherche par groupes de « solutions ».
- **Piste 3. Consolidation de la simultanéité.** Montrer aux élèves une image représentant la grand-mère et le Petit Chaperon rouge sortant du ventre du loup en présence du chasseur. Faire placer l'image dans la chronologie existante. → Situation-problème : comment le chasseur a-t-il su qu'il fallait sauver le Petit Chaperon rouge ? → Le chasseur est dans le bois en même temps que le Petit Chaperon rouge est attaqué et mangé par le loup. Faire dessiner la partie manquante puis la faire placer dans la chronologie.

:: Ouverture transdisciplinaire

Atelier de langage dans le cadre duquel les élèves utiliseront les connecteurs temporels *avant*, *puis*, *après*, *en même temps*.

Séquence : Comparer des événements en fonction de leur durée

Séance n° 6 Utiliser le sablier ou l'horloge

:: **Objectif** : Mesurer la durée des activités de la matinée avec le sablier ou l'horloge.

:: **Concept** : Unité de mesure de durée.

:: **Compétence** : Comparer des événements en fonction de leur durée.

:: **Conditions préalables** : La plupart des élèves de grande section de maternelle éprouvent de grandes difficultés à désigner dans un ensemble d'événements celui qui dure le plus longtemps. De fait, les élèves associent bien souvent à la durée d'un événement ou d'un temps le nombre de moments plus ou moins important le constituant. De plus la notion de plaisir entre en ligne de compte. Pour lever en partie ces difficultés, on peut faire précéder cette première séance de « jeux » sur les longueurs de temps ou durées. Ceux-ci consistent à compter et visualiser la durée en jours entre deux événements. Citons par exemple la durée entre deux séances de piscine qui ont lieu le lundi et le jeudi, la durée entre aujourd'hui lundi et l'anniversaire de Pierre qui intervient vendredi et ainsi de suite. On peut procéder par comptage en utilisant la frise hebdomadaire : entre lundi et vendredi il y a 3 jours, entre lundi et jeudi il y a 2 jours, c'est plus court. L'unité de mesure de durée étant la journée, on peut visualiser les durées en déroulant des bandes de temps de ce type :

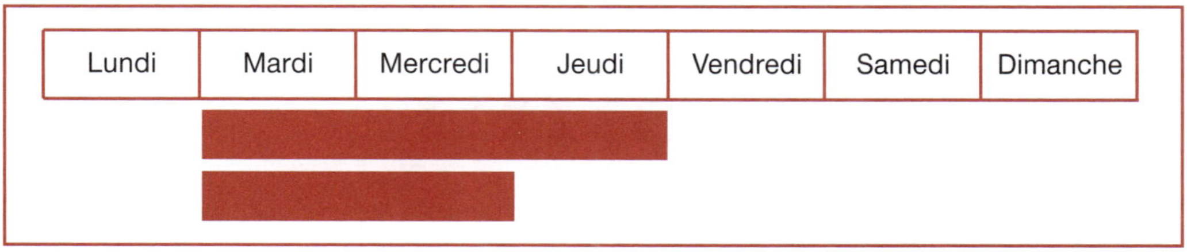

On peut alors procéder à la comparaison entre les bandes et faire employer des expressions du type : « c'est plus long, c'est plus court, ça dure plus longtemps, moins longtemps ».
Par ailleurs, la semaine précédant cette première séance de mesure de durées, l'enseignant aura pris le soin de photographier toutes les activités d'une matinée de classe, par exemple accueil, rituels, lecture d'un conte, ateliers maîtrise de la langue, collation, récréation, ateliers mathématiques, sortie.

:: Préparation de la classe

- **Matériel**
Bande de papier affichée au mur ou sur le tableau dans la zone de regroupement.
Sablier étalonné pour mesurer une durée de 5 minutes (ou alors horloge graduée de 5 en 5 minutes) ; étiquettes étalonnées représentant des sabliers ou des graduations d'horloge.

:: Déroulement de l'activité

- **Durée** : 5 à 10 minutes par activité dont on mesure la durée.
- **Modalités de travail** : phase collective.

→ Description de l'activité

Il s'agit d'une activité filée. Plusieurs options sont ici possibles : ou bien on passe en revue la totalité des activités (temps) de la matinée dont on mesure la durée en une seule fois, ou bien on répartit le travail sur plusieurs jours (mesure de la durée d'une activité différente de la matinée chaque jour). Cette séance mise en œuvre collectivement consiste à faire « mesurer » la durée de chaque temps de la matinée en utilisant, conformément aux instructions officielles, un instrument de mesure : le sablier ou l'horloge. Les élèves comptent le nombre de fois que l'on a retourné le sablier (ou alors le nombre de divisions de 5 minutes parcourues par la grande aiguille). La frise du temps de la matinée est accrochée au tableau et on reporte les indications au fur et à mesure des comptages.

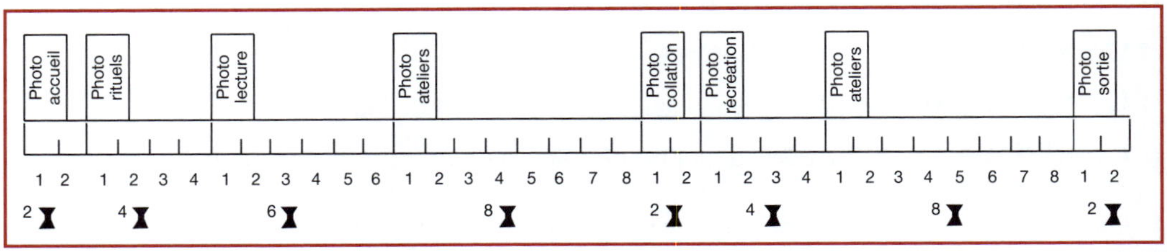

À chaque fois que la durée d'une activité a été mesurée, l'enseignant accroche au-dessus de la frise du temps de la matinée la photographie correspondante, le bord gauche de la photographie étant bien positionné au début de l'activité. Les élèves sont alors invités à indiquer le nombre de divisions de l'horloge ou de sabliers comptés (fractions de 5 minutes). Ce nombre est reporté sur la frise par le collage successif de sabliers.

Exemple de symbolisation pour l'activité lecture de conte d'une durée de 30 minutes :

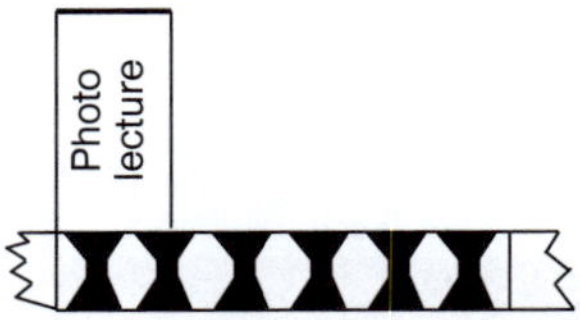

Grâce à cette symbolisation, on introduit la notion d'unité de mesure qui permet de visualiser le début et la fin de l'activité.

Résultat attendu

L'élève est capable d'indiquer la durée par un nombre de sabliers ou de graduations d'horloge.

Évaluation

Voir la fin de la séquence d'apprentissage.

:: Conseil

À tour de rôle, confier l'activité de comptage des sabliers ou des graduations d'horloge à au moins deux élèves ou groupes d'élèves pour la confrontation des résultats.

:: Ouverture transdisciplinaire

Fabrication de sabliers.

Séance n° 7 Bandes de temps

:: Objectif : Représenter des durées avec des bandes de temps.

:: Concepts : Durée, début et fin d'une activité.

:: Compétence : Comparer des événements en fonction de leur durée.

:: Conditions préalables : Avoir obligatoirement mis en œuvre la séance n° 6. Avoir construit la frise correspondante.

:: Préparation de la classe

- **Matériel**
  Feutres, papiers de couleur.
  • **Pour la phase collective** : frise des activités de la matinée accrochée au tableau dans la zone de regroupement, « étiquettes-mots » (grand format) des activités de la matinée : accueil, météo, conte, ateliers 1, récréation, ateliers 2, sortie.
  • **Pour les ateliers** : prévoir pour chaque groupe d'élèves un jeu « d'étiquettes-mots » et de photographies des activités de la matinée.

:: Déroulement de l'activité

- **Durée** : 30 minutes.
- **Modalités de travail** : alternance phase collective – ateliers.

→ Description de l'activité

• **Phase 1 : collective.** Les élèves sont regroupés devant la frise des activités de la matinée organisée de la manière suivante :

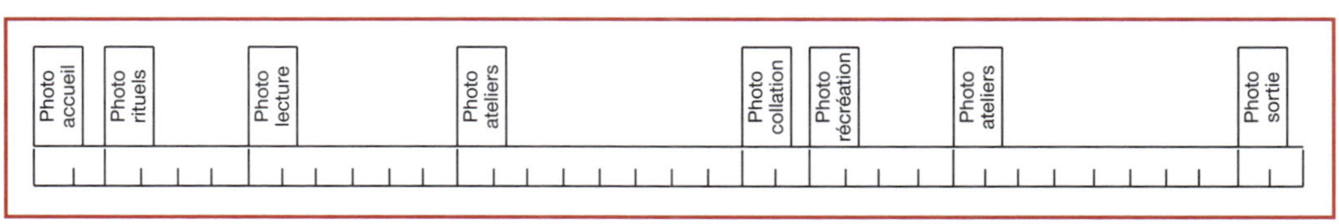

L'enseignant demande aux élèves d'indiquer la manière dont on va pouvoir utiliser les éléments affichés. Il fait découvrir la nécessité de colorier la bande suivant les différents temps de la matinée. Se pose alors la question de la délimitation des différents temps. On introduit la notion de début et de fin d'activité.

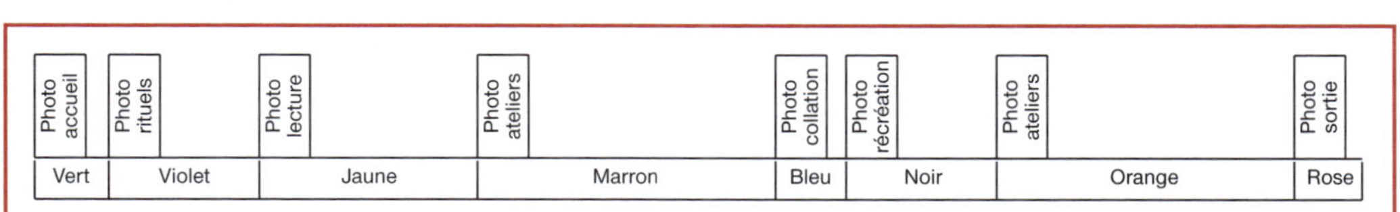

Les différentes bandes de temps ayant été coloriées, l'enseignant demande aux élèves de mettre en correspondance les bandes de couleur avec les activités. Il indique une couleur, à charge pour les élèves – qui s'aideront de la frise colorée des activités de la matinée – de trouver « l'étiquette-mot » de l'activité correspondante et inversement. Il s'agit ici d'une activité de reconnaissance graphique par formulation d'hypothèses : « ça commence comme, on entend le son ... ». Après chaque identification, les élèves sont invités à montrer la durée de l'activité concernée en suivant avec le doigt, du début jusqu'à la fin, la bande de couleur correspondante. L'enseignant pourra aussi demander aux élèves de montrer le début ou la fin de l'activité, d'indiquer l'activité qui précède et celle qui suit.

- **Phase 2 : ateliers.**

Atelier dirigé : la frise colorée est posée sur le sol. L'enseignant demande aux élèves concernés de réaliser grâce à des papiers de couleur des bandes de même longueur que celles des différents temps de la matinée.

Ateliers autonomes : les élèves de ces ateliers travaillent sur la succession des activités de la matinée. Pour ce faire on met à la disposition de chaque groupe un jeu de photographies des activités de la matinée ainsi qu'un jeu d'étiquettes-mots correspondantes. On attend ici des élèves qu'ils remettent dans l'ordre chronologique les photographies et qu'ils associent les « étiquettes-mots » correspondantes (relation signifiant-signifié).

- **Phase 3 : collective.** La confrontation des travaux des ateliers consiste à mettre en correspondance les photographies, les « étiquettes-mots » et les bandes de couleur correspondantes dans l'ordre chronologique. Les élèves de l'atelier dirigé qui ont découpé les bandes de couleur de même longueur que celles de la frise des activités de la matinée demandent aux autres élèves de venir disposer, dans l'ordre chronologique, les photographies et les « étiquettes-mots » à côté des bandes correspondantes.

Résultats attendus

Premier niveau : l'élève est-il capable de mettre dans l'ordre chronologique les photographies ou les bandes de durées ?

Deuxième niveau : l'élève est-il capable de mettre en relation deux caractéristiques (bande durée et photographie) de chaque activité de la matinée de classe, tout en respectant l'ordre chronologique ?

Troisième niveau : à chaque paire d'éléments d'information est-il capable d'associer le signifiant correspondant (étiquette-mot) ?

Évaluation

Durant une séance de langage en atelier, l'enseignant évaluera tout d'abord la capacité de chaque élève à énoncer et à justifier la chronologie des activités à partir des photographies et ensuite à faire correspondre étiquettes et bandes. Voir par ailleurs la fin de la séquence d'apprentissage.

Conseils

Chronologie : positionner une partie des photographies, l'élève devant placer le reste. Jouer sur le nombre et la place des photographies.

Mise en relation des éléments de chaque activité (photographie, étiquette, durée) : inviter l'élève à prendre appui sur la frise de classe construite durant les séances n°s 6 et 7.

Ouverture transdisciplinaire

Sur les recettes de cuisine visualiser le temps de cuisson avec une bande de couleur et formuler dans la fiche technique une consigne du type : « Laisser cuire le gâteau le temps des ateliers » ou alors « Laisser cuire du début à la fin des ateliers ».

Séance n° 8 Durées plus ou moins importantes

:: **Objectifs** : Comparer, classer et ranger des événements par importance de durée.

:: **Concepts** : Classement et rangement de longueurs et de durées.

:: **Compétence** : Comparer des événements en fonction de leur durée.

:: **Conditions préalables** : Le découpage de bandes de longueurs égales mis en œuvre durant la séance n° 7, dans le cadre d'un atelier dirigé, doit être systématiquement proposé à l'ensemble des élèves dans le cadre de la rotation des ateliers ou alors dans celui d'autres activités mathématiques et technologiques (comparer, classer et ranger des objets selon leur taille, choisir des matériaux adaptés à une situation).

:: Préparation de la classe

- **Matériel**
  Frise colorée des activités de la matinée accrochée au tableau dans la zone de regroupement.
  - **Pour la phase collective** : étiquettes-mots des activités de la matinée (grand format) ; bandes de couleur construites lors de la séance n° 7.
  - **Pour les ateliers** : prévoir par groupe un jeu de bandes de couleur.

:: Déroulement de l'activité

- **Durée** : 40 minutes.
- **Modalités de travail** : alternance phase collective – ateliers – travail individuel.

→ Description de l'activité

- **Phase 1 : collective.** La frise colorée des activités de la matinée est accrochée au tableau dans la zone de regroupement.

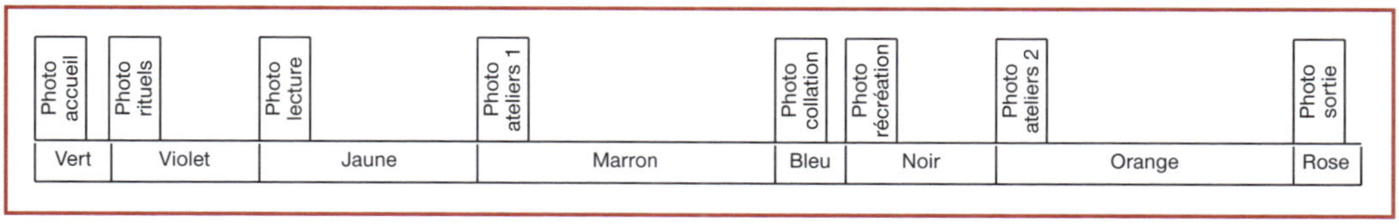

Dans un premier temps l'enseignant demande aux élèves de mettre en relation les photographies avec les étiquettes-mots des activités de la matinée correspondantes.
On invite alors les élèves à montrer le début et la fin de chaque activité. L'enseignant pose des questions du type : « Où commencent les ateliers ? Où finissent-ils ? Que fait-on avant les ateliers ? Que fait-on après ? » Les élèves sont priés de montrer la durée de chaque activité en suivant avec le doigt puis de prendre la bande de couleur mobile correspondante et d'en vérifier la longueur par superposition.
On pose alors la question de savoir si les activités ont la même durée. On laisse les élèves réagir : « c'est plus court, c'est plus long, ça dure plus longtemps, moins longtemps », etc. L'enseignant propose des comparaisons « visibles » : « Qu'est-ce qui dure plus longtemps ? la collation ou les ateliers ? » La comparaison des deux bandes de couleur correspondantes permet de confirmer et d'associer la longueur à la durée.
L'enseignant peut alors organiser une activité de langage à propos de l'utilisation des tournures « dure plus longtemps, dure moins longtemps, dure aussi longtemps ». Un élève dit par exemple : « la récréation dure plus longtemps que l'accueil ». Un autre élève vérifie son affirmation en comparant les deux bandes mobiles correspondantes. On change de duo et un autre énoncé est

affirmé ou infirmé. En fonction de la réceptivité des élèves mais aussi de leurs difficultés, un autre jeu peut être proposé pour relancer l'intérêt. On donne deux photographies (ou deux étiquettes-mots) à un élève qui doit indiquer l'activité qui dure le plus longtemps. Le reste de la classe valide ou non la réponse.

- **Phase 2 : travail en ateliers autonomes.** L'enseignant passe d'un atelier à un autre pour aider les élèves en difficulté mais aussi pour faire justifier et verbaliser. La consigne de travail est la suivante : « Rangez les activités, de celle qui dure le moins longtemps à celle qui dure le plus longtemps. »
- **Phase 3 : collective.** La mise en commun permet d'obtenir une organisation de ce type mêlant rangement et classement. Pour confirmer ces derniers on aura soin de recourir aux mesures effectuées avec le sablier lors de la première séance.

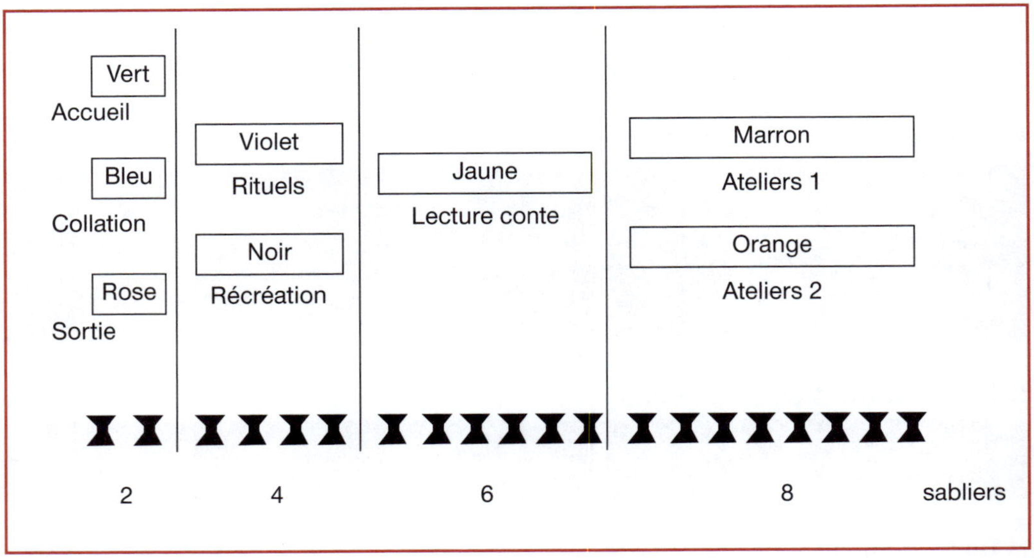

Ce tableau récapitulatif sera prétexte à langage et à formulation de phrases du type : « L'accueil dure aussi longtemps que la collation », « Les ateliers durent plus longtemps que la lecture de conte », « La récréation dure moins longtemps que les ateliers ».

Résultat attendu

En utilisant soit le tableau récapitulatif, soit la frise colorée l'élève est capable de formuler une phrase comportant « aussi..., plus..., moins longtemps ».

Évaluation

Ranger 4 photographies d'activités de la matinée de classe en commençant par l'événement qui dure le moins longtemps.

:: Conseil

Pour lever les difficultés liées au rangement de durées faire utiliser les outils construits lors des trois séances et inciter les élèves à comparer soit les longueurs, soit les nombres.

:: Ouverture transdisciplinaire

Atelier de langage durant lequel on veillera à utiliser, de manière transdisciplinaire, les comparatifs *aussi*, *plus* et *moins*.

:: Définitions

Ne pas confondre **classement** et **rangement**. Le classement est une relation d'équivalence (on met ensemble les événements, les activités ayant la même durée). Le rangement est une relation d'ordre (on organise les durées suivant l'ordre croissant ou décroissant).

Séquence : Exprimer et comprendre les oppositions entre présent, passé proche et passé lointain

Séance n° 9 La vie autrefois

:: **Objectif** : Évoquer la vie autrefois à partir d'œuvres picturales.

:: **Concepts** : Connecteurs d'évocation (il y a longtemps, autrefois). Profondeur du passé.

:: **Compétences** : Savoir exprimer et comprendre les oppositions entre passé et présent, disposer d'un premier capital historique constitué soit à partir du patrimoine, soit par le récit d'événements.

:: **Conditions préalables** : Pour mettre en place les trois séances, l'enseignant peut utiliser, comme le suggèrent les instructions officielles de 2007, les traces architecturales (château fort par exemple). Conscients du fait que les ressources patrimoniales de ce type ne sont pas toujours disponibles, nous proposons une séquence d'apprentissage prenant appui sur des œuvres picturales de Pieter Bruegel reproduites dans la plupart des ouvrages d'art. Il s'agit de : *Les Jeux d'enfants* (1560, Kunsthistorisches Museum, Vienne) ; *Le Dénombrement de Bethléem* (1566, Musées royaux des Beaux-Arts, Bruxelles) ; *Le Repas de noces* (1568, Kunsthistorisches Museum, Vienne) ; *La Danse des paysans* (1568, Kunsthistorisches Museum, Vienne) ; *Le Combat de Carnaval et Carême* (1599, Kunsthistorisches Museum, Vienne).
L'enseignant veillera à utiliser des reproductions en grand format et le cas échéant aura recours à des transparents et à un rétroprojecteur.

:: Préparation de la classe

- **Matériel**
Reproductions picturales en grand format ou alors sur transparents, tableau, pâte adhésive, aimants, éventuellement rétroprojecteur.

- **Document**
La reproduction *Le Combat de Carnaval et Carême* (1599).

:: Déroulement de l'activité

- **Durée** : 20 minutes.
- **Modalités de travail** : alternance travail collectif – travail en ateliers.

→ Description de l'activité

- **Phase 1 : découverte collective.** L'enseignant invite les élèves à observer la reproduction *Le Combat de Carnaval et Carême*. Cette œuvre de Pieter Bruegel a un caractère tellement coloré et foisonnant qu'elle suscite de la part des élèves de nombreuses réactions qu'il faudra orienter et structurer. De fait, après l'indispensable premier « déballage » des remarques à propos des modes de vie suggérés par cette œuvre notamment l'architecture, les vêtements et les activités des personnages, il y a lieu de faire percevoir, de façon fort modeste, la profondeur du passé par le biais de questions du type : « Est-ce que c'est pareil que ce que nous connaissons en ce moment, aujourd'hui ? » En raison du caractère exotique du tableau, les élèves auront vraisemblablement tendance à penser qu'il s'agit d'un pays lointain. On leur précise alors que c'est « chez nous ». Sont alors attendues des remarques du type : « C'est chez nous mais il y a longtemps », « C'est chez nous mais autrefois ». Il faudra par la suite, dans le cadre de la narration de contes, distinguer ces derniers du connecteur « Il était une fois » au titre de l'opposition récit historique-récit fictionnel. On demande alors aux élèves de justifier le fait que c'est un temps fort lointain. La justification se fait par exemple par référence aux vêtements (hommes en robe et bas-de-chausses, femmes en longue robe et capuchon, bébés langés), mais aussi par rapport à l'architecture (maisons à pas de moineau, à colombage, à ogives). On retient quelques détails architecturaux et vestimentaires du tableau. Parallèlement, on attire l'attention sur les déguisements de certains personnages (Carnaval).

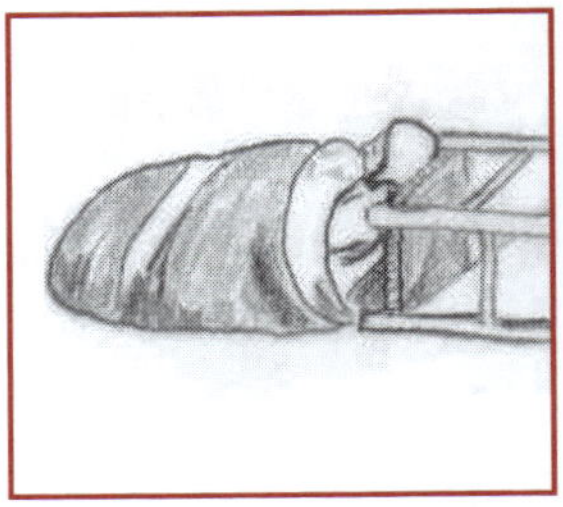

• **Phase 2 : travail en ateliers.** Les élèves utilisent différentes techniques (peinture, collage de papiers, etc.) pour représenter les éléments vestimentaires et architecturaux retenus. Ces dessins constitueront le référentiel de classe articulant signifiant (mot) et signifié (dessin).

Résultats attendus

Appréhender le passé lointain et employer à bon escient les connecteurs temporels « il y a longtemps, autrefois » par opposition à « hier » et « aujourd'hui ».

Évaluation

Voir évaluation proposée en fin de séquence (séance n° 11).

:: Conseils

Lors des activités de comparaison, choisir des caractères historiques en « nette rupture » avec le vécu de l'élève.

:: Définitions

Il ne faut pas confondre **énonciation** et **évocation.** Les marques de l'énonciation permettent à l'enfant de situer le présent, le passé et le futur. Les marques de l'évocation réfèrent au temps réel du récit historique (autrefois, il y a longtemps, date) ou au temps imaginaire de la fiction (il était une fois).

Séance n° 10 Modes de vie anciens et contemporains

:: Objectifs : Découvrir, vivre et comparer des modes de vie anciens et contemporains.

:: Concepts : Profondeur du passé. Permanences et transformations.

:: Compétences : Savoir exprimer et comprendre les oppositions entre passé et présent. Disposer d'un premier capital historique constitué soit à partir du patrimoine, soit par le récit d'événements.

:: Conditions préalables : Avoir introduit les connecteurs d'évocation « il y a longtemps, autrefois » et analysé l'œuvre *Le Combat de Carnaval et Carême*.

:: Préparation de la classe

- **Matériel**

Tableau, pâte adhésive, aimants, éventuellement rétroprojecteur. Petit matériel APS : cerceaux, bâtons, etc.

• **Pour le travail collectif :** reproduction de l'œuvre de Bruegel *Les Jeux d'enfants* en grand format ou sur transparent.

• **Pour le travail en ateliers :**

– reproduction en petit format des 5 œuvres de Bruegel accompagnées de 2 ou 3 intruses (œuvres contemporaines présentant des éléments architecturaux et vestimentaires en nette rupture avec les éléments picturaux des œuvres de Bruegel et correspondant au vécu des élèves). Prévoir 1 jeu de 8 vignettes par atelier ;

– agrandissements de représentations de jeux extraites du tableau de Bruegel *Les Jeux d'enfants*. Prévoir un agrandissement différent par atelier.

- **Documents**

Le Combat de Carnaval et Carême (1599) ; *Le Dénombrement de Bethléem* (1566) ; *Le Repas de noces* (1568) ; *La Danse des paysans* (1568) ; *Les Jeux d'enfants* (1560).

:: Déroulement de l'activité

- **Durée** : 40 minutes.
- **Modalités de travail** : alternance travail en ateliers – travail collectif.

→ Description de l'activité

• **Phase 1 : travail en ateliers.** Les ateliers ont la même tâche et fonctionnent de manière identique. On propose dans chaque atelier une série de 8 documents iconographiques (voir « Matériel »). Au préalable, l'enseignant fait chercher le tableau qui a fait l'objet d'une analyse lors de la précédente séance. Il veille à faire justifier le choix : tenues vestimentaires, éléments architecturaux mais aussi éléments picturaux qui n'ont pas fait l'objet d'un traitement particulier lors de la précédente séance : personnages déguisés (Carnaval). L'enseignant fait retrouver les connecteurs temporels « Il y a longtemps, autrefois ». Puis il invite plusieurs élèves à les utiliser dans une phrase du type : « Cela s'est passé il y a longtemps », « Cela s'est passé autrefois », et à justifier le propos par référence aux éléments vestimentaires et architecturaux.

Le tableau *Le Combat de Carnaval et Carême* ayant été identifié, on demande aux élèves d'en trouver d'autres qui présentent des événements qui se sont déroulés il y a longtemps ou autrefois. Pour chaque tableau retenu, les élèves doivent justifier le propos. Par exemple sur le tableau *Le Dénombrement de Béthléem* on retrouve des maisons à pas de moineau. Sur les tableaux *Le Repas de noces* et *La Danse des paysans*, les hommes ont des « robes » et des bas-de-chausses, les femmes des longues robes et des capuchons. Sur le tableau *Les Jeux d'enfants*, on trouve des maisons avec des ogives. Il s'agit ici avant tout d'une activité d'observation fine, puis de comparaison à des fins de mise en relation et de classement. À la fin de cette activité par ateliers, les élèves doivent avoir classé les documents iconographiques en deux catégories : événements du passé lointain (il y a longtemps, autrefois), événements récents (d'aujourd'hui).

- **Phase 2 : travail collectif.** Parmi les 5 œuvres de Bruegel classées dans les événements lointains, on sélectionne le tableau *Les Jeux d'enfants*. Celui-ci est affiché en grand format au tableau. L'enseignant fait rappeler les critères de choix de ce tableau par le biais d'une question du type : « Qu'est-ce qui montre que ça s'est passé il y a longtemps ou autrefois ? » Après avoir découvert le contenu essentiel des activités décrites sur ce tableau, on demande aux élèves de repérer des jeux différents et de tenter de les expliquer.
- **Phase 3 : travail par ateliers.** En salle d'APS, les élèves sont répartis par groupes de 3 ou 4 élèves. À charge pour chacun d'eux, au regard de l'agrandissement d'une représentation de jeu octroyé et éventuellement du matériel APS fourni, de « jouer à la manière de Bruegel, il y a longtemps ou autrefois ». Là encore, les dessins iront enrichir le référentiel de classe en veillant systématiquement à l'articulation signifiant (mot) – signifié (dessin).

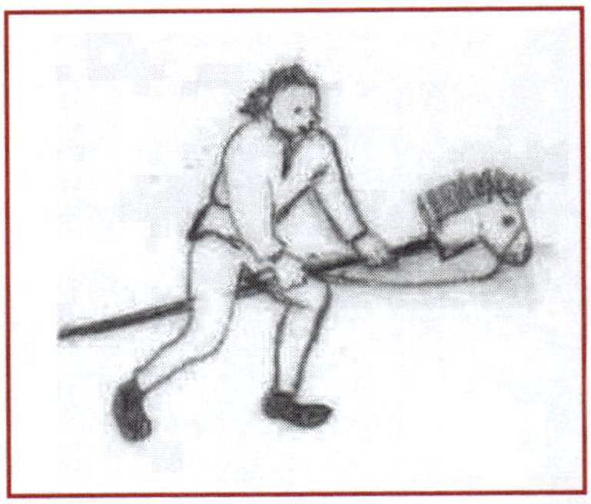

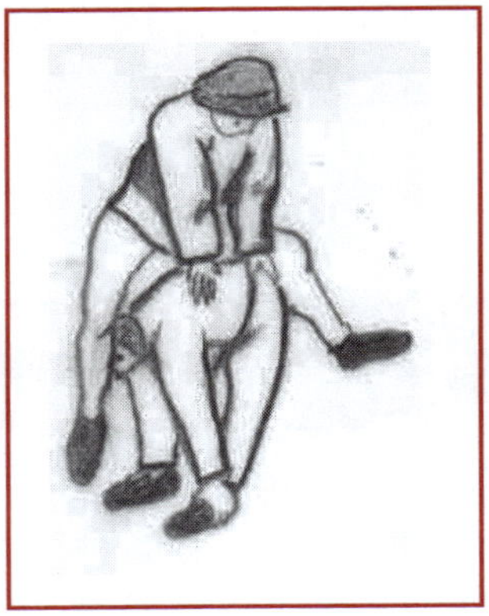

Résultats attendus

Utiliser des caractères historiques simples pour classer des événements en deux catégories : passé lointain, présent.

Évaluation

Voir évaluation proposée en fin de séquence (séance n° 11).

Conseil

Il s'agit ici d'une séance ramassée, tout comme la précédente et la suivante. On pourra, en fonction du temps disponible mais aussi de l'intérêt et des difficultés des élèves, les fractionner en plusieurs séances.

Séance n° 11 « Il y a longtemps, autrefois »

:: **Objectif** : Accéder au langage d'évocation.

:: **Concepts** : Profondeur du passé. Connecteurs « il y a longtemps, autrefois ».

:: **Compétences** : Voir séance n° 9.

:: **Conditions préalables** : Avoir l'habitude de consulter des livres et d'y puiser des indices.

:: **Préparation de la classe**

- **Organisation de la classe**
  Grande table sur laquelle seront exposés les ouvrages retenus.
- **Matériel**
  - **Pour l'atelier dirigé** : se procurer une série d'ouvrages dont quelques-uns présentent explicitement des indices vestimentaires, architecturaux, ludiques de la période décrite par Bruegel. Y insérer des ouvrages intrus.
  - **Pour la phase individuelle** : 1 jeu de vignettes par élève (éléments architecturaux, vestimentaires et ludiques).
- **Document**
  Samivel, *Le Joueur de flûte de Hamelin* (Père Castor, Flammarion, 2001).

:: **Déroulement de l'activité**

- **Durée** : 30 minutes.
- **Modalités de travail** : atelier dirigé – phase collective.

→ **Description de l'activité**

- **Phase 1 : travail en atelier dirigé.** Il s'agit ici de consolider les compétences méthodologiques des élèves en termes de recherche et de mise en relation des indices iconographiques, voire écrits prélevés dans les ouvrages. Les ouvrages sont disposés sur une grande table, les premières de couverture bien en évidence. On donne la consigne suivante aux élèves : « Cherchez des livres qui pourraient raconter des histoires qui se sont passées il y a longtemps ou autrefois. » On attend ici des élèves qu'ils sélectionnent les ouvrages correspondants par comparaison avec les caractères historiques précédemment isolés. Insister plus particulièrement sur la verbalisation et la justification du choix : « J'ai choisi ce livre parce qu'il y a une maison à pas de moineau », « J'ai choisi ce livre parce que j'ai retrouvé dans le texte le mot maison à colombage ».
- **Phase 2 : travail collectif.** Parmi les ouvrages retenus lors de la recherche en atelier dirigé figure l'album *Le Joueur de flûte de Hamelin*. L'enseignant raconte l'histoire en s'appuyant sur les illustrations.

« Les habitants de la ville de Hamelin aiment manger et faire la fête. L'odeur des plats attire des milliers de rats qui envahissent la ville et dévorent tout. Arrive alors un joueur de flûte qui propose aux habitants de les débarrasser des rats contre de l'argent. Il joue de la flûte, attire tous les rats vers la rivière et les noie. Ayant rempli son contrat, il va donc voir le bourgmestre pour être payé mais celui-ci refuse. Le joueur de flûte joue à nouveau de la flûte et emmène alors les enfants, loin de la ville. Les habitants ne les retrouvent pas et sont désormais sans enfants. » Dans le cadre d'activités articulant récit et temporalité, la structure quinaire du conte pourra être abordée et visualisée avec cinq images séquentielles légendées. Situation initiale : présentation de la ville de Hamelin et de ses habitants ; événement perturbateur : envahissement des rats ; déséquilibre : les rats dévorent tout ; équilibre retrouvé : le joueur de flûte intervient et noie les rats. Le bourgmestre refuse de payer le joueur de flûte ; situation finale : le joueur de flûte se venge et emmène les enfants de la ville de Hamelin.

Résultat attendu

Utiliser efficacement les indices iconographiques (macrostructure) et écrits (microstructure) figurant dans les ouvrages.

Évaluation

L'enseignant segmente le texte du conte en trois parties. La partie 1 sert à présenter la situation initiale ; la partie 2, l'événement perturbateur et le déséquilibre et la partie 3, l'équilibre retrouvé et la situation finale. Ces trois parties ne sont pas choisies de manière arbitraire. Elles vont permettre de réinvestir successivement le référentiel architectural, vestimentaire et ludique. Les élèves, répartis en ateliers, produisent, en fonction des images proposées, des structures répétitives en utilisant les mots du référentiel.

- Réinvestissement du référentiel architectural :

Atelier 1 : le joueur de flûte passe devant des maisons à pas de moineau.

Atelier 2 : le joueur de flûte passe devant des maisons à colombage. Et ainsi de suite.

- Réinvestissement du référentiel vestimentaire : les rats mangent les vêtements. Quels vêtements peuvent-ils manger ? Même démarche.
- Réinvestissement du référentiel ludique : le joueur de flûte emmène les enfants. Il les trouve sur la place en train de jouer. À quoi peuvent-ils jouer ? Même démarche.

À la fin de ces trois phases d'évaluation, toutes les phrases répétitives produites vont enrichir le texte initial du conte, dans l'album de classe.

:: Conseil

Avoir recours aux référentiels de la classe ou aux illustrations de l'album pour confirmer ou infirmer le choix opéré.

:: Prolongement

La structure d'autres contes (symbolisation de la structure quinaire).

Partie 3

Sensibilité, imagination, création

:: **Chapitre 9 :** Éducation du regard et du geste 223

:: **Chapitre 10 :** Éducation de la voix et de l'écoute 253

Chapitre 9

Éducation du **regard** et du **geste**

:: **Continuité des apprentissages en maternelle**

:: **Repères pratiques**

:: **Séances 1 à 12**

Marie-Lise Daubelcour
Bernadette Sauvage

Continuité des apprentissages en maternelle

	1re année	2e année	3e année	Grande section
Le dessin				
Adapter son geste aux contraintes matérielles	prioritairement	prioritairement	prioritairement	à consolider
Utiliser le dessin comme moyen d'expression	prioritairement	prioritairement	prioritairement	à consolider
Les compositions plastiques				
Tirer parti des ressources expressives d'un procédé et d'un matériau donnés	éventuellement	éventuellement	prioritairement	à consolider
Exercer des choix parmi des procédés et des matériaux déjà expérimentés	éventuellement	prioritairement	prioritairement	à consolider
Réaliser une composition en plan ou en volume selon un désir d'expression	éventuellement	éventuellement	prioritairement	prioritairement
Surmonter une difficulté rencontrée			éventuellement	prioritairement
Observation et transformation des images				
Reconnaître des images d'origines et de natures différentes	éventuellement	éventuellement	prioritairement	à consolider
Établir des rapprochements entre deux objets plastiques *(une production d'élève et une reproduction d'œuvre d'art par exemple)* sur le plan de la forme, du sens ou du procédé de réalisation	éventuellement	prioritairement	prioritairement	à consolider
Collections et musées				
Identifier les principaux constituants d'un objet plastique (image, œuvre d'art, production d'élève, etc.)	prioritairement	prioritairement	à consolider	à consolider
Création et langage oral				
Dire ce que l'on fait, voit, ressent, pense	éventuellement	prioritairement	prioritairement	à consolider
Agir en coopération dans une situation de production collective	éventuellement	éventuellement	prioritairement	prioritairement

- prioritairement : compétences à travailler prioritairement
- à consolider : compétences à consolider
- éventuellement : compétences pouvant éventuellement être mises en place

Repères pratiques

« Avant, je dessinais comme Raphaël, mais il m'a fallu toute une existence pour apprendre à dessiner comme les enfants. » Picasso *in* Florence de Mèredieu, *Le Dessin d'enfant*, éditions Blusson, p. 13.

1. Les axes forts du domaine d'activités

Les textes officiels concernant l'enseignement artistique à l'école maternelle sont regroupés dans le domaine : « La sensibilisation, l'imagination, la création ». Ce domaine renvoie aux « deux ensembles de pratiques artistiques mettant en jeu des sollicitations sensorielles complémentaires : visuelles et tactiles pour "le regard et le geste", auditives et vocales pour "l'écoute et la voix". »
Il s'agira donc pour l'enseignant de maternelle de mettre en place des situations permettant au jeune enfant d'agir avec son corps, d'expérimenter par le vécu « les rapports sensibles qu'il entretient avec les choses et avec le monde. L'école maternelle favorise une première sensibilisation artistique ».
(*Qu'apprend-on à l'école maternelle ? Les nouveaux programmes,* CNDP XO Éditions, 2002)

2. Les spécificités de la section

Comment répondre à la spécificité de l'enseignement des arts visuels en section de grands ?

« L'enfant a appris à manipuler plus finement les outils courants (crayon, pinceau, craie). Ses **intentions** de représenter sont plus explicites. Les situations proposées doivent lui permettre de mettre au service de son projet les outils disponibles et les procédés, de commencer à **composer** et à **combiner** des tracés dans un but précis. Il utilise les diverses fonctions du dessin : exprimer, inventer, imaginer des univers et raconter à travers des situations et des personnages, mais aussi mettre en mémoire certaines situations et certains événements de la classe, de l'école... »
(*Document d'application des programmes.* « La sensibilité, l'imagination, la création, école maternelle ».)

3. Éléments didactiques et pédagogiques

A Comment construire une démarche en arts visuels ?

Le professeur des écoles est un enseignant polyvalent. Il lui incombe de programmer l'enseignement des arts visuels au même titre que les autres disciplines.
Quelques rappels concernant les différentes étapes d'une séquence en arts visuels :
- **entrée dans l'activité :** c'est la manière dont l'enseignant entraînera les élèves dans une démarche de création ;
- **sollicitation plastique :** un problème à résoudre est posé ;
- **mise en œuvre :** les élèves se mettent en recherche. Cette phase s'apparente à une démarche expérimentale au cours de laquelle les élèves vont tenter de répondre au problème posé ;
- **confrontation avec les pairs :** les élèves sont invités au cours de cette phase à confronter les résultats obtenus. Ils mettent en commun leurs découvertes : c'est l'occasion de formaliser les savoirs. Les élèves reprennent leurs productions et poursuivent leur travail ;
- **confrontation avec les œuvres d'artistes :** toutes les productions sont affichées. On constate les effets produits. Un vocabulaire spécifique pour désigner les découvertes est mis en place. Les enfants établissent des relations entre les œuvres d'artistes et leurs productions.

B Quelques points de repère

Lors de sa préparation l'enseignant réfléchit à la mise en place d'un **SMOG** cohérent (interactions : **S**upport, **M**édium, **O**util, **G**este). L'objectif d'une séance n'est parfois pas atteint en raison d'une inadéquation des éléments entre eux : par exemple projections, coulures sur un petit format (amplitude gestuelle restreinte) ou travail avec un outil inadapté au format proposé (encre appliquée au coton-tige sur un très grand format).

C Références culturelles

Les enseignants se posent souvent la question du moment pertinent pour présenter une œuvre d'art aux élèves. Il n'existe pas de règle stricte. Selon le projet :
- l'œuvre d'art peut servir de point de départ à une séance en arts visuels (sollicitation plastique). L'enseignant en dégagera ou la thématique, ou une notion ou un procédé plastique. Dans tous les cas, il faudra veiller à éviter le plagiat ;
- elle peut également être présentée au cours de la phase de confrontation avec les œuvres d'artistes pour aider à formaliser des découvertes plastiques ;
- enfin, elle peut être présentée en fin de séance ou de séquence pour valider les expérimentations ou pour relancer les recherches en proposant aux élèves des représentations très différentes des résultats obtenus.

D Les séances en arts visuels

Avant d'entrer dans la lecture des séances, il nous semble important de préciser quelques points incontournables pour une réelle démarche de création dans le domaine des arts visuels.
- Les séquences d'apprentissages se déclinent en séances pour montrer la progression des apprentissages pour une notion donnée.
- Cependant chaque séance s'inscrit dans un projet. Il s'agit d'éviter l'écueil de la séance d'arts visuels « décontextualisée ». C'est pourquoi vous trouverez à la fin de chaque séance un renvoi vers les différentes séances du projet.
- Pour mieux percevoir la cohérence des séances à l'intérieur du projet, vous trouverez un tableau de correspondance compétences/projets.
- Les séquences doivent se concevoir à partir du **vécu** des élèves. **Le projet de classe est donc essentiel** à ce niveau. Il serait tout à fait arbitraire de proposer des séances en arts visuels sans se poser la question du **sens**.
- Il est important d'associer l'enfant très jeune à ce type de démarche pour favoriser notamment l'anticipation.
- Il ne s'agit bien sûr que de propositions liées aux possibilités des élèves de cet âge. Chacun est libre de les adapter en fonction de l'école, du projet de classe, de la spécificité des élèves.

Nous tenons à remercier les enseignants du Pas-de-Calais qui s'impliquent chaque année dans les projets en arts visuels. Que les photographies des productions d'enfants de cet ouvrage soient un hommage à la qualité de leur travail. Nous remercions plus particulièrement Cécile Guyot de l'école maternelle Montessori de Lens qui a réalisé les séances n°s 3, 4, 8, 9, 10 et 11.

Tableau décrivant la progression de l'acquisition de compétences dans le sens vertical et la succession des projets dans le sens horizontal

Compétences \ Projets	Tirer parti d'une cartographie	Vivre son corps en mouvement	Représenter l'Afrique	Représenter les onomatopées
Utiliser le dessin comme moyen d'expression				
6. Représenter la ligne en utilisant des outils peu courants.	X			
7. Utiliser l'écrit comme composante plastique.	X			
8. Représenter un motif par le dessin et le relief : les moucharrabiehs.			X	
9. Coopérer pour annoncer le dessin préparatoire d'une sculpture.			X	
10. Représenter le détail d'une sculpture.			X	
11. Organiser une composition plane composée essentiellement d'éléments graphiques (des onomatopées) à des fins d'expression.				X
Reconnaître des images d'origine et de nature différentes				
12. Utiliser une image ou seulement une partie pour en réaliser une nouvelle.	X			
Réaliser une composition en plan ou en volume, selon un désir d'expression				
1. Reproduire une forme : passer de la tri à la bidimensionnalité.		X		
2. Reproduire une forme : passer de la bi à la tridimensionnalité.		X		
3. Réaliser une sculpture à partir d'un dessin préparatoire.			X	
4. Isoler le détail d'une sculpture pour le représenter en volume (argile).			X	
Exercer des choix parmi des procédés et des matériaux déjà expérimentés.				
5. Choisir un procédé pour représenter le corps en mouvement.		X		
Agir en coopération dans une situation de production collective				
9. Coopérer pour annoncer le dessin préparatoire d'une sculpture.			X	

Séquence : Réaliser une composition en plan ou en volume selon un désir d'expression

Séance n°1 Sculpture de fil

:: **Projet** : Vivre son corps en mouvement.

:: **Objectif** : Reproduire une forme : passer de la bi à la tridimensionnalité.

:: **Concepts** : Forme. Opération plastique : reproduire.

:: **Compétence** : Réaliser une composition en plan ou en volume selon un désir d'expression.

:: **Condition préalable** : Avoir développé sa dextérité en utilisant des matériaux fins : fil, ficelle, corde et/ou en ayant modelé.

:: Préparation de la classe

- **Organisation matérielle**
  Plan horizontal (table).
- **Matériel**
  Fil électrique, ruban adhésif, plâtre, aluminium, bloc de polystyrène pour l'utiliser en tant que socle, photocopies de silhouettes d'enfants.
- **Documents**
  Rodin : *Danseuses cambodgiennes*, 1906 ; *Les Trois Ombres*, 1882 ; Matisse : *La Danseuse créole*, 1950, et *La Danse*, 1938.

:: Déroulement de l'activité

- **Durée** : 20 minutes.
- **Modalités de travail** : groupe de 5 ou 6.

→ Description de l'activité

- **Phase 1 : entrée dans l'activité.** Collecter des images artistiques représentant des corps en mouvement.
Inviter les enfants à mimer en expression corporelle les attitudes des danseurs observées sur les œuvres.
Photographier en noir et blanc les enfants et photocopier les photographies en A4.
- **Phase 2 : sollicitation plastique.** Chercher à passer à la représentation en trois dimensions en tenant compte des problèmes d'équilibre.
Pour cela, contourner la silhouette à l'aide de fil électrique. Réaliser plusieurs silhouettes où l'attitude sera différente.
Habiller de bandes de plâtre ou d'aluminium.

Résultats attendus

- Les enfants contournent la forme en repérant et nommant les différentes parties du corps. Les postures et les articulations sont observées.
- Les élèves se rendent compte que la sculpture impose des règles d'équilibre. Ils tâtonnent et proposent la fabrication d'un socle pour « planter » leurs sculptures.

Évaluation

Les enfants seront capables de reproduire la forme en la contournant avec du fil électrique et d'habiller la silhouette de plâtre ou d'aluminium par enveloppement.

:: Conseils

La prise de vue de la situation de départ est assurée par l'enseignant. On pourra envisager cette prise en charge par les enfants en fin de CP, CE1.
Contourner la silhouette avec du fil de fer constitue une difficulté pour les enfants de cet âge. L'enseignant prévoira des petits morceaux de ruban adhésif pour fixer temporairement le fil au contour de la silhouette. De la même façon, l'enseignant torsadera ensemble les deux extrémités de fil électrique pour fermer la silhouette.
L'habillage de la silhouette constituera un apprentissage du geste : on mettra à disposition de petites bandes d'environ 3 cm × 10 cm. L'enfant les trempera dans l'eau, essorera et habillera le fil en enroulant.
Les enfants momifieront les silhouettes, l'habillage du seul fil électrique demandant une dextérité trop importante pour un enfant de cet âge.

:: Ouverture transdisciplinaire

Structuration de l'espace : repérer les sculptures dans l'espace par rapport à soi et par rapport aux autres sculptures.

:: Conseils

- **Pourquoi reproduire ?**

L'image et l'objet reproduits exercent un pouvoir de fascination. C'est aussi un moyen d'appréhender le monde, de se l'approprier.

- **Comment reproduire ?**

Plusieurs procédés sont possibles :
- la vitre ;
- l'épiscope qui projette le document ou l'objet de faible épaisseur sur un papier à dessin ;
- le projecteur de diapositives ;
- la photographie ;
- la photocopie ;
- la mise au carreau qui est une technique simple de reproduction ;
- le calque qui permet de relever les contours d'un élément par transparence ;
- la copie.

Aucune reproduction n'est fidèle. Il y a toujours interprétation du modèle, choix conscient ou non de ce qui est retenu et dans la manière de le relever.

→ Intégrer au projet

Vivre son corps en mouvement : séances n°s 2 et 5.

Séance n° 2 Silhouettes en ombre et lumière

:: Projet : Vivre son corps en mouvement.

:: Objectif : Reproduire une forme : passer de la tri à la bidimensionnalité.

:: Concepts : Forme. Opération plastique : reproduire.

:: Compétence : Réaliser une composition en plan.

:: Condition préalable : Avoir contourné une forme par le dessin ou un matériau (*cf.* séance n° 1).

:: Préparation de la classe

- **Organisation matérielle**
  Plan vertical.
- **Matériel**
  Projecteur, sculptures réalisées à la séance n° 1, feuille de papier Canson, format raisin.
- **Documents**
  Rodin : *Danseuses cambodgiennes* ; Matisse : *La Danse* ; Keith Haring : *Sans titre*.

:: Déroulement de l'activité

- **Durée** : 20 minutes.
- **Modalités de travail** : groupe de 4 à 5 élèves.

→ Description de l'activité

- **Phase 1 : entrée dans l'activité.** Réunir les sculptures réalisées à la séance n° 1.
- **Phase 2 : sollicitation plastique.** Chercher à représenter en deux dimensions les sculptures faites par les enfants.

Projeter la sculpture à l'aide d'un faisceau lumineux (type rétroprojecteur). Faire varier la distance entre la source de lumière et les sculptures pour obtenir des images projetées de tailles différentes.

Réfléchir à la composition et au mouvement représenté.

Tracer le contour des ombres portées.

Combler les silhouettes obtenues avec de la gouache ou à la craie grasse.

Résultats attendus

Les élèves découvrent la projection. Dans un premier temps, l'adulte peut inviter l'enfant à faire des correspondances terme à terme entre les différentes sculptures et leurs ombres. L'expérimentation consistera ensuite à approcher plus ou moins la source lumineuse des sculptures pour obtenir des formes projetées plus ou moins grandes.

Évaluation

Les enfants seront capables de reproduire la forme de sa sculpture à l'aide de jeux d'ombres et de lumière.

:: Remarques

Le travail sur les ombres portées amène les enfants à reproduire les formes sur le support avec peu d'anticipation dans un premier temps. Dans un second temps ils travaillent avec une véritable intention quant à l'obtention de formes plus ou moins grandes. Ils interviennent sur la place de la source lumineuse.

Par ailleurs, ils prennent conscience que les vides laissent passer la lumière et donnent des zones blanches et que les pleins correspondent aux ombres projetées en noir ou valeurs de gris.

:: Ouverture transdisciplinaire

Évolution de l'**acquisition du schéma corporel.**

Découverte du monde : découverte sensorielle : observer les effets de lumière (jeux de lumière et ombre) et percevoir autrement les objets environnants.

➜ Intégrer au projet

Vivre son corps en mouvement : séances nos 1 et 5.

Séance n° 3 Totems d'argile

:: **Projet** : Représenter l'Afrique.

:: **Objectif** : Réaliser une sculpture à partir d'un dessin préparatoire.

:: **Concept** : Espace.

:: **Compétence** : Réaliser une composition en plan ou en volume selon un désir d'expression.

:: **Condition préalable** : Avoir réalisé la séance n° 9.

:: Préparation de la classe

- **Organisation matérielle**
  Plan horizontal : tables collectives protégées par un tapis, une bâche ou du plastique.
- **Matériel**
  Un bloc d'argile par table, des instruments permettant de creuser l'argile, une bassine avec de l'eau, colle à la farine, pigments, morceau de carton pour poser la sculpture. Les dessins préparatoires des sculptures « totems ».

:: Déroulement de l'activité

- **Durée** : 45 minutes.
- **Modalités de travail** : 2 groupes de 3 ou 4.

→ Description de l'activité

- **Phase 1 : entrée dans l'activité.** Reprendre le dessin préparatoire.
- **Phase 2 : sollicitation plastique.** Réaliser une partie du dessin préparatoire sur une des faces du bloc d'argile. Procéder en utilisant la technique du modelage (par retrait ou ajout de matière). Utiliser les quatre faces du bloc d'argile. Chaque enfant réalise une partie de la sculpture.

Résultat attendu

Les enfants passent de la représentation en deux dimensions à celle en trois dimensions.

Évaluation

Les enfants seront capables d'associer une sculpture à son dessin préparatoire.

:: Conseils

L'enseignant veillera à ce que toutes les faces soient utilisées. Il invitera les enfants à regarder la sculpture en la faisant tourner. Cependant, chaque enfant n'ayant traité qu'une face, il n'aura perçu que le travail en haut-relief du volume.

:: Prolongement

Mettre en couleurs les totems avec des pigments et de la colle à la farine (mélange d'eau et de farine).

:: Définitions

La **sculpture** est le terme qui définit dans son ensemble la production d'œuvres en volume.

Les **reliefs** :

- bas-relief : sculpture exécutée sur un seul plan dont les reliefs comportent peu de saillies ;
- haut-relief : sculpture dont les formes sont presque totalement détachées du fond.

Les volumes

Ronde-bosse : production en trois dimensions autour de laquelle on peut tourner. Toutes les faces sont travaillées.

« La priorité est donnée à l'exploration motrice et sensible comme principe de découverte et à l'expression de l'imaginaire. La découverte et la manipulation des matières et des matériaux amènent les enfants à en explorer les caractéristiques physiques et les procédés plastiques. Dans les activités artistiques, cette découverte passe par une utilisation sensorielle alliant le toucher, la perception visuelle et diverses actions du corps.

Les compositions plastiques sont réalisées en deux ou trois dimensions à partir d'activités picturales (utilisation des couleurs en application directe ou par l'intermédiaire de matières colorées), d'activités de fabrication par assemblage, par modelage et sculpture, d'activités avec et autour des objets [...] » (Document d'application des programmes. La sensibilité, l'imagination, la création, école maternelle).

Il existe différentes techniques de **sculpture**.

- L'**assemblage**.

Assemblage de tout type d'objets.

- L'**habillage sur armature**.

Habillage d'une structure en grillage ou fil de fer ou carton avec un matériau qui en durcissant forme une couche résistante.

- La **taille directe**.

Taille dans un bloc de matière par retrait de matière.

- Le **modelage**.

Modelage sur des matériaux malléables par **ajout** ou **retrait** de matière.

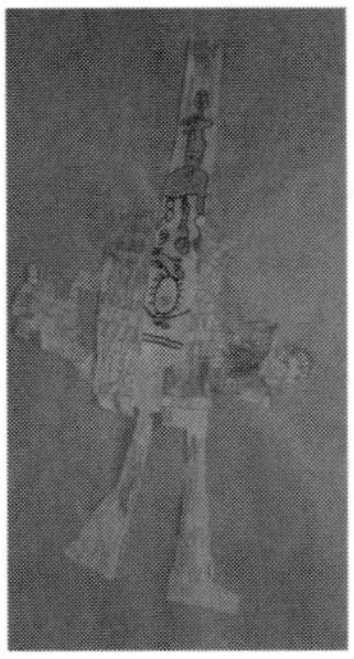

→ Intégrer au projet

Représenter l'Afrique : séances n°s 4, 8, 9 et 10.

Séance n° 4 Détails sculptés

:: **Projet** : Représenter l'Afrique.

:: **Objectif** : Isoler le détail d'une sculpture pour le représenter en volume (argile).

:: **Concepts** : Espace. Opération plastique : isoler.

:: **Compétence** : Réaliser une composition en plan ou en volume, selon un désir d'expression.

:: **Conditions préalables** : Avoir réalisé les séances n°s 3 et 9.

:: Préparation de la classe

- **Organisation matérielle**
  Plan horizontal, tables collectives protégées par un tapis, une bâche ou du plastique.
- **Matériel**
  Argile, outils pour creuser, carrelage pour poser la sculpture en cours de réalisation, petite fenêtre réalisée dans du carton pour isoler le détail à représenter.
  La sculpture « totem » initiale.

:: Déroulement de l'activité

- **Durée** : 30 minutes.
- **Modalités de travail** : 2 groupes de 6, travail individuel.

→ Description de l'activité

- **Phase 1 : entrée dans l'activité.** Prendre le temps d'observer la sculpture « totem » réalisée. Isoler un détail de cette sculpture : un élément significatif pouvant être extrait du contexte.
- **Phase 2 : sollicitation plastique.** Utiliser l'argile pour représenter directement le détail. S'approprier la technique du modelage (par retrait ou ajout de matière).

Résultats attendus

Les enfants représentent le détail en utilisant de l'argile. Ils doivent passer d'une représentation en relief (détail d'une des faces de la sculpture) à une nouvelle sculpture en trois dimensions. Ils devront représenter aussi l'envers du détail.

Confrontation avec les pairs. Installer toutes les sculptures et confronter les résultats obtenus. Formuler les découvertes. Reprendre au besoin la sculpture pour l'améliorer.

:: Évaluation

Les élèves seront capables de représenter en sculpture un détail à partir de la photocopie d'un élément architectural ou d'une sculpture.

:: Conseils

Les enfants éprouveront des difficultés à « isoler ». L'enseignant posera devant le détail une fenêtre réalisée dans du carton afin de mieux percevoir l'élément à représenter. Pour eux ce détail fait partie d'un tout.

Les difficultés rencontrées ici sont liées au fait d'isoler une partie de la sculpture et de passer directement à la réalisation en 3D. Ils ont tendance à réaliser le détail en relief, à plat (une galette à plat pour représenter la tête). L'enseignant attire leur attention sur le fait que la production doit pouvoir tenir « debout ». Il s'agira de passer de la « galette »... à la sphère « boule » pour représenter la tête par exemple.

:: Prolongement

Représenter dans son carnet de dessin un détail du mur d'images ou des référents utilisés que l'enfant affectionne particulièrement.

:: Définitions

Isoler : isoler consiste à séparer un élément de ce qui l'entoure. On prive alors complètement celui-ci de ce qui lui donnait une identité par son environnement.

Pourquoi isoler ?

La partie prélevée de son contexte acquiert une tout autre qualité. Les références de dimension étant supprimées, on ne reconnaît plus l'échelle de l'élément, ni les relations qu'il entretenait avec son environnement habituel. La partie extraite est dotée d'un nouveau statut :

- sa présence est exacerbée (exaltation de l'unicité) : l'isolement la distingue et met en évidence ses particularités. On la distingue en attirant l'attention ;
- son insignifiance est, au contraire, mise en évidence : elle devient généralisatrice (par exemple, l'objet isolé sera le représentant de tous ses semblables), ou énigmatique (la partie isolée pouvant ne plus être identifiable).

Il existe différentes techniques de **sculpture**.

- **L'assemblage**

Assemblage de tout type d'objets.

- **L'habillage sur armature**

Habillage d'une structure en grillage ou fil de fer ou carton avec un matériau qui en durcissant forme une couche résistante.

- La **taille directe**

Taille dans un bloc de matière par retrait de matière.

- Le **modelage**

Modelage sur des matériaux malléables par **ajout** ou **retrait** de matière.

→ Intégrer au projet

Représenter l'Afrique : séances n°s 3, 8, 9 et 10.

Séquence : Exercer des choix parmi des procédés et des matériaux déjà expérimentés

Séance n° 5 Corps en mouvement : des procédés

:: Projet : Vivre son corps en mouvement.

:: Objectif : Choisir une façon de reproduire une forme pour suggérer la décomposition du mouvement.

:: Concepts : Forme. Opération plastique : reproduire.

:: Compétence : Exercer des choix parmi des procédés et des matériaux déjà expérimentés.

:: Conditions préalables : Avoir découvert et expérimenté les procédés décrits ci-dessous dans des séances conduisant à la reproduction de la forme. Avoir à disposition les traces des recherches sous forme d'un carnet de croquis.

:: Préparation de la classe

- **Organisation matérielle**
  Plan horizontal (table).
- **Matériel**
  Fusain, craies grasses, carton, gouaches, encres.
- **Documents**
  Rodin : *Danseuses cambodgiennes*, 1906, *Les 3 Ombres*, 1882 ; Matisse : *La Danseuse créole*, 1950, *La Danse*, *1938*.

:: Déroulement de l'activité

- **Durée** : 20 minutes.
- **Modalités de travail** : groupe de 5 ou 6 élèves.

→ Description de l'activité

• **Phase 1 : entrée dans l'activité.** Observer des œuvres d'artistes traitant de la danse : Matisse, Rodin.
Mimer en expression corporelle les attitudes de danseurs.
Isoler les silhouettes sur les photocopies des œuvres. Découper.

• **Phase 2 : sollicitation plastique.** En réinvestissant des procédés déjà connus, **choisir** celui qui traduira le mieux la représentation du mouvement.
Parmi les possibles, voici quelques procédés :
- **dessiner** un corps en mouvement au fusain, à la craie grasse ou à la sanguine. Donner l'impression de mouvement en estompant le contour ;
- **réaliser des gabarits des silhouettes.** Chercher à les reproduire :
  - Enduire le gabarit de peinture. Déposer l'empreinte sur un support en le déplaçant selon une ligne sinueuse (possibilité de coller le gabarit sur un cube pour une meilleure préhension).
  - Déplacer le gabarit **sous** une feuille et faire apparaître le motif en frottant avec une craie grasse. Répéter le procédé pour obtenir le déplacement suivant une ligne sinueuse.
  - Reproduire la forme en découpant des gabarits en différentes matières (papier de verre, carton ondulé). Révéler par frottage, à la craie grasse, les formes placées **sous** le support.
  - Même situation en révélant par frottage à la bougie puis en encrant le support.
  - Reproduire le gabarit par estompage, à la craie grasse, pour créer l'impression de mouvement ;

- **réaliser des pochoirs** et tamponner dans la partie évidée en les déplaçant. Décliner selon différentes valeurs ou nuances d'une couleur.

Résultats attendus

Les enfants se remémoreront leurs précédentes recherches à l'aide du carnet de croquis, mémoire de leur expérimentation. Ils affineront leurs manipulations pour passer de la représentation de la forme à la représentation de cette forme en mouvement.

Évaluation

Les élèves seront capables de faire un choix parmi différents procédés pour représenter un corps en mouvement.

:: Conseils

L'enseignant encouragera les recherches en suggérant de bouger plusieurs fois la forme en la reproduisant après chaque déplacement.
Par ailleurs, lors des frottages, il privilégiera l'utilisation de la tranche de la craie grasse.

:: Prolongement

Découper et associer les formes sur un fond gouaché : juxtaposer, superposer, alterner, etc., pour montrer un ensemble chorégraphique.

:: Ouverture transdisciplinaire

Découverte du monde : acquisition du schéma corporel : reconstituer l'image du corps humain à partir d'éléments séparés.

:: Rappels

Rappels historiques sur la représentation du mouvement

a) Le geste figé

Le mouvement est transcrit par les éléments linéaires : oppositions des courbes et contre-courbes ou par des axes multiples.
Ex. : *Céramiques grecques ; Sculpture de Myron*, Michel-Ange.

b) Effets cinétiques

On traduit le mouvement par la superposition des axes et des lignes aux éléments de base pour dédoubler les silhouettes (inclinaisons successives pour passer de l'horizontale à la verticale).
Ex. : Bataille de San Romano (xve siècle) de P. Ucello.
Danseuses cambodgiennes de Rodin : dédoublement de la ligne.

c) La composition

La composition n'exprime pas à elle seule le mouvement mais peut en exagérer l'impression par l'organisation des axes par rapport à l'élément principal.
La structure classique, centrée, triangulaire est rejetée au profit du désordre.
Le choix de l'attitude ou du geste se superpose au jeu des lignes multiples, courbes, obliques.
Ex. : *Le Cirque* de Seurat (1891) et de Kirchner (1912) : confrontation des courbes des arènes à celles des chevaux par un système de dédoublement graphique pour exprimer le déplacement.
Deux femmes courant sur la plage de Picasso (1922) : la ligne des nuages parallèle au bras du personnage renforce l'idée de déplacement.

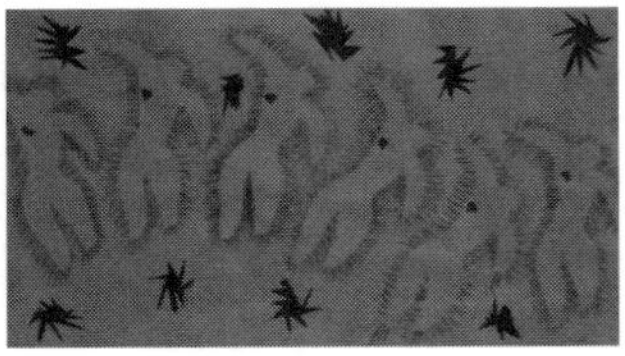

Estompage à la craie grasse

Frottage de gabarit en toile à moustiquaire

Déplacement d'un cache

→ Intégrer au projet

Vivre son corps en mouvement : séances n°s 1 et 2.

Séquence : Utiliser le dessin comme moyen d'expression

Séance n° 6 Cartes à prolonger

:: **Projet** : Tirer parti de la cartographie.

:: **Objectif** : Représenter la ligne en utilisant des outils peu courants.

:: **Concept** : Forme (la ligne). Opérations plastiques : isoler, transformer (prolonger).

:: **Compétence** : Utiliser le dessin comme moyen d'expression.

:: **Conditions préalables** : Avoir déjà utilisé des outils scripteurs.

:: **Préparation de la classe**

- Organisation matérielle
  Plan horizontal (table).
- Matériel
  Cartes IGN, feutres, stylos, plumes, calames, marqueurs, gouaches, encres, feuille de papier Canson 160 g, format raisin 65 × 50 cm.

:: **Déroulement de l'activité**

- **Durée** : 20 minutes.
- **Modalités de travail** : production individuelle au sein d'un groupe de 5.

→ **Description de l'activité**

- **Phase 1 : entrée dans l'activité.** Collecter des cartes de type IGN.

Observer ces cartes et les appréhender par les notions plastiques de lignes et d'espace.
Isoler quelques fragments de carte. Les coller sur un support plus grand.

- **Phase 2 : sollicitation plastique.** Prolonger et relier ces différents fragments en ne retenant que l'organisation des lignes dans l'espace.

Varier outils, médiums, gestes et épaisseurs des tracés.

- **Outils :** feutres, stylos, plumes, calames, pinceaux japonais, marqueurs, petite voiture, bille, règle, etc.
- **Médiums :** gouaches, encres, etc.
- **Gestes :** tracer, hachurer, faire couler, projeter, etc.

Résultats attendus

- Les enfants dans un premier temps prolongent les lignes des cartes avec des scripteurs courants : feutres, marqueurs.
- Dans un second temps, sur la sollicitation de l'enseignant, ils expérimentent de nouveaux outils. Ils doivent pour cela prendre en compte de nouvelles contraintes : tenue de l'outil, fluidité du médium, réencrage de l'outil, etc.

Évaluation

Les enfants seront capables d'utiliser d'autres outils pour réaliser les lignes (roues de petites voitures, empreintes de règle, traces de bille, etc.).

:: Conseil

Le support peut être mis préalablement en couleurs selon un procédé qui suggère la ligne : projection, coulure, « dripping », etc.

:: Prolongement

Le plan de départ peut être plus ou moins complexe. Il peut se composer essentiellement de lignes ou comporter lignes et habitations (*cf.* photo ci-dessous).

:: Ouverture transdisciplinaire

Dans le domaine de l'espace : reconnaître une carte ou un plan.

:: Remarque

« Au moment où commencent les apprentissages systématiques de la langue écrite et où l'écriture devient une activité quotidienne, l'enseignant amène l'élève à mieux maîtriser son geste en jouant sur le trait pour explorer les multiples facettes de la création graphique, qu'elle relève de l'écriture ou des arts décoratifs. L'utilisation de différents outils (plumes naturelles, en métal, bois taillé, calames, pinceaux japonais, etc.) se combine avec des expériences tentées sur des supports, formats et plans différents. » (Programmes d'enseignement de l'école primaire.)

Prolongement d'une vue aérienne d'un village

→ Intégrer au projet

Tirer parti de la cartographie : séances n°s 7 et 12.

Séance n° 7 Écrit et cartographie

:: **Projet** : Tirer parti de la cartographie.

:: **Objectif** : Utiliser l'écrit comme composante plastique.

:: **Concept** : Forme (l'écrit, la calligraphie).

:: **Compétence** : Utiliser le dessin comme moyen d'expression.

:: **Condition préalable** : Savoir écrire quelques mots dans différentes écritures (script ou cursive, capitales ou minuscules).

:: Préparation de la classe

- **Organisation matérielle**
  Plan horizontal (table).
- **Matériel**
  Photocopies de cartes IGN, scripteurs, craies grasses, etc.
- **Document**
  Paul Klee, *Jadis surgi du gris de la nuit*, 1918.

:: Déroulement de l'activité

- **Durée** : 20 minutes.
- **Modalités de travail** : par groupe de 5 à 7.

→ Description de l'activité

- **Phase 1 : entrée dans l'activité.** Choisir une carte représentant un continent. Tracer des interlignes de 2 à 3 cm dans cette forme.
- **Phase 2 : sollicitation plastique.** Écrire, en capitales d'imprimerie, le nom du continent plusieurs fois dans ces interlignes.

Mettre en couleurs les lettres en différenciant les parties de lettres fermées de celles ouvertes.

- **Phase 3 : confrontation avec une œuvre d'artiste.**

Référent culturel : Paul Klee, *Jadis surgi du gris de la nuit*, 1918.

Observer l'œuvre de Klee et constater le changement de couleurs entre deux zones qui se touchent et la saturation de l'espace en couleurs.

Résultats attendus

Les enfants mettent en couleurs les formes fermées. La confrontation avec l'œuvre de Klee encouragera la mise en couleurs du fond.

Évaluation

Les enfants seront capables d'organiser ces mots dans un interligne de formes en vagues et de combler les espaces fermés avec des graphismes.

:: Conseils

Les enfants dans un premier temps ne tiennent pas compte de l'interligne. C'est en faisant le lien avec les apprentissages en écriture que l'interligne sera utilisé.

Par ailleurs ils sont réticents pour mettre en couleurs l'ensemble de la composition car ils ne souhaitent pas perdre l'aspect signifiant des mots.

:: Prolongement

Les interlignes peuvent prendre plusieurs formes.

:: Ouverture transdisciplinaire

Activités graphiques et écriture : copier des mots en capitales d'imprimerie et en lettres cursives.

:: Remarques

« Au cours de ses années d'école maternelle, l'enfant rencontre trois formes d'activités complémentaires : le dessin, le graphisme et l'écriture.

Elles mobilisent le corps et la motricité, la perception et l'activité de discrimination visuelle, et l'accès à la représentation ; le contrôle cognitif permet à l'enfant d'orienter son geste et de concentrer son activité sur le contenu expressif, symbolique ou sémantique.

Elles conjuguent trois intentions :

- représenter et figurer par le dessin ;
- jouer avec des formes produites ou reproduites pour créer des variations de tracés sur des surfaces pour les activités graphiques ;
- utiliser et combiner des éléments du code, en privilégiant la signification inhérente au signe, pour l'écriture.

L'enfant doit découvrir et comprendre les différences entre ces activités qui s'articulent sans jamais se confondre. » (*Document d'accompagnement.* « La sensibilité, l'imagination, la création »)

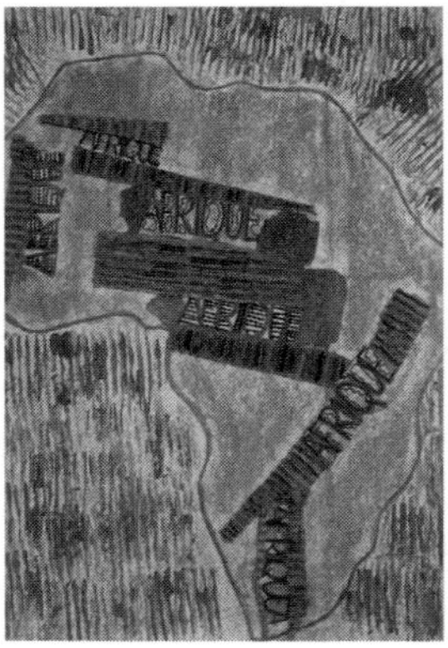

Illustration de la séance

Adaptation pour des élèves plus jeunes

→ Intégrer au projet

Tirer parti de la cartographie : séances n°s 6 et 12.

Séance n° 8 Moucharabieh et lumière

:: **Projet** : Représenter l'Afrique.

:: **Objectif** : Représenter un motif par le dessin et le relief (les moucharabiehs).

:: **Concepts** : Forme. Opérations plastiques : représenter, associer.

:: **Compétence** : Utiliser le dessin comme moyen d'expression.

:: **Condition préalable** : Visite de l'exposition de l'artiste Abdelhakim Henni.

:: Préparation de la classe

- **Organisation matérielle**
  Plan horizontal : tables collectives.
- **Matériel**
  Des bandes de carton ondulé de même largeur (environ 4 cm) mais de longueurs différentes, ruban adhésif, ciseaux, marqueurs noirs, grandes feuilles de papier Canson blanches, colle, spatules à colle.
- **Document**
  Une photographie d'un moucharabieh.

:: Déroulement de l'activité

- **Durée** : 40 minutes.
- **Modalités de travail** : individuel puis collectif par groupes de 3.

→ Description de l'activité

- **Phase 1 : entrée dans l'activité.** Les enfants ont découvert le travail d'Abdelhakim Henni : les moucharabiehs. Ils ont observé la technique utilisée : carton ondulé découpé et associé.
- **Phase 2 : sollicitation plastique.** Associer les deux morceaux d'une grande bande de carton ondulé pour créer une forme. Scotcher les deux extrémités. Poser sur la table la forme ainsi obtenue. Insérer des bandes de carton verticalement à l'intérieur de cette forme jusqu'à **saturation** de l'espace (*cf.* photographies des productions). Les bandes de carton ondulé seront enfermées à l'intérieur de la forme. Observer cette production en relief, la dessiner plusieurs fois sur la grande feuille de papier Canson avec un marqueur noir. Se mettre d'accord pour occuper tout l'espace avec les dessins et les reliefs.

Résultats attendus

Les enfants choisiront une grande bande de carton ondulé. Ils combleront l'intérieur de cette forme à l'aide de bandes de carton de différentes longueurs en les pliant, les accolant, les ondulant, etc. Ils observeront et dessineront les motifs en relief obtenus sur la feuille de Canson blanche. Cette phase de travail sera collective et amènera les enfants à coopérer.

Pour révéler la fonction du moucharabieh, trouver un procédé pour laisser passer la lumière : poser les motifs en relief sur la grande feuille de Canson, en prélever le contour au crayon de bois, découper, insérer le motif et coller.

Évaluation

Les enfants seront capables de varier les formes initiales de bandes de carton et d'anticiper un motif.

:: Conseils

Les bandes de carton devront être de même largeur pour obtenir le motif. Elles auront été découpées au préalable par l'enseignant.

Les enfants seront sensibilisés à la notion d'intérieur. Les bandes de carton ne pourront tenir ensemble que si l'espace est saturé.

:: Prolongement

Observer les motifs en accrochant les feuilles sur des baies vitrées. Apprécier les motifs obtenus par le passage de la lumière.

Réinvestir cette notion en observant des vitraux.

:: Définitions

La démarche de l'artiste : « Puisant ses sources dans l'art islamique traditionnel, Abdelhakim Henni utilise ses configurations ornementales (paravent, moucharabieh) et ses motifs parmi les plus caractéristiques (entrelacs). L'artiste fait appel aux outils et aux matériaux les plus pauvres tout en gardant l'élaboration extrême du travail artisanal. Une pratique résolument contemporaine résulte de ces déplacements qui en suggèrent de plus profonds (géographiques, historiques, sociaux). Dans l'exposition, des moucharabiehs d'Abdelhakim Henni, réalisés en carton ondulé aux motifs géométriques d'entrelacs viennent obstruer les baies vitrées... et installent un jeu subtil avec l'architecture. »

« L'envers du décor. Dimensions décoratives dans l'art du XXe siècle », *Beaux-Arts Magazine*.

Moucharabieh : grillage fait de petits bois tournés, permettant de voir sans être vu, dans l'architecture arabe traditionnelle. (*Petit Larousse illustré*, 2006).

:: Remarques

« En grande section, les enfants sont placés face à des difficultés adaptées pour combiner, transformer et enrichir les réalisations : modifier des formes, faire le choix d'un matériau pour ses effets, associer deux ou plusieurs techniques, intégrer une image ou un morceau de dessin dans la fabrication d'un objet [...]

Les liens avec les collections (personnelles ou de classe) ainsi que les pratiques et les œuvres d'artistes introduisent le questionnement qui permet de dépasser et d'élargir le cadre des expériences personnelles. » (*Document d'application des programmes.* « La sensibilité, l'imagination, la création, école maternelle »)

→ Intégrer au projet

Représenter l'Afrique : séances n°s 9, 3, 4 et 10.

Séance n° 9 Totem collectif

:: Projet : Représenter l'Afrique.

:: Objectif : Coopérer pour réaliser le dessin préparatoire d'une sculpture.

:: Concepts : Forme. Opérations plastiques : reproduire, associer.

:: Compétences : **Agir en coopération dans une situation de production collective.**
Utiliser le dessin comme moyen d'expression.

:: Conditions préalables : Avoir constitué un répertoire référent pour chacun des continents (l'Amérique, l'Afrique, l'Asie, l'Océanie, l'Europe, un continent imaginaire). Avoir constitué un musée des arts premiers.
Avoir représenté un motif caractéristique isolé à partir du répertoire.

:: Préparation de la classe

- **Organisation matérielle**
  Plan horizontal, tables collectives.
- **Matériel**
  Feuilles de papier dessin, crayons de bois, crayons de couleur.
  Les répertoires référents des différents continents : l'Amérique, l'Afrique, l'Asie, l'Océanie, l'Europe, un continent imaginaire. Un ouvrage sur le musée des Arts premiers. Des albums en relation avec chaque continent.

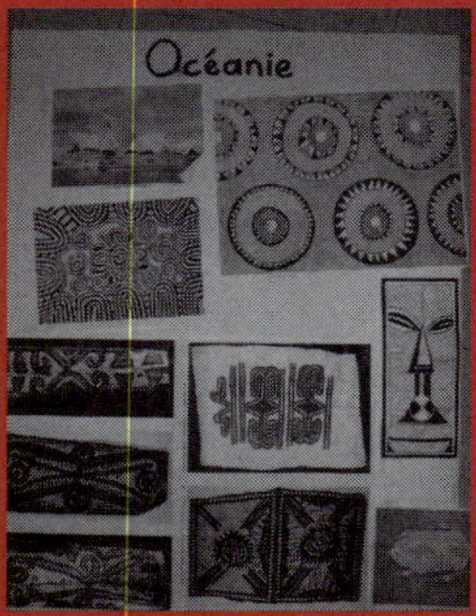

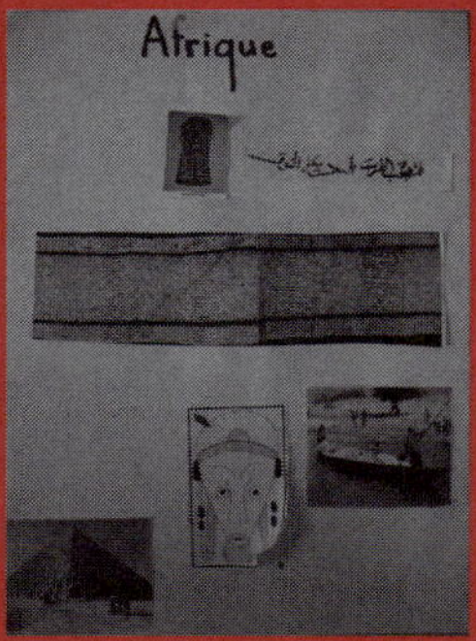

Répertoires référents de l'Océanie et de l'Afrique.

:: Déroulement de l'activité

- **Durée** : 30 minutes.
- **Modalités de travail** : individuel puis collectif (groupes de 3 ou 4).

→ Description de l'activité

- **Phase 1 : entrée dans l'activité.** Les enfants ont collecté des documents sur chaque continent. Un référent a été réalisé.
- **Phase 2 : sollicitation plastique.** Par le dessin, annoncer le projet de réaliser une sculpture « totem » pour chacun des continents. Chaque groupe d'enfants est chargé de réaliser un totem, en relation avec un continent.

- Travail individuel
Observer les éléments des différents référents des continents. Choisir un élément significatif qui sera présent sur le totem. Le représenter en le dessinant (crayon de bois, crayons de couleur).

- Travail collectif
Associer les dessins individuels pour réaliser le dessin préparatoire de la sculpture « totem ».

Résultats attendus

Les enfants choisissent un élément caractéristique du continent. Ils le dessinent sur une feuille individuellement. Ils découpent leur dessin.
Collectivement, par groupes de 5, ils associent leurs dessins pour composer le dessin préparatoire de la sculpture « totem » du continent.

Évaluation

Les enfants seront capables de coopérer pour élaborer leur projet de sculpture, de reconnaître le continent à partir du dessin préparatoire réalisé par un autre groupe.

:: Conseils

Au cours de la phase collective, les enfants seront amenés à coopérer pour se mettre d'accord sur la manière de **composer** le dessin préparatoire. Fixer provisoirement les différents dessins afin de tester différentes compositions possibles. Coller après avoir validé collectivement la composition. Ce dessin préparatoire pourra enrichir le répertoire référent de chaque continent.

:: Ouverture transdisciplinaire

Littérature : présentation d'albums de littérature enfantine en relation avec les différents continents.

Éducation musicale : auditions de musiques des différents continents, mémorisations de chants, berceuses ou comptines.

:: Remarques

Les collections, les musées les œuvres : « Les enfants affectionnent sous des formes diverses les collections d'objets, d'images. Elles se prêtent aisément à la constitution d'ensembles tels qu'une série (cartes postale, images publicitaires, etc.) réunie dans une boîte ou collectée dans un album, ou un assemblage d'images sur un thème, etc.

À l'école, la pratique prend appui sur des référents culturels [...] Cette diversité culturelle est aussi l'occasion de prendre la mesure de la diversité des formes d'expression, d'en constater la richesse et de repérer des liens entre elles, des emprunts, des reprises, etc. » (*Document d'application des programmes.* « La sensibilité, l'imagination, la création, école maternelle »)

Dessins préparatoires obtenus par l'association de dessins individuels

→ Intégrer au projet

Représenter l'Afrique : séances n°s 3, 4, 8 et 10.

Séance n° 10 Sculpture : détail dessiné

:: **Projet** : Représenter l'Afrique.

:: **Objectif** : Représenter le détail d'une sculpture.

:: **Concepts** : Forme. Opération plastique : reproduire.

:: **Compétence** : Utiliser le dessin comme moyen d'expression.

:: **Conditions préalables** : Avoir réalisé les séances n°s 9, 3 et 4.

:: Préparation de la classe

- **Organisation matérielle**
  Plan horizontal, tables collectives.
- **Matériel**
  Feuilles de dessin format A4, crayons de bois, crayons de couleur.
  La sculpture « totem » réalisée sur l'Afrique (voir séance n° 3), le dessin préparatoire.

:: Déroulement de l'activité

- **Durée** : 25 minutes.
- **Modalités de travail** : 2 groupes de 6, travail individuel.

→ Description de l'activité

- **Phase 1 : entrée dans l'activité.** Observer le détail de la sculpture « totem » réalisée sur l'Afrique.
- **Phase 2 : sollicitation plastique.** Prendre le temps de regarder la sculpture. La représenter en utilisant le dessin (crayon de bois et crayons de couleur).

Résultats attendus

Les enfants devront s'adapter à cette nouvelle échelle de représentation : le détail devient le sujet principal, il occupe donc tout l'espace.
Ils ont modelé le détail. Ils se sont approprié sa forme. Ils ont affiné leur perception par le travail en trois dimensions.

Évaluation

Les enfants seront capables de proposer un autre dessin à partir du détail d'une sculpture.

:: Conseil

L'enseignant encouragera les enfants à utiliser l'espace feuille.

:: Prolongements

- Enrichir le musée de classe avec ces nouvelles représentations.
- Reprendre les dessins et changer le médium : fusain ou sanguine, encre de Chine.

:: Remarques

« Le dessin est l'un des instruments essentiels de la saisie du monde ; il est souvent lié à ce que vit et ressent l'enfant. [...] Il se nourrit de toutes les expériences gestuelles et de toutes les rencontres visuelles dans lesquelles il va puiser le renouvellement de ses modes et de son style. » (*Document d'application des programmes.* « La sensibilité, l'imagination, la création, école maternelle »)

Passer de la sculpture à la représentation
en deux dimensions en utilisant le dessin.

→ Intégrer au projet

Représenter l'Afrique : séances n°s 3, 4, 8 et 9.

Séance n° 11 Onomatopées

:: **Projet** : Représenter les onomatopées.

:: **Objectif** : Organiser une composition plane composée essentiellement d'éléments graphiques (des onomatopées) à des fins d'expression.

:: **Concepts** : Forme. Opérations plastiques : représenter, transformer.

:: **Compétence** : Utiliser le dessin comme moyen d'expression.

:: **Conditions préalables** : Avoir présenté l'album *Bascule* de Christian Voltz. Avoir travaillé sur l'écrit et l'oral : onomatopées répertoriées et inventées. Avoir observé les pages de l'album : techniques utilisées notamment pour la réalisation des fonds. Avoir réalisé des fonds en s'inspirant de la démarche de l'artiste (outil, geste, trace).

:: Préparation de la classe

- **Organisation matérielle**
  Plan horizontal ou chevalet.
- **Matériel**
  Fonds gouachés sur feuilles de papier Canson format raisin, gouache : couleurs primaires, pinceaux.
  L'album de Christian Voltz, les fonds gouachés réalisés par les élèves en utilisant différents outils, répertoire des onomatopées relevées dans les albums ou inventées par les élèves.

:: Déroulement de l'activité

- **Durée** : 25 minutes.
- **Modalités de travail** : groupe de 5, 6 élèves.

→ Description de l'activité

- **Phase 1 : entrée dans l'activité.** Observer le répertoire des onomatopées.
- **Phase 2 : sollicitation plastique.** Choisir dans le répertoire une onomatopée. La dessiner en grand sur un fond gouaché en utilisant le pinceau et la gouache. Travailler directement sur la feuille. Écrire l'onomatopée une ou plusieurs fois en variant l'épaisseur du trait et la taille des lettres.

Résultats attendus

Les enfants peuvent annoncer une intention avant de commencer à peindre l'onomatopée. Si certains enfants n'osent pas travailler directement, les encourager en travaillant sur un grand format installé sur le mur de la classe. Revenir ensuite au support initial.

Évaluation

Les enfants seront capables de réinvestir ces découvertes en anticipant sur la mise en espace d'une nouvelle onomatopée.

:: Conseils

La contrainte de travailler directement au pinceau et à la gouache amènera l'enfant à gérer et à anticiper la gestion de l'espace feuille : il peut avoir écrit trop grand les premières lettres ; il devra

en tenir compte pour écrire les autres lettres de l'onomatopée : diminuer les espaces entre les lettres, les allonger, etc.
Ces contraintes apporteront des réponses intéressantes : variation de la taille des lettres, gestion de l'espace, répétition, etc.

:: Prolongements

Travailler le cadre : choisir une ou deux autres onomatopées. Les écrire à la craie grasse ou en utilisant une ou deux couleurs tout autour de la feuille pour donner l'idée de cadre.
Cerner de noir les lettres de l'onomatopée pour mieux la voir.

:: Remarques

« L'enfant a appris à manipuler plus finement les outils courants (crayon, pinceau, craie, etc.) qu'il tient comme un adulte. Ses **intentions** de représenter sont plus explicites. Les situations proposées doivent lui permettre de mettre au service de son projet les outils disponibles et les procédés, de commencer à **composer** et à **combiner** des tracés dans un but précis.
Au cours de ses années d'école maternelle, l'enfant rencontre trois formes d'activités complémentaires : le dessin, le graphisme et l'écriture. Elles mobilisent le corps et la motricité, la perception et l'activité de discrimination visuelle, et l'accès à la représentation ; le contrôle cognitif permet à l'enfant d'orienter son geste et de concentrer son activité sur le **contenu expressif, symbolique ou sémantique** » (*Document d'application des programmes.* « La sensibilité, l'imagination, la création, école maternelle »)

Séquence : Reconnaître des images d'origine et de nature différentes

Séance n° 12 Images et cartographie

Projet : Tirer parti de la cartographie.

Objectif : Utiliser une image ou seulement une partie d'image pour en réaliser une nouvelle.

Concepts : Forme et couleur.

Compétence : Reconnaître des images d'origine et de nature différentes.

Condition préalable : Avoir élaboré un musée de classe sur l'Afrique.

Préparation de la classe

- **Organisation matérielle**
  Plan horizontal.
- **Matériel**
  Catalogues de voyages, colle, pinceaux à colle, feuille de papier Canson, etc.
- **Documents**
  Référents culturels : Max Henri de Larminat, *Carnac* ; lithographies de Jean-Marc Chevalier.

Déroulement de l'activité

- **Durée** : 20 minutes.
- **Modalités de travail** : par groupe de 4, production collective.

→ Description de l'activité

- **Phase 1 : entrée dans l'activité.**

Choisir une carte d'Afrique. La coller ou la reproduire sur un support.

Dans des catalogues ou magazines de voyages, choisir et découper différents éléments en rapport avec le fragment de carte choisie.

- **Phase 2 : sollicitation plastique.**

Tirer parti du réseau de lignes formé par les routes, en agençant tous ces éléments dans une intention donnée :

- en harmonisant ou en contrastant par les formes, la couleur, la taille ;
- en créant des reliefs ;
- en opposant le réel et la fiction.

- **Phase 3 : confrontation avec les œuvres d'artistes.**

L'observation de différentes cartes de leur environnement proche ou lointain est, pour les élèves, le point de départ de la création de territoires imaginaires. La confrontation avec les œuvres de Jean-Marc Chevallier ou Max Henri de Larminat montrera que la carte peut être support de productions ou qu'elle est un ensemble de lignes dont on peut tirer parti.

Résultats attendus

Les enfants observent les routes de la carte et les considèrent comme lignes. Ils choisissent les images selon les critères :

- sujets (paysages, visages africains) ;
- couleurs (ocre, rouge, jaune).

Évaluation

Les enfants seront capables d'utiliser des images pour le continent qu'elles suggèrent et de composer en cherchant des règles d'organisation.

:: Conseils

Les images pourront être découpées ou déchirées.

Le découpage suppose une habileté gestuelle. Le déchirage demande une dextérité fine car le geste doit être précis et maîtrisé.

L'assemblage sera plastiquement intéressant lors de l'utilisation des images déchirées. En effet, la trame du papier forme un cerne blanc autour de chaque image. Elle assure le lien et donne une unité à la production.

:: Prolongement

L'utilisation des images peut être réalisée par transfert. Pour cela : choisir des images dans un magazine ; appliquer une bande de ruban adhésif sur ces images et décoller. Transférer sur le support en vue d'une composition.

:: Ouverture transdisciplinaire

Découvrir le monde : situer les milieux étudiés sur une carte simple.

:: Remarques

« Puisant dans la diversité renouvelée des images de la classe, l'enseignant accompagne l'enfant dans ses découvertes et sa compréhension du monde. Cette approche peut se développer dans une dimension narrative (les albums si souvent rencontrés permettent d'en explorer les multiples possibilités). Elle doit aussi se développer dans une dimension plastique qui donne à l'image sa puissance propre et son expressivité. Dans l'un et l'autre cas, l'observation, la manipulation, la production sont sans cesse sollicitées. » (Programmes d'enseignement de l'école primaire)

→ Intégrer au projet

Tirer parti de la cartographie : séances n°s 6 et 7.

Chapitre 10

Éducation de la voix et de l'écoute

:: Continuité des apprentissages en maternelle

:: Repères pratiques

:: Séances 1 à 13

Gaëtan Lorek
Jacqueline Lorek

Continuité des apprentissages en maternelle

	1re année	2e année	3e année	Grande section
Activités vocales				
• Sait mémoriser un répertoire varié de comptines et de chansons	compétences pouvant éventuellement être mises en place	compétences à travailler prioritairement	compétences à travailler prioritairement	compétences à consolider
• Sait interpréter avec des variantes expressives un chant, une comptine		compétences pouvant éventuellement être mises en place	compétences à travailler prioritairement	compétences à travailler prioritairement
• Sait jouer de sa voix pour explorer des variantes de timbre, d'intensité, de hauteur, de durée	compétences pouvant éventuellement être mises en place	compétences à travailler prioritairement	compétences à travailler prioritairement	compétences à consolider
• Sait tenir sa place dans des activités collectives et intervenir très brièvement en soliste			compétences pouvant éventuellement être mises en place	compétences à travailler prioritairement
Activités d'écoute				
• Sait repérer et reproduire des formules rythmiques simples	compétences pouvant éventuellement être mises en place	compétences pouvant éventuellement être mises en place	compétences à travailler prioritairement	compétences à consolider
• Sait coordonner un texte parlé ou chanté et un accompagnement corporel ou instrumental		compétences pouvant éventuellement être mises en place	compétences pouvant éventuellement être mises en place	compétences à travailler prioritairement
• Sait écouter un extrait musical ou une production, puis s'exprimer et dialoguer avec les autres pour donner ses impressions	compétences pouvant éventuellement être mises en place	compétences pouvant éventuellement être mises en place	compétences à travailler prioritairement	compétences à travailler prioritairement
• Sait utiliser quelques moyens graphiques simples pour représenter et coder le déroulement d'une phrase musicale		compétences pouvant éventuellement être mises en place	compétences à travailler prioritairement	compétences à travailler prioritairement
• Sait utiliser le corps et l'espace en fonction des caractéristiques temporelles et musicales des supports utilisés		compétences pouvant éventuellement être mises en place	compétences à travailler prioritairement	compétences à travailler prioritairement
• Sait faire des propositions lors des phases de création et d'invention		compétences pouvant éventuellement être mises en place	compétences à travailler prioritairement	compétences à travailler prioritairement
Activités avec des instruments				
• Sait marquer la pulsation corporellement ou à l'aide d'un objet sonore		compétences pouvant éventuellement être mises en place	compétences pouvant éventuellement être mises en place	compétences à travailler prioritairement
• Sait reproduire des formules rythmiques simples corporellement ou avec des instruments		compétences pouvant éventuellement être mises en place	compétences à travailler prioritairement	compétences à travailler prioritairement

compétences à travailler prioritairement
compétences à consolider
compétences pouvant éventuellement être mises en place

Repères pratiques

« L'aspiration profonde de l'enfant tend vers un monde plein d'enchantement. Dès le début de son initiation musicale, l'élève doit se sentir transporté dans ce monde où il s'épanouit. » (Maurice Martenot, *Principes fondamentaux d'éducation musicale et leur application*, éditions Magnard, 1970)

1. Les axes forts du domaine d'activités

En grande section, l'enfant apprend à structurer son langage, à construire ses propres phrases.
C'est l'année où on le prépare activement à l'apprentissage de la lecture. Il lui faut donc s'approprier progressivement les bases nécessaires à cet apprentissage :
- une certaine aisance dans l'expression orale avec des phrases correctes ;
- une connaissance suffisante des phonèmes et de l'articulation des sons ;
- une approche globale du code écrit, tirée de la confrontation aux divers supports écrits (livres, albums, écrits fonctionnels et sociaux) ;
- une envie de lire et dire des textes, et d'en inventer : d'entrer dans la production d'écrits.

Ces bases se trouvent également dans la musique et l'environnement sonore :
- le texte et l'articulation d'une comptine ou d'une chanson (distinction des phonèmes) ;
- la reconnaissance visuelle des mots contenus ; la prise d'indices ;
- la mémorisation et l'anticipation des mots et des phrases d'une chanson, de phrasés mélodiques et rythmiques ;
- l'attention des enfants captée à travers des jeux de reconnaissance (« Kim ») ;
- la compréhension du sens d'une comptine ou d'une chanson ;
- l'exploration des paramètres du son (timbre, intensité, durée, hauteur) ;
- la discrimination auditive et visuelle ;
- l'accès aux codes écrits de plus en plus élaborés, etc.

2. Les spécificités de la section

L'enfant de grande section est sur le chemin de la conceptualisation (pensée préconceptuelle).
Il acquiert une certaine logique sensorielle et intuitive mais non encore déductive.
L'enfant de 5 ans sait inventer une représentation symbolique des choses et des événements.
Il peut alors encoder des phrases musicales simples et des trames sonores entendues ou reproduites.
Il a l'esprit curieux et va chercher à découvrir certains phénomènes et à organiser ses recherches de manière intuitive, sans suivre réellement un cheminement logique. On lui donnera l'occasion de manipuler, observer et expérimenter sur des choses simples, pour lui faire découvrir certaines relations causales :
- enregistrer sa voix en variant l'expression, puis s'écouter et recommencer ;
- manipuler des corps sonores de structures diverses avec des gestes différents, pour comprendre et s'approprier différents modes de jeu instrumental (frapper, frotter, pincer, secouer, souffler) ;
- inventer des séquences vocales avec des sons particuliers (des voyelles, des syllabes, des mots incomplets) ou transformés selon tel ou tel paramètre – sons rallongés ou répétés plusieurs fois) ;
- inventer des partitions collectives relatant des créations sonores (partitions rythmiques, paysages sonores).

La grande section est aussi l'année propice à la mise en place des premières chorales, lorsque les élèves ont eu l'habitude de chanter régulièrement. Celles-ci favorisent les comportements socialisants des enfants.

3. Éléments didactiques et pédagogiques

L'éducation musicale est la discipline de synthèse par excellence ; elle peut couvrir tous les besoins et les objectifs de l'enseignement préélémentaire :
- l'éducation sensorielle ;
- l'éducation motrice et corporelle ;
- l'éducation spatio-temporelle ;
- l'éducation de l'attention et de la mémoire ;
- l'éducation de l'affectivité ;
- l'éducation sociale ;
- l'éducation du sens artistique ;
- le développement des facultés d'observation, de jugement et d'appréciation.

Elle répond en outre au besoin naturel et spontané de l'enfant pour le mouvement et le jeu.

Nous étudierons ici les contenus didactiques adaptés, la démarche pédagogique efficace et le rôle du maître dans l'organisation des activités de classe.

A Contenus didactiques

Les **activités vocales.** Elles balaient toutes les activités musicales, de la reprise de simples comptines au chant choral organisé, en incluant des jeux vocaux et des créations vocales.

Le répertoire de comptines est passé en revue depuis la petite section, il sera cette année enrichi par des chansons adaptées au niveau des enfants sur les plans du texte et des difficultés musicales. Un accès sera donné aux références culturelles ciblées (chant du monde, chansons thématiques et chansons d'auteurs contemporains).

Les **activités d'écoute** se diversifient et s'affinent, au travers d'un large éventail de situations :
- l'écoute du monde sonore (paysages sonores, bruitages) ;
- l'écoute réitérée d'extraits musicaux de toutes origines ;
- le repérage dans des extraits spécifiques d'éléments musicaux caractéristiques ;
- l'écoute de musique vivante (musiciens seuls ou orchestre, concerts).

L'audition peut être passive (simple écoute de moments musicaux très courts – 3 minutes –) et active (écoute des réactions des enfants, expression verbale spontanée, identification de paramètres musicaux et d'instruments).

Les **activités instrumentales** sont la synthèse des acquis antérieurs et participent à l'accompagnement de chants et à la création musicale. Elles ne peuvent se départir de l'écoute. Tout au long de la scolarité, écoute et production sont indissociables : « Elles sont directement liées à l'évolution des possibilités gestuelles de l'enfant et, surtout, au plaisir de la découverte de sources sonores les plus variées. » (*IO* du 5 avril 2007)

Elles reprennent :
- l'utilisation de corps sonores et de percussions corporelles ;
- l'affinement de la connaissance des paramètres du son ;
- le perfectionnement des gestes instrumentaux (modes de jeu) ;
- le cheminement vers la création sonore ;
- la constitution d'orchestres enfantins destinés à accompagner des chants appris.

B L'attitude du maître

Veiller à :
- structurer les apprentissages en tenant compte des acquis précédents ;
- établir une programmation détaillée et précise des séances pour chaque type d'activités ;
- faire verbaliser les actions motrices au maximum (langage d'évocation) ;
- respecter le besoin ludique des enfants ;
- amener les enfants à l'autonomie ; accepter et favoriser la prise d'initiatives (invention) ;
- poursuivre la socialisation à travers les activités collectives vocales et instrumentales.

Séquence : Pratiquer des activités vocales

Séance n°1 Chantons une vraie chanson

:: **Objectif** : Acquérir un répertoire de chansons.

:: **Concepts** : Chanson, texte et musique.

:: **Compétence** : Savoir mémoriser un répertoire varié de comptines et de chansons.

:: **Condition préalable** : Connaître de nombreuses comptines.

:: **Préparation de la classe**

- **Organisation matérielle**
  La classe est réunie autour de l'enseignant, assise sur le tapis de regroupement.
- **Matériel**
  Un carillon ou un petit clavier à bouche pour le maître.
- **Document**
  Un répertoire de chants traditionnels.

:: **Déroulement de l'activité**

- **Durée** : 30 minutes.
- **Modalités de travail** : le groupe classe.

→ **Description de l'activité**

Exemple de *À la claire fontaine*. Cette chanson comprend 5 couplets ponctués d'un refrain. Les mélodies sont répétitives pour chaque couplet et chaque refrain.

• **Phase 1 : travail technique préparatoire.** L'**ambitus** du chant est de 5 notes (du sol 4 au ré 5), mais la tessiture étant déjà aiguë pour des enfants de maternelle, il sera nécessaire d'adapter la hauteur aux possibilités des voix d'enfants : commencer la chanson sur la note do 4 : do, do mi mi ré mi ré, do do mi mi ré mi...

Le **rythme** est constitué de phrases longues (2 mesures de 4 temps) avec des noires et des croches, puis des doubles-croches dans le refrain, qu'il faudra faire répéter beaucoup avant d'obtenir une restitution de qualité. Soigner l'articulation du texte et bien marquer les accents sur « A » et « M'en » (début des cellules rythmiques). On peut marquer les rythmes en les faisant frapper dans les mains.

Le **texte** est assez long ; le faire répéter jusqu'à ce que les enfants l'aient mémorisé.

• **Phase 2 : jeux de mémorisation.** Le maître chante en oubliant volontairement des parties de texte, les enfants l'aident à retrouver les mots manquants (commencer par omettre les fins de phrases). Puis l'enseignant chante un couplet, les élèves chantent le refrain, et inversement. On peut aussi faire chanter chaque couplet par un élève différent, puis par un groupe différent d'élèves, ce qui prépare au chant choral et au chant avec soliste.

La **mélodie** est facile à retenir ; on peut cependant aider sa mémorisation en faisant chanter sur « lalala ». Le chant de cette mélodie doit être particulièrement soigné et interprété en « legato » (les sons formant la ligne mélodique se succèdent sans interruption de l'un à l'autre).

À la clai-re fon-tai-ne M'en allant promener...

Il y a longtemps que je t'aime, jamais je ne t'oublierai.

Couplet 1 : À la claire fontaine, m'en allant promener
J'ai trouvé l'eau si claire que je m'y suis baignée.

Refrain : Il y a longtemps que je t'aime,
Jamais je ne t'oublierai.

Couplet 2 : Sous les feuilles d'un chêne, je me suis fait sécher,
Sur la plus haute branche, le rossignol chantait.

Refrain...

Couplet 3 : Chante, rossignol chante, toi qui as le cœur gai.
Tu as le cœur à rire, moi je l'ai à pleurer.

Refrain...

Couplet 4 : C'est pour mon ami Pierre qui ne veut plus m'aimer,
Pour un bouton de rose que je lui refusai.

Refrain...

Couplet 5 : Je voudrais que la rose fût encore au rosier,
Et que le rosier même fût encore à planter.

Refrain...

Répertoire possible sur l'année :

C'est la mère Michel (traditionnel)	Anthologie Joseph Canteloube – Île-de-France
Mon doudou (Hervé Demon)	(Triolet 8 – 2006) CPEM Nord-Pas-de-Calais (Scéren).
La Clé	(Triolet 7 – 2004) CPEM Nord-Pas-de-Calais (Scéren).
Mon chariot est cassé (traditionnel)	
À l'opéra (Jean-Luc Brouillon)	(Chansons courtes, éditions J.-M. Fuzeau)
Polisson (Dominique Flau et Jean-Luc Plessy)	(Triolet 6 – 2001) CPEM 59
J'entends ton cœur (Hervé Demon)	(Triolet 4) CPEM 59
Le Petit Cheval (Laurent Lahaye)	(Triolet 8 – 2006)
Grand sapin tout nu (Christian Merveille)	(Triolet 7 – 2004)
J'ai une maison pleine de fenêtres (Anne Sylvestre)	
Petit Âne trottinant (Cl. Augé et Luc Guilloré)	(Anacrouse 62)
Couleurs marrantes (Catherine Desnos)	(Triolet 7 – 2004)

Résultats attendus

Il s'agit davantage d'apprendre et de retenir, mémoriser des chansons différentes que de travailler la technique vocale et chorale.

Évaluation

Faire chanter individuellement des chansons entières sans erreur.

Conseils

Le choix des chants est déterminé par l'appartenance à une thématique et par les goûts de l'enseignant, qui doit adapter le degré de difficulté au niveau des élèves. Tenir compte de l'**ambitus** du chant, des **intervalles**, de la teneur et de la longueur du **texte** à mémoriser.

Prolongement

D'autres répertoires de chansons :
Anacrouse 62 (Bulletin départemental IA 62), Triolet 1, 2, 3, 4 (spécifique école maternelle), Triolet 2001, 2004, 2006 (8) : CD audio et cédérom pour les trois cycles, par les CPEM 59/62.

Définitions

Sur le plan musical, une **chanson** ressemble à une **comptine**, puisqu'on y retrouve une mélodie, parfois deux ou trois (A, B, C), posée sur une rythmique particulière et adaptée. La différence réside plutôt dans la longueur et la structure, souvent plus complexe.
La **tessiture** d'une voix est l'étendue vocale de la note la plus grave à la note la plus aiguë.
L'**ambitus** d'un chant est l'écart entre la note la plus grave et la note la plus aiguë. Il doit être en rapport avec la tessiture des voix selon l'âge des enfants.

Séance n° 2 Interprétation expressive d'un chant simple

:: Objectif : Apprendre un chant avec expression.

:: Concept : Notion de phrase musicale.

:: Compétence : Savoir interpréter avec des variantes expressives un chant, une comptine.

:: Préparation de la classe

- **Organisation matérielle**
  Les élèves sont réunis debout en formation chorale.
- **Matériel**
  Un diapason pour le maître, ou mieux un clavier à bouche.

:: Déroulement de l'activité

- **Durée** : 30 minutes.
- **Modalités de travail** : toute la classe.

→ Description de l'activité

Étude d'un chant simple, *À l'opéra*, de Jean-Luc Brouillon (*Chansons courtes* aux éditions J.-M. Fuzeau).

Do ré mi fa, à l'opéra, Fa mi ré do, du bel canto,
Do ré do mi, en Italie, Do ré mi fa, on chantera.
(Filles) Voglio cantare, (Garçons) Ché bella voce.
(Filles) Senza fermami, (Tutti) Voglio cantare.

- **Phase 1 : présentation du chant.** Le maître chante le chant entier avec expression. Questionnement aux élèves sur la compréhension du texte.
  - De quoi parle cette chanson ?
  - Qu'est-ce que l'opéra ? Le bel canto ?
  - Que fait-on en Italie ? En quelle langue est chantée la fin du chant ?
- **Phase 2 : apprentissage du chant.** La structure est en deux parties bien distinctes, la première en français, la deuxième en italien. La première partie est plus rythmique : elle peut s'apprendre par imitation, phrase par phrase. L'enseignant chante chaque phrase plusieurs fois, les élèves la

répètent jusqu'à ce qu'elle soit bien sue. La seconde partie, plus mélodique, donne l'accent lyrique à ce chant. L'étude en est délicate, car en langue italienne, mais fort plaisante pour enfants. C'est aussi un dialogue entre deux groupes (alternance filles/garçons), qui autorise des jeux de questions-réponses expressifs. L'écoute répétée du disque en facilitera l'apprentissage.

- **Phase 3 : exercices de culture vocale** inhérents au chant.

– L'**articulation** : faire prononcer chaque phrase avec détachement, sans accentuer les notes finales.

– La **résonance** : surtout dans la deuxième partie, chaque syllabe sera chantée avec une certaine emphase (esprit lyrique). Le maître modulera sa voix en chantant de manière diversifiée ces passages (opposition voix plate/voix lyrique, enjouée/triste, forte/piano). Les tenues des notes finales doivent être travaillées (𝅗𝅥) : une blanche dure 2 temps.

– La **tessiture** : faire monter quelques « fusées vocales » sur les voyelles « a » et « o », en associant le geste ascendant du bras, afin que les enfants puissent acquérir de la justesse sur la première note des phrases « Voglio cantare » et « Senza fermami ». Il sera sans doute nécessaire de monter progressivement les voix dans l'aigu avec une approche chromatique (demi-ton par demi-ton) nécessitant l'aide d'un petit clavier à bouche ou d'un carillon. On commencera alors à chanter la syllabe « **Vo**-glio » sur la note « sol », puis « sol# », puis « la », puis « sib », « si » et enfin « do aigu ».

– Les **paramètres de timbre, d'intensité, de hauteur et de durée.** La chanson se prête bien aux jeux de variations :

• transformations de voix (virile, féminine, fausset, sonore, sourde, accent étranger) ;
• alternance « forte »/« piano » et grave/aiguë dans le dialogue en questions-réponses ;
• transformations de syllabes longues en brèves et vice versa.
• **Isoler les modes de chant :** demander aux élèves de chanter la mélodie seule, sans les paroles, sur des syllabes simples « la » ou « no », de manière à approcher la justesse mélodique ;

– à l'inverse, on leur demandera de chanter le texte seul, sans la musique, c'est-à-dire en parler rythmé, afin de faciliter la mémorisation des paroles.

– Le **chant intérieur** accélère l'apprentissage du texte et ajuste la précision rythmique et l'anticipation (le moment juste). On demande aux élèves de chanter muet une phrase sur deux, puis au signal de l'enseignant (doigt devant la bouche ou main fermée = muet).

Résultat attendu

Une interprétation juste de la chanson avec respect du souffle, de l'articulation, de la tessiture.

Évaluation

Elle est directement observée lors des réponses obtenues aux sollicitations du maître.

Conseils

Ce chant est choisi pour ses possibilités expressives, notamment dans le phrasé (sur le mode lyrique). Les notes de la mélodie sont inscrites dans le texte ; il reste à trouver le rythme approprié :

do ré mi fa, à l'o-pé-ra, fa mi ré do du bel canto...

Phrases ascendantes, phrases descendantes

La mélodie est facile, les phrases sont courtes avec des notes conjointes ; l'ambitus du chant est d'une octave (do4 au do5), la seule difficulté réside dans le placement de la voix sur la note d'attaque de la deuxième partie (do 5 sur « Voglio cantare », etc.), plus mélodique. On assiste à un jeu de questions-réponses, qui facilite l'apprentissage du chant.

Ouverture transdisciplinaire

Ouverture au domaine culturel particulier de l'opéra et sensibilisation aux sonorités de la langue italienne.

Audition d'extraits d'opéras : air de Papageno et Papagena (*La Flûte enchantée* de W.A. Mozart) ; air de la Castafiore (*Faust* de Charles Gounod) ; le Chœur des Gamins (*Carmen* de Georges Bizet) ; le Chœur des Bohémiens (*Le Trouvère* de Verdi).

Séance n° 3 Jeux vocaux autour des paramètres du son

:: **Objectif** : Découvrir les paramètres du son par le biais d'activités vocales (timbre, intensité, hauteur et durée).

:: **Concepts** : Le son et ses variations.

:: **Compétence** : Savoir jouer de sa voix pour explorer des variantes de timbre, d'intensité, de hauteur, de durée.

:: **Condition préalable** : Aucune pour les jeux. Pour la seconde partie, le chant *À l'opéra* aura été appris antérieurement.

:: Préparation de la classe

- **Organisation matérielle**
  La classe est réunie autour du maître, sur le tapis ou en cercle dans l'espace de motricité si possible.
- **Matériel**
  Quelques instruments de percussion.

:: Déroulement de l'activité

- **Durée** : 20 minutes.
- **Modalités de travail** : séance collective et en petits groupes.

→ Description de l'activité

La voix chantée.

• **Phase 1 : les jeux mélodiques.** Ils vont permettre à l'enfant d'apprendre à placer sa voix et de gagner en précision auditive, tout en travaillant les paramètres du son. **Imitations du vent** sur la diphtongue « ou » avec des **timbres** différents, lisses puis soufflés non voisés (lèvres, gorge) ; de plus en plus fort (crescendo), de moins en moins fort (decrescendo), d'**intensité** variable.

Jeu de la cymbale : les élèves écoutent la **résonance** d'une cymbale, puis chacun reproduit vocalement les sons perçus, de **timbre** et de **durée** différents.

Variantes : on lève le bras lorsqu'on n'entend plus la cymbale sonner.

Un relais sonore : un groupe d'élèves assis en cercle joue tour à tour sur une cymbale ; chacun attend la fin du son précédent avant de frapper son propre instrument (les cymbales peuvent être remplacées par des triangles, crotales et bâtons sonores). Imiter vocalement le son des cymbales.

Jeux de fusées et de sirènes. Les élèves imitent le son d'une fusée qui décolle et monte dans le ciel, en s'accompagnant du geste du bras → ou..., éééé..., zzzz... Le son va du grave à l'aigu. La fusée redescend : le son va de l'aigu au grave. C'est ici la **hauteur** qui change. ↓↑

Les élèves imitent des sirènes (mouvement ondulatoire d'un son), sur le même mode que les fusées. Suite de mouvements ascendants et descendants avec le bras.

• **Phase 2 : étude des paramètres à partir d'un chant.** *À l'opéra* de Jean-Luc Brouillon.
L'enseignant interprète le chant, en jouant avec la voix ; les élèves écoutent attentivement.
Jeux et variantes diverses sur les paramètres du son.

- Le **timbre :** modifier sa voix pour imiter un chanteur ou une chanteuse lyrique, d'autres chanteurs (connus des élèves), en changeant la couleur de la voix. Faire imiter les élèves. Détimbrer la voix (en se pinçant le nez, ou la grosse voix très dure). Chanter en prenant un accent étranger (italien, anglais), etc.

- La **hauteur :** faire imiter les registres de voix (homme : basse ou ténor, femme : alto ou soprano). Modifier la hauteur de voix en chantant (passer du grave à l'aigu et inversement).
Faire alterner les groupes d'enfants en aigu et grave.
- L'**intensité :** varier le volume sonore pendant le chant. Demander aux élèves de faire de même en fonction du geste de l'enseignant : écarter les deux mains devant soi comme si elles tenaient un ballon qui se gonfle et se dégonfle.
- La **durée :** chanter en alternant les notes brèves et celles qui durent plus longtemps :
Do ré mi *fa*, à l'opé*ra*... *(brèves)* ;
*Vo*glio cantare, *ché* bella voce *(longues)*.

Résultats attendus

Une production vocale variée qui fasse prendre conscience aux enfants de la diversité des possibilités. Savoir réutiliser ces variables sur un texte simple parlé ou chanté.

Évaluation possible

Proposer à chaque élève de dire une phrase simple qu'il connaît par cœur, en modifiant les paramètres.
Exemple : Je chante « Hep taxi ! par ici, je veux aller à Passy » en prenant une voix grave, puis aiguë, *forte* (fort) puis *piano* (faible), en faisant durer la dernière syllabe de la phrase, puis en l'abrégeant, et enfin en prenant une voix nasillarde.

Définitions

Les paramètres du son déterminent ses qualités.
- Le **timbre** est ici représenté par la couleur de chaque son, la distinction que l'on peut faire entre un « pam » et un « clic », tout comme la différence entre le son d'un tambourin et celui d'un wood-block.
- L'**intensité** est le volume sonore entendu : elle est fonction de la force de l'émission vocale ou du geste instrumental.
- La **hauteur** correspond à une fréquence donnée qui va du grave à l'aigu, en passant par le médium.
- La **durée** est la longueur du son dans le temps : bref ou long, mais aussi continu et discontinu.

Séance n° 4 Une approche du chant choral

:: Objectif : Chanter en chœur et en solo.

:: Concept : Le chant choral.

:: Compétences : Savoir tenir sa place dans des activités collectives et intervenir très brièvement en soliste.

:: Condition préalable : Les enfants doivent avoir l'habitude de chanter ensemble.

:: Préparation de la classe

- **Organisation matérielle**
  Les élèves sont assis autour de l'enseignant, puis debout en formation chorale.
- **Matériel**
  Un diapason, un carillon ou un clavier à bouche pour le maître.
- **Document**
  Le chant *La Clé* (Triolet 7 – 2004).

:: Déroulement de l'activité

- **Durée** : des séances filées de 20 minutes, une fois par semaine.
- **Modalités de travail** : toute la classe.

→ Description de l'activité

● **Phase 1 : apprentissage du chant *La Clé*.** Chant à l'unisson avec intervention d'un ou de plusieurs solistes.

– **Écoute de la chanson**, sur le CD puis interprétée si possible par l'enseignant.
Déballage verbal sur le sens de la chanson : récit et questionnement.
– **Apprentissage par imitation :** le maître chante phrase par phrase, les élèves répètent plusieurs fois jusqu'à ce que chaque phrase soit correcte (mémorisation du texte, du rythme et de la mélodie, articulation, justesse, etc.).
– **Jeu de mémorisation :** la chanson étant segmentée en phrases courtes de deux mesures, l'enseignant chante la première phrase et demande aux élèves de lui répondre la deuxième phrase, l'enseignant chante la troisième, les élèves chantent la quatrième et ainsi de suite jusqu'à la fin de la chanson.

• **Phase 2 : culture vocale autour des structures rythmique et mélodique.** La **mélodie** ne présente pas de difficulté majeure. Si quelques élèves se trompent, relancer la **mélodie** sur une syllabe « la » ou « ta », sans le texte, de manière à préciser la ligne mélodique sans souci d'articulation du texte. L'ambitus est d'une octave (do4 à do5). Il sera peut-être nécessaire de monter les voix dans le registre aigu, pour placer le « do5 » à sa juste hauteur (mesures 10 et 13).
La **structure rythmique** est constituée d'assemblages de croches et de doubles-croches reliées par deux ou quatre et s'achevant par des noires. Faire répéter ces formules rythmiques une à une, les élèves ayant acquis cette habitude de rythmes en imitation.
Le **texte** est court (2 couplets + la fin) : bien articuler « une petite clé » et « la porte au soleil ». Jouer sur l'expressivité de ces mots avec une voix chuchotée, un tempo plus lent, si les élèves bafouillent un peu, etc.

• **Phase 3 : les jeux d'intervention.** Plusieurs élèves peuvent intervenir en solo sur les phrases paires notamment, qui ressemblent à des réponses, en forme de supplications : « S'il vous plaît, s'il vous plaît » et « Je vous prie, je vous prie ». L'enseignant désigne d'avance le ou les élèves qui vont chanter ces phrases, et leur attribue la parole aux moments opportuns par un geste précis de la main (voir gestique).

• **Phase 4 : le travail choral.** Lorsque le chant est su par cœur, on peut commencer le travail de mise en place du chant.
- **La place de chacun dans le groupe.** Garçons et filles ont le même registre de voix, il ne sert donc à rien de les séparer, si ce n'est pour obtenir des timbres différents. On distinguera plutôt les enfants qui ont déjà une certaine justesse de voix et ceux qui sont plus habiles à chanter seuls. Il est aussi utile de repérer et d'isoler les voix de bourdon, afin de les faire travailler à part dans des jeux de hauteur de son (fusées, sirènes, balles de sons, etc.). Utiliser un appareil enregistreur pour faire entendre leur voix aux enfants.
Pendant la répétition du chant, faire chanter à tour de rôle une phrase par un petit groupe d'élèves, ou encore faire tourner le chant dans plusieurs groupes qui peuvent se relayer.
- **La gestique du maître.** Le corps étant bien ancré au sol, jambes en appui légèrement écartées, les bras et surtout les mains vont diriger le chant par des gestes aussi précis que possible :
• **Geste de départ :** après avoir donné la première note (parfois les deux premières), le chef lève une main (temps de respiration), puis l'abaisse pour donner un départ franc.
↓↑ Don-nez...
• La même main bat ensuite la **pulsation** sur chaque phrase, pendant que l'autre main simule plutôt les mouvements mélodiques et les nuances *(forte, piano, crescendo, decrescendo).*
• La main qui a donné le départ donnera également l'**arrêt du chant**, dans un bref mouvement de boucle, tandis que l'autre main préviendra les choristes de l'imminence de la fin, si le texte ne le fait pas sentir.
- **L'écoute et la production.** Ne pas chanter en même temps que les élèves, si l'on veut entendre et corriger la qualité de leur restitution. Le chef de chœur dirige et écoute les enfants ; les enfants écoutent sans chanter, quand le chef chante une nouvelle phrase. C'est **à tour de rôle.**

Résultats attendus

Un bel unisson et une rythmique précise.

Évaluation

L'écoute collective permet de juger de la réussite du groupe et les acquis individuels sont perçus lors des interventions solistes. Justesse des voix.

:: Conseil

Cette séance est dans l'esprit de la charte du chant choral, qui préconise la mise en place d'une chorale d'école.

:: Ouverture transdisciplinaire

Le chant choral favorise le développement de l'attitude citoyenne des enfants, et constitue une étape dans leur parcours culturel.

Séquence : Pratiquer des activités d'écoute

Séance n° 5 Jeux rythmiques autour des paramètres du son

:: **Objectif** : Affiner la discrimination auditive en jouant sur les paramètres.

:: **Concepts** : La notion de cellule rythmique. Les notions de timbre, d'intensité et de durée.

:: **Compétences** : Savoir repérer et reproduire des formules rythmiques simples.

:: **Sous-compétences** : Savoir distinguer et utiliser les paramètres du son.

:: **Conditions préalables** : Avoir déjà manipulé de nombreuses fois les instruments à percussion à son indéterminé et être capable d'écouter le jeu des autres camarades.

:: Préparation de la classe

- **Organisation matérielle**
  Les élèves sont assis en cercle avec l'enseignant.
- **Matériel**
  Un ensemble le plus grand possible d'instruments à percussion ou de corps sonores, comprenant au moins deux instruments identiques par famille (2 triangles, 2 maracas, 2 tambourins, 2 tubes résonants, 2 grelots, etc.).

:: Déroulement de l'activité

- **Durée** : 30 minutes.
- **Modalités de travail** : en groupes, individuellement, puis par deux.

→ Description de l'activité

- **Phase 1 : écoute et reproduction de formules rythmiques avec différentes parties du corps.**

Sous forme de dialogue avec le maître, les élèves répètent des cellules rythmiques simples sur plusieurs niveaux corporels (les mains, les genoux, les pieds, la langue).

Progression possible, constituant un cheminement logique dans la gradation des difficultés.

Maître. ♩ ♩ ♩ ♩	Élève. ♩ ♩ ♩ ♩
Maître. ♩ ♩ ♪ ♪ ♩	Élève. ♩ ♩ ♪ ♪ ♩
Maître. ♪ ♪ ♩ ♩ ♩	Élève. ♪ ♪ ♩ ♩ ♩
Maître. ♩ ♪ ♪ ♩ ♩	Élève. ♩ ♪ ♪ ♩ ♩
Maître. ♪ ♪ ♩ ♪ ♪ ♩	Élève. ♪ ♪ ♩ ♪ ♪ ♩
Maître. ♪ ♪ ♪ ♪ ♪ ♪ ♩	Élève. ♪ ♪ ♪ ♪ ♪ ♪ ♩

- **Phase 2 : des formules rythmiques avec des instruments à percussion.**

Jeu de timbres : les instruments jumeaux. L'enseignant joue sur un instrument une courte phrase musicale.

Exemple avec un tube résonant : ♩ ♩ ♪ ♪ ♩

Exemple avec un triangle : 𝅗𝅥 𝅗𝅥

Exemple avec un tambourin : ♪ ♪ ♩ ♩ ♩

Les élèves qui possèdent un instrument identique lui répondent en frappant la même phrase rythmique. Faire tourner le jeu avec d'autres instruments (grelots, maracas, castagnettes, etc.).

- **Variante 1.** Varier l'**intensité** de la frappe *(piano → crescendo → forte → decrescendo).*
- **Variante 2.** L'enseignant désigne **un** élève **chef d'orchestre** pour diriger ses camarades. Ce jeu se déroule d'abord visuellement, avant de jouer caché pour une reconnaissance auditive pure.
- **Variante 3. L'instrument caché :** l'enseignant est caché derrière un meuble ou un tableau avec des instruments différents. Les élèves doivent reconnaître l'instrument joué et répondre avec « l'instrument jumeau », puis le nommer. Au début, choisir des instruments aux timbres vraiment différents (tambourin et claves) ; affiner la discrimination progressivement avec des instruments aux timbres plus proches (grelots et clochettes, puis claves et wood-blocks).
- **Variante 4.** Deux équipes de 4 ou 5 élèves sont placées dos à dos, en position assise ou debout, en possession des mêmes instruments (2 paires de claves, 2 tambourins, 2 maracas, 2 triangles et 2 grelots). L'enseignant placé devant l'équipe A désigne le musicien qui va jouer une cellule rythmique ; l'élève de l'équipe B qui possède l'instrument identique doit répéter la formule.
On comptabilise les points, l'équipe qui a le plus de points a gagné.
- **Jeu de durée : le relais sonore.** Écouter la résonance d'un instrument. L'enseignant frappe un son sur un triangle, puis une cymbale, des crotales, un bâton sonore, etc. Les élèves lèvent la main lorsqu'ils n'entendent plus le son de l'instrument. Un groupe d'une dizaine d'élèves, assis en cercle. Chaque élève doit jouer un son unique, son voisin doit attendre l'extinction complète du son avant de jouer à son tour. Progressivement l'écoute va s'affiner jusqu'à obtenir un continuum sonore.

Résultats attendus

Une connaissance acquise des cellules rythmiques de base et des timbres des instruments.

Évaluation

Un jeu de Kim à l'aveugle permettra une évaluation individuelle très précise.

:: Définitions

Rythme, notions de cellule rythmique et de pulsation

Le **rythme** est la base de la musique. Il constitue le support sur lequel se placent la **mélodie** et l'**harmonie**. Les enfants acquièrent le sens rythmique lorsqu'ils maîtrisent les formules rythmiques et la pulsation.

La **formule** (ou **cellule**) **rythmique** est en fait la « chanson rythmique », constituée de notes de diverses durées correspondant aux syllabes entendues.

La **pulsation** est le battement régulier (Maurice Martenot parlait de « petit cœur de la musique ») sur lequel viennent se placer les cellules rythmiques.

Exemples : | | | |

♩ ♩ ♪ ♪ ♩

Ron-din Pi-co-tin

En pratique, ces formules rythmiques se trouvent dans les comptines et chansons traditionnelles, permettant ainsi aux enseignants non musiciens de se repérer et d'en constituer un petit « dictionnaire ».

Séance n° 6 Comptines à rythmer

Objectif : Accompagner des parties de comptines corporellement et avec des instruments de percussion.

Concept : Approche de la notion de cellule rythmique.

Compétence : Savoir coordonner un texte parlé ou chanté et un accompagnement corporel ou instrumental.

Conditions préalables : Les enfants ont déjà approché l'accompagnement rythmique depuis la fin de la petite section, répondant aux conditions suivantes :
- avoir acquis une certaine maîtrise du schéma corporel ;
- avoir suffisamment manipulé les instruments utilisés pour parvenir à s'en servir de façon rythmique ;
- bien connaître les comptines que l'on va accompagner.

Préparation de la classe

- **Organisation matérielle**
Les enfants sont debout pour utiliser les différents segments du corps, puis regroupés assis sur le tapis autour du maître.

- **Matériel**
Une panoplie d'instruments de percussion.
Quelques supports audio et écrits de comptines.

Déroulement de l'activité

Accompagnement de la comptine *Un deux trois, je m'en vais au bois.*

- **Durée** : 20 à 30 minutes.
- **Modalités de travail** : production individuelle au sein d'un groupe de 5.

→ Description de l'activité

- **Phase 1.** Le maître chante la comptine connue des enfants, ceux-ci la reprennent en chœur.

UN, DEUX, TROIS

Un deux trois, je m'en vais au bois.
Quatre cinq six, cueillir des cerises.
Sept huit neuf, dans mon panier neuf.
Dix onze douze, elles seront toutes rouges.

On propose ensuite un **accompagnement corporel** adapté.
Consigne : chanter en frappant dans les mains sur les chiffres de la comptine.
Exemple : Un deux trois, je m'en vais au bois.

Accompagner ainsi la chanson entière. Prendre en compte les réponses motrices obtenues, généralement variées : frappe correcte sur les chiffres, frappe sur la phrase entière, décalage dû au manque de repères ou à la non-anticipation du début des phrases. Le jeu consistera donc à fournir aux élèves des repères précis. On va ajouter un frapper de mains sur la syllabe finale de chaque phrase (voir l'exemple).
Reprendre la comptine entière avec cet accompagnement.

Variante. Changer de niveau corporel à chaque phrase : un deux trois → mains ; quatre cinq six → genoux ; sept huit neuf → pieds ; dix onze douze → doigts.

• **Phase 2. Accompagnement instrumental.** Attribuer à chaque phrase un instrument différent : les mains cèdent la place aux claves ; les genoux aux maracas ; les pieds aux tambourins ; les doigts aux crotales. On peut aussi amener les enfants à choisir eux-mêmes l'instrument le mieux adapté, en leur demandant par exemple quel instrument produit un son similaire au frapper de mains, au frapper de pieds, etc. Choix possible :

- 1, 2, 3, ... bois → claves ;
- 4, 5, 6, ... cerises → maracas ;
- 7, 8, 9, ... neuf → tambourins ;
- 10, 11, 12, ... rouges → crotales.

Variantes possibles. Proposer un frapper de triangle sur la dernière syllabe. Le son durera 2 temps, jusqu'au départ de la phrase suivante.

On peut aussi ponctuer la phrase d'un coup de triangle (ponctuation rythmique sur le silence qui suit).

Chemin faisant, on vient de constituer un petit orchestre avec cinq groupes de musiciens, qui ont un rôle précis à jouer dans cette pièce musicale.

Évaluation

Elle consiste à restituer vocalement et corporellement une cellule rythmique simple avec le plus de précision possible et surtout au moment juste, sur les bonnes syllabes.

:: Ouverture transdisciplinaire

Liaison avec les **mathématiques** (notion de cardinal et construction du nombre).

Séance n° 7 Comptines à rythmer (suite)

:: Objectif : Accompagner des parties de comptines corporellement et avec des instruments de percussion.

:: Concept : Approche de la notion de cellule rythmique.

:: Compétence : Savoir coordonner un texte parlé ou chanté et un accompagnement corporel ou instrumental.

:: Conditions préalables : Les enfants ont déjà approché l'accompagnement rythmique depuis la fin de la petite section, répondant aux conditions suivantes :
- avoir acquis une certaine maîtrise du schéma corporel ;
- avoir suffisamment manipulé les instruments utilisés pour parvenir à s'en servir de façon rythmique ;
- bien connaître les comptines que l'on va accompagner.

:: Préparation de la classe

- **Organisation matérielle**
Les enfants sont debout pour utiliser les différents segments du corps, puis regroupés assis sur le tapis autour du maître. La salle de motricité convient parfaitement.

- **Matériel**
Une panoplie d'instruments de percussion. Quelques supports audio et écrits de comptines.

:: Déroulement de l'activité

Accompagnement de la comptine *L'orchestre Ratata*

- **Durée** : 20 à 30 minutes.
- **Modalités de travail** : toute la classe, puis quelques enfants solistes et de nouveau la classe.

→ Description de l'activité

- **Phase 1 : apprentissage de la comptine.** Le maître chante, les élèves répètent par imitation.

À l'orchestre Ratata, chacun joue ce qu'il voudra.
À toi, musicien, montre-nous si tu joues bien.
(Improvisation rythmique du maître sur 4 puis 8 pulsations, etc.)
Bravo, c'est très bien, saluons ce musicien :
♩ ♩ ♪ ♪ ♩ ♪ ♪ ♪ ♪ ♪ ♪ ♩ (frapper de mains collectif)

Les enfants ont vite fait d'apprendre cette formule rythmique « magique » qui permet d'applaudir les solistes ; la comptine peut alors être jouée *ad libitum*.

- **Phase 2 : improvisation des enfants sur 8 mesures**, à la troisième phrase. Le maître désigne un enfant en lui demandant de jouer seul en frappant dans les mains.

Consigne : « Tu frappes dans les mains le rythme que tu désires. »
Les premières fois seront l'imitation de la formule jouée par le maître, ou plus sûrement encore des reprises de la formule finale.
Relance : proposer quelques cellules rythmiques diverses frappées avec les pieds, les genoux, toujours sur 8 mesures, afin d'imprégner les élèves d'un choix multiple. On reprendra les cellules rencontrées dans nos comptines traditionnelles (*Sur le pont d'Avignon* ; *C'est Minnie la souris* ; *Une souris verte*, etc.). Faire tourner la chanson plusieurs fois en aidant les enfants à s'exprimer seuls.

● **Phase 3 : accompagnement instrumental.** Distribuer quelques instruments aux enfants qui seront désignés pour jouer en solo par la suite. Relancer la chanson en laissant libre cours aux solistes pour le choix de la formule. Certains instruments se prêtent bien à une improvisation très rythmée (bois, peaux), d'autres sont plus difficiles à manipuler en rythme (grelots, clochettes, triangles, maracas).

Variantes

- laisser le soliste improviser à sa guise quant au rythme et à la durée ;
- laisser chaque soliste choisir son instrument.

Résultats attendus

Au début, on attend de l'enfant qu'il s'exprime seul. Ensuite, qu'il joue vraiment lorsque c'est à son tour de jouer. Puis on exige qu'il répète une cellule rythmique connue, même si elle n'est pas bien restituée. Enfin, on est pleinement satisfait quand l'enfant joue une formule avec précision, à force de répétition.

Évaluation

Chaque enfant répondra selon ses acquisitions antérieures.

:: Ouverture transdisciplinaire

Liaison mathématique avec la création d'algorithmes avec des formes ou des couleurs, que l'on pourra ensuite représenter par des dessins.

△ △ ■ ■ △ ■ ■ ■ ■ ■ ■ △

:: Prolongement

Proposer des improvisations mélodiques sur 2 ou 3 tons, vocales d'abord, puis instrumentales, sur des carillons ou d'autres instruments à lamelles.

:: Définition

L'**improvisation** est un jeu qui consiste à inventer une phrase musicale ou simplement rythmique sur une durée imposée, en respectant certaines règles accordées par le groupe. Il est évident qu'on assiste ici à de l'improvisation libre, pour commencer.

Séance n° 8 Écoute et production

:: Objectifs : Créer des liens entre l'écoute et la production sonore. Amener les élèves à repérer des éléments particuliers dans des extraits sonores et musicaux et réinvestir dans une production. Leur permettre d'exprimer leurs impressions.

:: Concept : La musique composée et enregistrée.

:: Compétences : Écouter un extrait musical ou une production, puis s'exprimer et dialoguer avec les autres pour donner ses impressions.

:: Condition préalable : Les enfants sont habitués à écouter des extraits musicaux variés.

:: Préparation de la classe

- **Organisation matérielle**
  Les enfants sont réunis autour du maître sur le tapis de regroupement ou dans le coin musique.
- **Matériel**
  Un magnétophone ou lecteur de CD ; un CD ou une K7 contenant des extraits musicaux choisis. Un DVD peut aussi faire l'affaire.
  Un répertoire d'œuvres enregistrées pour le maître.

:: Déroulement de l'activité

- **Durée** : 20 à 30 minutes.
- **Modalités de travail** : toute la classe, puis en petits groupes, voire un atelier musique.

→ Description de l'activité

On applique une démarche de recherche et de création.

- **Audition.** L'écoute répétée de deux extraits musicaux est le point de départ d'une recherche sonore collective débouchant sur la création d'une courte pièce musicale.

– 1er extrait vocal : *Stripsody* de Cathy Berberian.

– 2e extrait instrumental : *Le Serpent* de Guem.

Chaque extrait fait l'objet d'une séance d'écoute de 2 à 3 minutes, puis on le réécoute une ou plusieurs fois, afin de faire parler les enfants, par un questionnement dirigé :

« Quels instruments avez-vous reconnus ? Lequel jouait en premier ? Était-ce une voix d'homme ou de femme ? Chantait-elle ? Parlait-elle ? Que racontait-elle ? », etc.

- **Analyse.** Dans le premier extrait, la chanteuse interprète des bulles de bandes dessinées avec des onomatopées en anglais. C'est une longue suite d'**onomatopées juxtaposées.** La voix de Cathy Berberian change régulièrement de timbre et de hauteur.

Dans le second extrait plusieurs formules rythmiques se chevauchent après des entrées successives, jouées par un groupe de percussionnistes, **superposant** ainsi **des trames sonores** en les répétant jusqu'à la fin. Ce sont des **ostinatos rythmiques**. Faire repérer quelques éléments importants dans chaque extrait : des bulles ; des instruments reconnus (bongos, tambourin, claves, maracas, triangle).

- **Imitation vocale** de certains sons par quelques élèves volontaires.
- **Reproduction.** On essaiera de faire reproduire chaque formule entendue à l'aide d'instruments similaires.
- **Discussion.** Observation et comparaison des sons entendus.
- **Relance.** Plusieurs groupes d'enfants pourront choisir leur propre formule, qu'ils joueront d'abord seuls, puis en groupes.

• **Codage** : une fois d'accord sur le choix des formules, on pourra représenter ces trames sonores par des dessins simplifiés.
Exemples de trames inventées : (maracas) ♩ ♩ ♪ ♪ ♩ ♩ ♩ ♪ ♪ ♩

Exemple de codage réalisé : 

Codage de trame vocale : Aaaaaaaaahhhh ! Aaatchoummm ! Brrrrr ! Booiinng !
• **Enregistrement** de quelques trames.

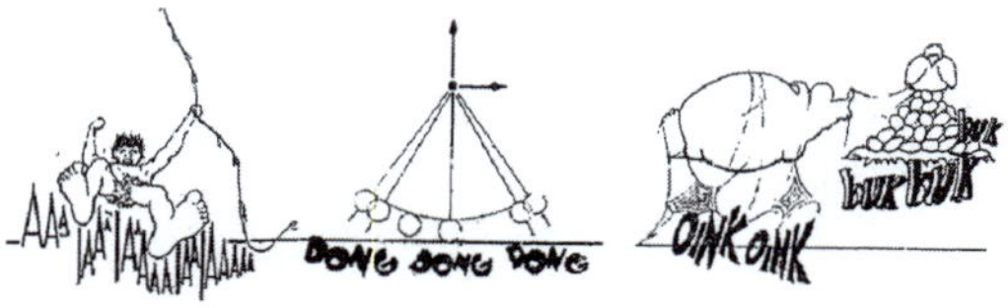

Résultats attendus
Les enfants devront savoir reconnaître un répertoire musical varié et en nommer certaines caractéristiques (titres, instruments, intensité).

Évaluation
Nommer individuellement les extraits reconnus et désigner certaines caractéristiques (instrument, intensité, tempo).

Conseil
Référence du site Guem www.followme.fr/fr/prod/guem.htm.

Prolongement
Élaboration de partitions pour représenter le travail.

Ouverture transdisciplinaire
Enrichissement du langage et du vocabulaire des enfants.

Définitions
La **trame sonore** est une sorte de tissu sonore construit avec un assemblage de sons (exemple : une trame continue de voyelles « a », une trame discontinue de syllabes « i -i -i -i -i », une trame de sons chuintés « ch-ch ch-ch ch-ch ».
Un **ostinato** est un mouvement mélodique ou rythmique répété obstinément.

Séance n° 9 Une partition collective

:: **Objectif** : S'exercer à constituer des traces écrites de sa musique.

:: **Concepts** : La représentation graphique. L'encodage de symboles.

:: **Compétence** : Savoir utiliser quelques moyens graphiques simples pour représenter et coder le déroulement d'une phrase musicale.

:: **Condition préalable** : Avoir vécu des moments musicaux dont on veut conserver et transmettre la trace pour communiquer.

:: Préparation de la classe

- **Organisation matérielle**
  Salle de classe avec tables.
- **Matériel**
  Les instruments ou objets sonores utilisés ; éventuellement le support d'enregistrement de la musique que l'on veut représenter.

:: Déroulement de l'activité

- **Durée** : 30 minutes.
- **Modalités de travail** : en ateliers, individuellement, puis toute la classe.

→ Description de l'activité

- **Phase 1 : écoute de l'enregistrement** de productions des élèves après l'écoute des extraits musicaux *Stripsody* de Cathy Barberian et *Le Serpent* de Guem.

Voir la séance n° 7.

Déballage verbal après l'écoute. Questionnement.

« Qu'entendez-vous dans le premier extrait ? »

« Comment peut-on écrire ce qu'on entend, pour accompagner le travail dans le cahier de vie ? »

« Peut-on dessiner ? Écrire des notes ? Des mots ? Des onomatopées ? »

Propositions d'enfants : « On écrit les onomatopées » → dictée au maître. Représentation au tableau. Lecture du passage à haute voix. Vérification après nouvelle écoute de la cassette.

Aaaaaaaahhh ! sssssssssssss poum ! pim pam pom ! brrrrrrr ! schlaaak !

L'écoute du *Serpent* de Guem a suscité l'envie d'imiter l'extrait avec des instruments de la classe : tambourins, maracas, claves, bongos, triangle.

Après analyse par écoute répétée, les élèves ont trouvé que les instruments entraient en jeu les uns après les autres, pour jouer ensemble ensuite jusqu'à la fin :

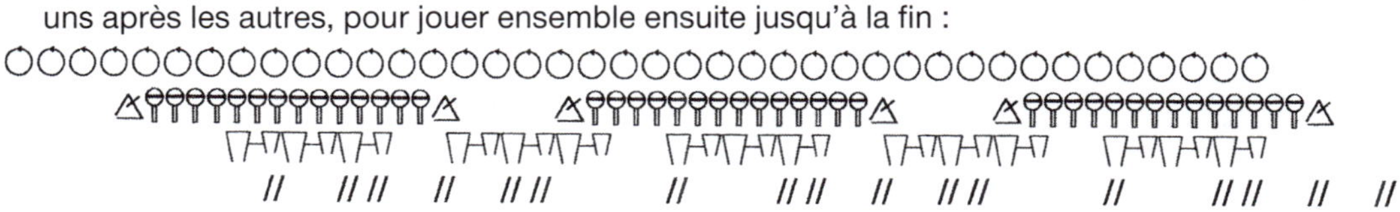

- **Phase 2 : l'encodage.** Avant d'être collectif, l'exercice a consisté, en fin de petite section, puis en moyenne section, à faire découvrir aux élèves le moyen le plus simple et le plus précis de représenter graphiquement la musique. Après une recherche individuelle, la classe a sélectionné, avec l'aide éclairée de l'enseignant, les dessins les plus évocateurs, qu'on a ensuite uniformisés (voir schéma ci-dessus). Une telle partition a été affichée sur un tableau pour être relue et jouée par la classe. Les instruments font une entrée successive pour se superposer ensuite jusqu'à la fin du morceau. La partition est enfin prête.

Réécoute et lecture se succèdent ensuite régulièrement, l'enseignant menant le jeu à l'aide d'une règle.

- **Phase 3 : l'accompagnement d'une comptine.** Après avoir choisi et travaillé un accompagnement instrumental, les élèves essaieront d'élaborer leur partition.

Exemples avec *C'est Minnie la souris* et *1, 2, 3, il fait froid*.

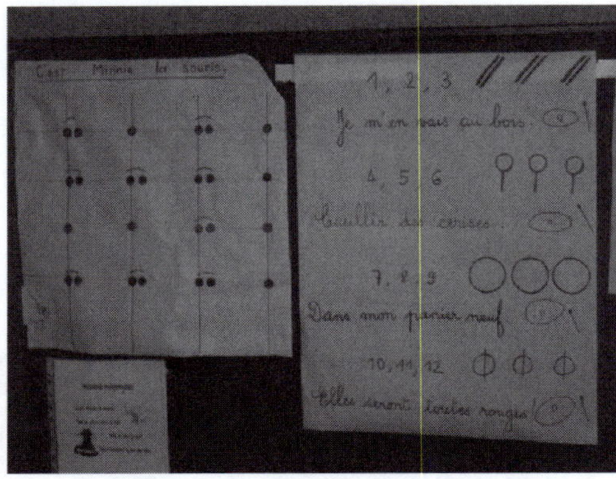

Résultat attendu

Obtenir une partition commune à tous les enfants et bien explicite.

Évaluation

Encodage ↔ décodage collectif et individuel.

:: Remarque

Légende : ○ → tambourin ; // → claves ; △ → triangle ; ♀ → maracas ; < → castagnettes, etc.

:: Prolongements

Proposer la partition à une autre classe qui essaiera de l'interpréter, sans avoir entendu la bande enregistrée. Comparer et discuter. Création de paysages sonores.

:: Ouverture transdisciplinaire

Liaison directe avec la **lecture**.

:: Définition

Notion de code écrit. Le code proposé est arbitraire. On est ici loin du solfège, que les enfants pourront découvrir au cycle 2, voire plus tard. Le code n'est pas imposé ; il est inventé par les élèves puis orienté par l'enseignant pour être commun à tous. Ce sont des symboles pouvant prendre plusieurs formes.

Une représentation simple des instruments utilisés : ○ // △ ♀...

Cette représentation peut se préciser dans le temps : | ○ ○ | // // // | △ | ○ ○ | △ | ♀♀♀♀ |

Prise en compte des paramètres **timbre** et **intensité** : ○○○ // // // △ △

Représentation des **modes de jeu** : ▮▮▮▮ ░░░ ffffff a≈≈≈≈≈a •••••••••••• △

Frapper ; frotter ; souffler...

Représentation des **temps** et des **pulsations** : | •• | •• | •• | • | • | • | •• | • | •• | •• | • |

[•] = ♩ [••] = ♪♪

Séance n° 10 Déplacements en musique

:: Objectif : Adapter ses déplacements à des rythmes repérés dans divers supports musicaux.

:: Concepts : Rythme. Pulsation.

:: Compétence : Savoir utiliser le corps et l'espace en fonction des caractéristiques temporelles et musicales des supports utilisés.

:: Préparation de la classe

- **Organisation matérielle**
  Séance en salle de motricité.
- **Matériel**
  Quelques extraits enregistrés sur CD ; quelques instruments à percussion en nombre suffisant (3 ou 4 au minimum par famille d'instruments).

:: Déroulement de l'activité

- **Durée** : 2 ou 3 séances répétées de 30 minutes.
- **Modalités de travail** : le groupe classe puis quatre groupes distincts.

→ Description de l'activité

- **Phase 1 : écoute active. Déplacements libres sur différents extraits musicaux.**

Consigne : « Vous écoutez bien la musique et vous marchez ou bougez dans toute la salle. »
Laisser les enfants s'exprimer librement avant d'intervenir.
Choisir un ou deux extraits parmi la liste suivante :

- *Les Oiseaux exotiques* d'Olivier Messiaen → glissés et marche lente avec rupture
- *TGV* par le groupe TSF → alternance pulsations lente/rapide
- *La Roue Ferris* de Bernard Parmegiani → mouvement circulaire, tourbillons, etc.
- *Pacific 231* d'Arthur Honegger → mouvement accéléré
- *Missa Gallica* de Bernard Lallement → marche martiale
- *Te Deum* de Marc-Antoine Charpentier → marche rapide
- *Branle de la Montarde* de Thoinot Arbeau → danse
- *Spirale* de Pierre Henry → mouvement giratoire
- *The Chairman Dances* (Foxtrot for Orchestra) de John Adams → course
- *1re Marche Pompes et Circonstances* d'Edward Elgar → *idem*
- *Symphonie n° 1 – Titan,* 3e mouvement de Gustav Mahler → marche très lente
- *Messe pour le temps présent* – Psyché Rock, de Pierre Henry → course lente
- *L'Enfant et les Sortilèges*, L'arithmétique de Maurice Ravel → pulsations variées
- *Ouverture d'Isis* de Lully (au temps du Roi-Soleil) → alternance marche lente/rapide.

Relance éventuelle : travailler en alternance deux mouvements contraires, par exemple la marche lente et la course. Faire entendre les deux morceaux choisis en apportant l'aide nécessaire aux enfants pour l'adaptation des mouvements aux musiques.

- **Phase 2 : déplacements dirigés au rythme d'instruments à percussion.**

Les élèves se déplacent au rythme induit par un instrument particulier : **tambourin** pour le galop, **wood-block** pour la marche rapide, **grelots** pour le trot, **crotales** pour la marche lente.

L'enseignant possède ces quatre instruments dont il joue à tour de rôle.

 → ♪♩ ♪♩ (ta tam ta tam...)

 → ♪♪♪♪♪♪♪♪ (tic tac tic tac...)

 → ♩ ♩ ♩ ♩ ♩ ♩ ♩ ♩ (tac, tac, tac, tac...)

 → 𝅗𝅥 𝅗𝅥 𝅗𝅥 𝅗𝅥 𝅗𝅥 𝅗𝅥 𝅗𝅥 𝅗𝅥 (ding, ding, ding, ding...)

- **Phase 3 : les fanfares rythmiques.** Se déplacer avec un instrument ou un corps sonore.

La classe est partagée en quatre groupes de musiciens : ce sont des « fanfares ». Elles se déplacent à tour de rôle en jouant d'un instrument.

Exemples : La fanfare des tambourins doit sautiller en reproduisant le rythme correspondant (♪♩ ♪♩ ♪♩). Puis celle des grelots, sur le rythme de croches (♪♪♪♪♪♪♪♪), etc.
Variante : deux fanfares peuvent se déplacer simultanément au signal du maître.

Résultats attendus

Obtenir des déplacements adaptés aux différents rythmes ainsi qu'une occupation intelligente de l'espace.

Évaluation

On observera et notera les réponses motrices de quelques élèves au sein d'un travail par petit groupe de 4 ou 5 élèves.

:: Conseil

Ces mouvements étant naturels aux élèves, l'enseignant se contente d'apporter une aide au niveau de la précision.

:: Ouverture transdisciplinaire

En lien direct avec les activités d'expression en **EPS**.

:: Définitions

→ Voir séance n° 5.

Séance n° 11 Les chemins de la création

:: Objectif : Permettre aux enfants de créer leur propre musique à partir de leurs acquis.

:: Concepts : Les corps sonores. La prise de parole et de décision.

:: Compétence : Savoir faire des propositions lors des phases de création et d'invention.

:: Préparation de la classe

- **Organisation matérielle**
  La classe est réunie autour du maître.
- **Matériel**
  Des corps sonores, un appareil enregistreur-lecteur.

:: Déroulement de l'activité

- **Durée** : séances filées de 30 minutes réparties sur toute l'année scolaire.
- **Modalités de travail** : groupe classe.

→ Description de l'activité

● **Phase 1 : manipulation libre de corps sonores.** Les enfants et le maître ont apporté en classe des objets de toutes sortes récupérés à la maison ou au cours de sorties dans la nature. On a constitué au fil des apports une « valise sonore » au contenu variable ; on va détourner les objets de leur fonction originelle pour faire de la musique. Ce sont :
- des coquillages, coquilles Saint-Jacques ; galets ; coquilles de noix, de noix de coco, etc. ;
- des tubes et tuyaux en plastique, gaines électriques lisses ou cannelées, etc. ;
- des boîtes en bois, fer, plastique, carton ; boîtes de conserves, etc. ;
- des feuilles de papier, papier de verre, carton, plastique, etc. ;
- des bouteilles et récipients en verre ou en plastique, etc. ;
- de vieilles clés, des cintres métalliques, etc. ;
- des cordes, de la ficelle, des élastiques, etc. ;
- des tubes en métal (aluminium, fer), etc. ;
- des graines, etc.

L'enseignant a sélectionné quelques-uns de ces objets et les a déposés sur le tapis de regroupement.

• **Consigne :** « Vous essayez de faire de la musique avec les objets qui sont devant vous. »

Après quelques minutes de manipulation, pendant lesquelles les élèves ont soufflé, secoué, frappé, gratté, frotté, ils interpellent l'enseignant pour décrire leurs actions.

• **Déballage verbal**

« On peut souffler dans les coquillages. »
« Moi j'ai rempli la boîte en bois avec du riz et ça fait du bruit quand on la secoue ! »
« Quand on frappe les noix, ça joue fort. »
« C'est beau lorsque je frotte les papiers. »
« J'ai mal aux oreilles quand Mehdi tape sur la bouteille de verre ! »

● **Phase 2 : relance.** « On obtient beaucoup de bruit, mais nous voulons faire de la musique, alors organisons-nous ! »

• **Consigne :** « Choisissons les objets qui jouent une musique douce. »

En fait les choix sont multiples et l'enseignant devra les orienter en fonction :
- des supports ou matériaux (verre, métal, bois, plastique, papier, carton, etc.) ;
- des outils ou médiums (doigts, mains, règle, tige, mailloche, autre objet, etc.) ;
- des modes de jeu (frapper, frotter, pincer, secouer, souffler) ;
- du type de son qu'il désire obtenir, en fonction des paramètres (faible, fort, grave, aigu, bref, long, continu, discontinu, lisse, rugueux ou granuleux), etc.

• **Nouvelles manipulations :** l'enseignant fait découvrir aux élèves les objets qui vont sonner ou résonner faiblement (papier, carton, liège, graines, bouteilles et récipients en plastique) puis, par contraste, ceux qui produiront des sons plus forts (bouteilles et bocaux en verre, boîtes en métal, coquilles et galets). Le paramètre d'intensité ayant été discuté, l'enseignant fera découvrir les différents timbres des corps sonores à disposition au travers des modes de jeu.
• **Questionnement :** « Quels objets peut-on frotter ? »
« Comment peut-on jouer avec les coquillages ? »
Sélectionner tous les coquillages et laisser de côté les autres objets. Les élèves vont alors essayer de souffler, frapper, frotter les coquillages et d'émettre des propositions variées :
« On peut souffler dedans mais on n'entend pas grand-chose, c'est très faible. »
« Si je frotte la coquille Saint-Jacques, ça fait beaucoup de bruit ! »
« Les coquilles, on peut les frapper aussi, c'est mieux ! »
Laisser faire les recherches avant d'intervenir pour orienter les élèves vers des choix plus précis et canaliser les réponses.
• **Phase 3 : découverte de corps sonores particuliers.** À la faveur d'un événement précis, l'enseignant propose aux élèves d'enregistrer un **paysage sonore**. La classe est allée à la mer le mois précédent. On va utiliser les objets rapportés pour construire une « musique de mer ».
• **Manipulation** avec les galets, les coquillages et du sable que les élèves ont mis dans des bouteilles.
• **Constat et discussion :** les galets peuvent être frappés et frottés ; avec les coquillages, on peut taper, frotter et même souffler. On secoue le sable dans les bouteilles, mais on peut aussi le faire couler dans une casserole.
• **Relance par groupes :** le groupe A expérimente avec les galets, le groupe B avec les coquillages, le groupe C avec le sable.
• **Enregistrement** sur le magnétophone de la classe.
Écoute et discussion.
Des **trames sonores** différentes apparaissent :
- les galets produisent des claquements répétés plus ou moins forts et désordonnés ;
- les coquillages font des cliquetis aigus ;
- le sable émet un bruissement très faible, à peine audible.

• **Relance. Vers les paysage sonores.** L'enseignant réunit la classe autour de lui et fait manipuler par 3 élèves des objets sélectionnés : 2 galets, 2 coquillages moyens et une petite bouteille remplie à moitié de sable. Les élèves essaient des gestes divers (frapper, frotter, secouer). On enregistre. Cette fois, on distingue mieux les trois trames sonores, juxtaposées d'abord, puis superposées, à la manière de l'extrait musical de Guem.
• **Phase 4 : les paysages sonores.**
L'enseignant fait une démonstration de jeu avec 2 galets puis 2 coquilles Saint-Jacques. La classe écoute les divers sons obtenus en frappant les objets l'un contre l'autre, puis en les frottant à des endroits différents. Le son des galets est plus uniforme que celui des coquilles qui, selon l'épaisseur des stries et la manière dont elles sont tenues, produisent des sons plus ou moins forts, plus ou moins aigus, plus ou moins longs. Les coquilles Saint-Jacques constituent des corps sonores intéressants pour la multiplicité des sons qu'elles permettent. Les résultats obtenus impressionnent toujours les enfants.
• **Essais de paysages sonores avec des coquilles Saint-Jacques** distribuées à toute la classe (ou par petits groupes à tour de rôle).
• **Consigne :** « Vous frappez les deux coquilles l'une contre l'autre. »
« Vous les frottez fortement, faiblement, en tournant, etc. »
• **Enregistrement.**
• **Variante :** scinder la classe en deux groupes de musiciens, l'un qui frappe les coquilles, le second qui les frotte, et réaliser un moment musical, que le maître dirige en faisant les gestes correspondants.

Résultats attendus

Les enfants doivent être capables de concevoir et proposer des idées de création musicales sous forme de trames sonores.

Évaluation

Elle se fait simplement sous la forme de propositions de jeu.

:: Remarques

Ces séances entrent dans la continuité de séances filées tout au long de l'année et leur contenu évolue en fonction des découvertes et des acquis des élèves. Elles sont en outre étroitement liées à un travail d'audition réfléchi dont les élèves s'inspireront pour produire et inventer.

:: Prolongement

Faire réaliser des paysages sonores avec soliste. Exemples : « concerto pour coquille Saint-Jacques et ensemble de galets ». Ou des paysages thématiques : « Une journée à la mer » ou « Promenade en bateau », etc.

:: Définitions

Une **trame sonore** est une sorte de tissu sonore construit avec un assemblage de sons (exemples : une trame de frappers, une trame de frotters, une trame de tapoters).

Un **paysage sonore** est un assemblage de trames sonores positionnées entre elles selon des procédés de composition musicale (exemples : juxtaposées, superposées, répétées, etc.).

Cf. L'Éducation artistique à l'école (arts plastiques – musique – théâtre), du ministère de l'Éducation nationale et de la Culture (CNDP, 1993).

Séquence : Utiliser des instruments de musique

Séance n° 12 Trouver la pulsation : *Mon chariot est cassé*

:: **Objectif** : Faire prendre conscience des mouvements réguliers de la musique.

:: **Concept** : Notion de pulsation.

:: **Compétence** : Savoir marquer la pulsation corporellement ou à l'aide d'un objet sonore.

:: Préparation de la classe

- **Organisation matérielle**
  Espace assez grand pour se déplacer, salle de motricité.

- **Matériel**
  Quelques instruments à percussion (grelots et clochettes, tambours de basque, claves et tubes résonants).
  Répertoire de comptines, CD ou K7.

:: Déroulement de l'activité

- **Durée** : 20 minutes.
- **Modalités de travail** : toute la classe, puis 2 groupes.

→ Description de l'activité

- **Phase 1 : apprentissage de la comptine *Mon chariot est cassé* par imitation, phrase par phrase.**

- **Phase 2 : chanter en se déplaçant dans la salle ;** laisser faire les enfants librement.

Consigne : « On marche en chantant. » L'enseignant peut participer pour montrer l'exemple. Observer la réaction des élèves.
Questionnement : « Marchez-vous de la même manière lorsque vous chantez *Trotte trotte* ? » Certains élèves ont peut-être imité le trot du cheval. Les montrer en exemple, puis demander aux autres d'en faire autant.

- **Phase 3 : relance.** Marcher sur la pulsation simple (♩ ♩ ♩ ♩) et trotter sur la pulsation dédoublée (♪ ♪ ♪ ♪ ♪ ♪). Les phrases étant courtes, le maître peut décider de chanter seul plusieurs fois de suite la même phrase, afin que les élèves puissent installer leur pulsation.

Variante : la classe est partagée en deux groupes, le groupe A marche, le groupe B trotte.

• **Phase 4 : travail sur le dessin rythmique.** Chanter et jouer le dessin rythmique en utilisant les percussions corporelles (mains, pieds, genoux, etc.). Laisser les élèves choisir, dans un premier temps.
Discuter de l'opportunité de tel ou tel niveau de frappe : « Sur quoi frappe-t-on plus rapidement ? » Les genoux.
Relance en proposant d'alterner un frapper de mains sur les phrases 1 et 3 avec un frapper de genoux sur les phrases 2 et 4.
Variante. Même travail avec deux groupes différents :
le groupe A → dessin rythmique avec les mains ♪ ♪ ♩ ♪ ♪ ♩

le groupe B → dessin rythmique avec les genoux ♪ ♪ ♪ ♪ ♪ ♪ ♩
• **Phase 5 : accompagnement instrumental sur la pulsation.** Avec deux groupes d'élèves, on propose de choisir des instruments représentant au mieux les deux déplacements. Après discussion, on peut proposer un exemple :
- le groupe A accompagne les phrases 1 et 3 en marquant la pulsation avec des claves ou des tubes résonants ;
- le groupe B accompagne les phrases 2 et 4 en marquant la pulsation avec des grelots ou des clochettes.

Résultat attendu

En cours d'apprentissage, la notion de pulsation ne sera réellement acquise qu'en fin de cycle 2.

:: Conseils

La pulsation doit être régulière. Elle est plus ou moins rapide, en fonction du tempo de la chanson. Depuis la petite section, on habitue les enfants à ressentir la pulsation en marchant.
La **convention** suivante est établie avec les enfants : on marque la pulsation avec les pieds et on frappe le dessin rythmique avec les mains et les genoux, afin de fournir des repères concrets aux élèves.

:: Définition

Le **tempo** est la vitesse à laquelle est exécuté un morceau de musique.

Séance n° 13 Rythmes en imitation

:: Objectifs : Imprégner les enfants de formules rythmiques et constituer une « valise rythmique ». Habituer les élèves à vivre des rythmes corporellement et avec des instruments, notamment ceux rencontrés dans les comptines et les chansons.

:: Concept : La cellule rythmique.

:: Compétence : Savoir reproduire des formules rythmiques simples corporellement ou avec des instruments.

:: Conditions préalables : Connaître des comptines et savoir reconnaître les formules rythmiques qui les constituent. Savoir frapper un rythme avec différents niveaux corporels. Avoir déjà travaillé ces formules rythmiques dans les séances précédentes.

:: Préparation de la classe

- **Organisation matérielle**
  Les enfants sont assis en cercle autour du maître ou face à lui.
- **Matériel**
  Des instruments en bois (claves, wood-blocks, tubes résonants, etc.).
  Une progression rythmique pour le maître.

:: Déroulement de l'activité

- **Durée** : 10 minutes.
- **Modalités de travail** : groupe classe.

→ Description de l'activité

Le principe est simple : il s'agit d'instaurer un dialogue rythmique entre le maître et ses élèves, sur 4 pulsations. Le maître (M), placé face aux élèves, frappe dans les mains une cellule rythmique, que le groupe (É) reproduit immédiatement, sans temps mort :
- pas d'interruption dans la pulsation, pas d'arrêt entre les formules ;
- commencer par une cellule repère (4 noires) ;
- chaque cellule est terminée par une noire ;
- répéter trois fois la même cellule.

Il est utile, au début, de revenir à la cellule de base avant chaque changement de cellule.
Progression possible, constituant un cheminement logique dans la gradation des difficultés.

Maître. ♩ ♩ ♩ ♩	Élève. ♩ ♩ ♩ ♩
Maître. ♩ ♩ ♪ ♪ ♩	Élève. ♩ ♩ ♪ ♪ ♩
Maître. ♪ ♪ ♩ ♩ ♩	Élève. ♪ ♪ ♩ ♩ ♩
Maître. ♩ ♪ ♪ ♩ ♩	Élève. ♩ ♪ ♪ ♩ ♩
Maître. ♪ ♪ ♩ ♪ ♪ ♩	Élève. ♪ ♪ ♩ ♪ ♪ ♩
Maître. ♪ ♪ ♪ ♪ ♪ ♪ ♩	Élève. ♪ ♪ ♪ ♪ ♪ ♪ ♩

Rappel : utilisation de différents niveaux corporels : mains (m), genoux (g), pieds (p), langue (l), etc.
Alterner deux niveaux sur une même cellule, mains/pieds par exemple.

Variantes : dialoguer avec quelques élèves individuellement. Alterner réponse par un soliste/ réponse par toute la classe.

Avec des instruments de percussion (claves et blocs résonants, pour obtenir des sons brefs).

• **Phase collective :** la classe répète la cellule jouée par l'enseignant (voir progression). La démarche est identique à celle utilisée corporellement.

- **Nuancer les phrases rythmiques :** jouer fort/jouer faible, jouer *crescendo*, puis *decrescendo* sur une même formule.

- **Jeu de relais :** on peut installer une cellule rythmique que l'on fait circuler à tour de rôle (jeu du furet).

Variantes : un enfant sur deux frappe la formule rythmique sur l'instrument, l'autre la joue en claquant la langue. Un enfant joue la formule *forte*, le suivant la joue *piano*.

Résultat attendu

Les enfants doivent réussir à restituer les rythmes avec précision, corporellement et progressivement avec les instruments de percussion.

Évaluation

Elle peut se faire lors du dialogue individuel « maître/soliste ».

Remarques

- La progression présentée ci-dessus est la même que celle du cycle 1 ; elle sert de base au travail instrumental, pour se complexifier à souhait par la suite, après l'apprentissage de comptines aux rythmes plus divers (incluant des valeurs de noires pointées-croches, doubles-croches et triolets).

- On proposera rapidement un travail instrumental aux enfants pour agrémenter le plaisir de jouer et leur permettre de manipuler régulièrement les bois.

Cette séance complète la séance n° 5.

Prolongement

Ce type d'exercice purement rythmique pourra évoluer vers la répétition de phrases mélodiques à deux hauteurs de son (une note aiguë et une grave).

Exemple : sol ↘ mi ↗ sol → sol ↘ mi ↗ sol → sol ↘ mi → mi ↗ sol → sol ↘ mi

L'enseignant peut s'aider d'un tube résonant à deux tons pour frapper ce type de phrase.

Mise en page : *Langlois Pao Fab* – Vassy
Achevé d'imprimer en France en octobre 2009 par CPI France Quercy - Mercuès
N° d'édition : 2009/635
Dépôt légal : mai 2008
N° d'impression : 91645B